中国社会科学院大学文库

大数据背景下
智慧税务建设研究

李为人　付广军　主编

15

社会科学文献出版社
SOCIAL SCIENCES ACADEMIC PRESS (CHINA)

本书获得中国社会科学院大学中央高校基本科研业务费

新文科后期出版资助项目经费支持

中国社会科学院大学文库学术研究系列编辑委员会

主　任　高文书

副主任　林　维　张　波　张　斌

编　委　（按姓氏笔画排）

　　　　王　炜　向　征　刘　强　刘文瑞　杜智涛
　　　　李　俊　何庆仁　张　涛　张菀洺　陈洪波
　　　　罗自文　赵　猛　赵一红　皇　娟　柴宝勇
　　　　徐　明　高海龙　谭祖谊

"中国社会科学院大学文库"
总　序

恩格斯说："一个民族要想站在科学的最高峰，就一刻也不能没有理论思维。"人类社会每一次重大跃进，人类文明每一次重大发展，都离不开哲学社会科学的知识变革和思想先导。中国特色社会主义进入新时代，党中央提出"加快构建中国特色哲学社会科学学科体系、学术体系、话语体系"的重大论断与战略任务。可以说，新时代对哲学社会科学知识和优秀人才的需要比以往任何时候都更为迫切，建设中国特色社会主义一流文科大学的愿望也比以往任何时候都更为强烈。身处这样一个伟大时代，因应这样一种战略机遇，2017年5月，中国社会科学院大学以中国社会科学院研究生院为基础正式创建。学校依托中国社会科学院建设发展，基础雄厚、实力斐然。中国社会科学院是党中央直接领导、国务院直属的中国哲学社会科学研究的最高学术机构和综合研究中心，新时期党中央对其定位是马克思主义的坚强阵地、党中央国务院重要的思想库和智囊团、中国哲学社会科学研究的最高殿堂。使命召唤担当，方向引领未来。建校以来，中国社会科学院大学聚焦"为党育人、为国育才"这一党之大计、国之大计，坚持党对高校的全面领导，坚持社会主义办学方向，坚持扎根中国大地办大学，依托社科院强大的学科优势和学术队伍优势，以大院制改革为抓手，实施研究所全面支持大学建设发展的融合战略，优进优出、一池活水、优势互补、使命共担，形成中国社会科学院办学优势与特色。学校始终把立德树人作为立身之本，把思想政治工作摆在突出位置，坚持科教融合、强化内涵发展，在人才培养、科学研究、社会服务、文化传承创新、国际交流合作等方面不断开拓创新，为争创"双一流"大学打下坚实基础，积淀了先进的发展经验，呈现出蓬勃的发展态势，成就了今天享誉国内的"社科大"品牌。"中国社会科学院大学文库"就是学校倾力打造的学术品牌，如果将学校之前的学术研究、学术出版比作一道道清澈的溪流，"中国社会科学院大学文库"的推出可谓厚积薄发、百川归海，恰逢其时、意义深远。为其作序，我深感荣幸和骄傲。

高校处于科技第一生产力、人才第一资源、创新第一动力的结合点，是新时代繁荣发展哲学社会科学，建设中国特色哲学社会科学创新体系的重要组成部分。我校建校基础中国社会科学院研究生院是我国第一所人文社会科学研究生院，是我国最高层次的哲学社会科学人才培养基地。周扬、温济泽、胡绳、江流、浦山、方克立、李铁映等一大批曾经在研究生院任职任教的名家大师，坚持运用马克思主义开展哲学社会科学的教学与研究，产出了一大批对文化积累和学科建设具有重大意义、在国内外产生重大影响、能够代表国家水准的重大研究成果，培养了一大批政治可靠、作风过硬、理论深厚、学术精湛的哲学社会科学高端人才，为我国哲学社会科学发展进行了开拓性努力。秉承这一传统，依托中国社会科学院哲学社会科学人才资源丰富、学科门类齐全、基础研究优势明显、国际学术交流活跃的优势，我校把积极推进哲学社会科学基础理论研究和创新，努力建设既体现时代精神又具有鲜明中国特色的哲学社会科学学科体系、学术体系、话语体系作为矢志不渝的追求和义不容辞的责任。以"双一流"和"新文科"建设为抓手，启动实施重大学术创新平台支持计划、创新研究项目支持计划、教育管理科学研究支持计划、科研奖励支持计划等一系列教学科研战略支持计划，全力抓好"大平台、大团队、大项目、大成果"等"四大"建设，坚持正确的政治方向、学术导向和价值取向，把政治要求、意识形态纪律作为首要标准，贯穿选题设计、科研立项、项目研究、成果运用全过程，以高度的文化自觉和坚定的文化自信，围绕重大理论和实践问题展开深入研究，不断推进知识创新、理论创新、方法创新，不断推出有思想含量、理论分量和话语质量的学术、教材和思政研究成果。"中国社会科学院大学文库"正是对这种历史底蕴和学术精神的传承与发展，更是新时代我校"双一流"建设、科学研究、教育教学改革和思政工作创新发展的集中展示与推介，是学校打造学术精品、彰显中国气派的生动实践。

"中国社会科学院大学文库"按照成果性质分为"学术研究系列"、"教材系列""思政研究系列"三大系列，并在此分类下根据学科建设和人才培养的需求建立相应的引导主题。"学术研究系列"旨在以理论研究创新为基础，在学术命题、学术思想、学术观点、学术话语上聚焦聚力，推出集大成的引领性、时代性和原创性的高层次成果。"教材系列"旨在服务国家教材建设重大战略，推出适应中国特色社会主义发展要求、立足学术和教学前沿、体现社科院和社科大优势与特色、辐射本硕博各个层次、涵盖纸质和数字化等多种载体的系列课程教材。"思政研究系列"旨在聚焦重大理论问题、工作探索、实践经验等领域，推出一批思想政治教育领域具有影响力的理论和实践研究成果。文库将借助与社会科学文献出版社的战略合作，加大高层次成果的产出与传播。既突出学术研究的理论性、学术性和创新性，推出新时代哲学社会科学研究、教材编写和思政研究的最新理论成果；又注重引导围绕国家重大战略需求开展前瞻性、针对性、储备性政策研究，推出既通"天线"、又接"地气"，能有效发挥思想库、智囊团作用的智库研究成果。文库坚持"方向性、开放式、高水平"的建设理念，以马克思主义为领航，严把学术出版的政治方向关、价值取向关、学术安全关和学术质量关。入选文库的作者，既有德高望重的学部委员、著名学者，又有成果丰硕、担当中坚的学术带头人，更有崭露头角的"青椒"新秀；既以我校专职教师为主体，也包括受聘学校特聘教授、岗位教师的社科院研究人员。我们力争通过文库的分批、分类持续推出，打通全方位、全领域、全要素的高水平哲学社会科学创新成果的转化与输出渠道，集中展示、持续推广、广泛传播学校科学研究、教材建设和思政工作创新发展的最新成果与精品力作，力争高原之上起高峰，以高水平的科研成果支撑高质量人才培养，服务新时代中国特色哲学社会科学"三大体系"建设。

历史表明，社会大变革的时代，一定是哲学社会科学大发展的时代。当代中国正经历着我国历史上最为广泛而深刻的社会变革，也正在进行着人类历史上最为宏大而独特的实践创新。这种前无古人的伟大实践，必将给理论创造、学术繁荣提供强大动力和广阔空间。我们深知，科学研究是永无止境的事业，学科建设与发展、理论探索和创新、人才培养及教育绝非朝夕之事，需要在接续奋斗中担当新作为、创造新辉煌。未来已来，将至已至。我校将以"中国社会科学院大学文库"建设为契机，充分发挥中国特色社会主义教育的育人优势，实施以育人育才为中心的哲学社会科学教学与研究整体发展战略，传承中国社会科学院深厚的哲学社会科学研究底蕴和40多年的研究生高端人才培养经验，秉承"笃学慎思明辨尚行"的校训精神，积极推动社科大教育与社科院科研深度融合,坚持以马克思主义为指导,坚持把论文写在大地上,坚持不忘本来、吸收外来、面向未来,深入研究和回答新时代面临的重大理论问题、重大现实问题和重大实践问题,立志做大学问、做真学问,以清醒的理论自觉、坚定的学术自信、科学的思维方法,积极为党和人民述学立论、育人育才,致力于产出高显示度、集大成的引领性、标志性原创成果,倾心于培养又红又专、德才兼备、全面发展的哲学社会科学高精尖人才,自觉担负起历史赋予的光荣使命,为推进新时代哲学社会科学教学与研究,创新中国特色、中国风骨、中国气派的哲学社会科学学科体系、学术体系、话语体系贡献社科大的一份力量。

(张政文 中国社会科学院大学党委常务副书记、校长、中国社会科学院研究生院副院长、教授、博士生导师)

《大数据背景下智慧税务建设研究》编委会

主　任　李为人　付广军

副主任　祝洪溪　谭　伟　文　仪　李　欣

编　委　（按姓氏笔画排序）

　　　　　　王　启　王建生　王梓凌　王献玲　牛　丽　牛　涛
　　　　　　冉照坤　付　强　刘　冰　刘启星　李　达　李　伟
　　　　　　李　欣　李　菲　李　燕　吴晓宇　张　钧　张叶军
　　　　　　罗伟民　周志忠　郑甫华　姜立军　姜学东　祝洪溪
　　　　　　秦应记　徐夫田　徐全红　高向东　郭亚光　姬洪波
　　　　　　曹学胜　谭婷元

主编简介

李为人 中国社会科学院大学应用经济学院副院长、税务硕士教育中心主任，税收政策与治理研究中心主任、"双碳"研究中心副主任。管理学博士、研究生导师。中国税收教育研究会理事，北京大数据协会财税大数据专业委员会副会长兼秘书长，中央财经大学税收筹划与法律研究中心特约研究员，北京德和衡律师事务所高级顾问。

主要研究领域为税收理论与政策、区域税收政策、大数据税收治理、税收风险管控等。编著《税务管理新论》《中国区域税收发展报告（税收蓝皮书)》《中国税制》《中国税务操作实务》《中国税务教育发展报告》等；在《税务研究》《国际税收》《中国社会科学院大学学报》等期刊发表学术论文多篇；主持"数据产权保护与利用研究""海南自贸港'一线放开、二线管住'通关监管模式创新研究""智慧税务建设研究""促进中国文化产业发展的税收政策研究"等省部级课题多项。

付广军 国家税务总局税收科学研究所学术委员会副主任、研究员。民建中央财政金融委员会副主任，中国财政学会理事，中安联合博士后工作站博士后导师，中国财政科学研究院、中国社科院大学、首都经贸大学硕士生导师，全国人大法工委《中小企业促进法》顾问。曾供职于国家体改委杂志社。

长期从事中国宏观经济和税收政策研究，主要研究领域包括税收与宏观经济分析、民营经济税收政策、产业税收政策。先后主持完成"中国小微企业税收政策效应分析评估""中国房地产经济与税收统计分析""中国及结构调整对税收影响研究"等省部级重点课题；发表学术论文百余篇，出版学术著作十余部。获省部级特等奖三项、一等奖三项；曾获国家税务总局嘉奖两次。

前　言

国家税务总局2021年重点研究项目"智慧税务建设研究"，由国家税务总局税收科学研究所课题组和全国各地16家税务局子课题组组成，经过一年多的研究，形成课题研究报告，并被鉴定为优秀等级。本书即是该课题研究成果的汇编，包括1个总报告和24个分报告，是中国智慧税务建设研究的最新成果。

总报告"大数据背景下智慧税务建设"认为，推进智慧税务建设已成为当今税收征管改革的基本目标之一，各级税务部门把握智慧税务建设规律和要求，积极探索实践，为以税收大数据为驱动的"智慧税务"建设创造条件。重点探讨了智慧税务的提出、建设现状和面临问题，提出构建智慧税务建设的目标设计和路径，初步提出构建"互联网+智慧税务"平台的六大方面：大数据统一处理平台、后台监控调度中心、智能绘制纳税人"画像"、区块链电子发票、"信用+风险"监管体系、智慧税务调度平台。最后，提出了"三无"（无形、无感、无界）的智慧税务理想模式。

分报告是全国税收科研战线有关智慧税务建设研究成果的浓缩，突出特点是研究从各个层面展开。既有理论性较强的学术报告，也有实证性较强的调研报告；既有从全国角度展开研究的报告，也有结合本区域特点的研究报告，从而丰富了智慧税务建设的研究内容，希望能够为我国智慧税务理论和实践的进一步深化提供资料与参考。

作为国家税务总局重点研究项目的成果，本书中的报告力求连接理论与实践、沟通学术与实务，跟踪税收制度改革和税收政策调整措施及效应，反映税收信息化和税收征收管理的各种新进展。

本书的出版得到了中国社会科学院大学新文科建设出版后期资助项目的支持，成书过程中，得到了科研处王炜处长、蒋甫玉老师等人的指导和协助。

另外，社会科学文献出版社的陈颖老师也为本书的出版付出了辛苦的劳动，在此，向他们以及为本书顺利出版提供指导和帮助的所有人员一并表示感谢！由于时间仓促，书中肯定会有不少错漏之处，还请读者批评指正。

编　者

2022 年 8 月

目 录

▶ 总论

大数据背景下智慧税务建设 …………………………………… 3

▶ 智慧税务理论篇

智慧税务理论与实践研究 ……………………………………… 37
以协同管理理念为基石 打造高效能智慧税务 ………………… 51
人工智能在智慧税务应用中的探索和思考
　　——以深圳市税务局人工智能实践为例 ………………… 62
新形势下推进智慧税务建设的思考 …………………………… 70
浅论智慧税务在基层税务机关的应用
　　——以济宁市任城区税务局为例 ………………………… 80

▶ 智慧税务建设篇

"十四五"时期推进智慧税务建设路径探究
　　——基于重点税源企业视角 ……………………………… 89
我国"智慧税务"的目标与实现路径研究 …………………… 103
新时期我国智慧税务建设路径的探索与研究 ………………… 110
"十四五"时期智慧税务建设路径探究
　　——以自然人税收征管为视角 …………………………… 126
关于推进智慧税务建设的路径研究和实践探索
　　——基于重点税源企业视角 ……………………………… 138

关于智慧税务建设的探索与思考
　　——以生态系统为落脚点 ………………………………………… 150
运用"税务助手"驱动智慧税务建设的思考 …………………………… 158

▶ 智慧税务治理篇

智慧税务在市域税收治理现代化中的实践与思考
　　——以嘉兴市税务局为例 ………………………………………… 171
构建"税务全流程智慧管理平台"
　　——在加快实现税收管理现代化中的思考与实践 ……………… 185
基层税务机关推进税收协同共治的思考 ………………………………… 191
大数据驱动下智慧税务绩效管理模型的构建与思考 …………………… 197
关于税收治理融入社会治理体系的探索
　　——以梅州市税务局在基层税务分局试点探索税村共建为例 … 210
市县级税务机关深化税收征管改革的实践及路径探索
　　——以河南省济源产城融合示范区税务局为例 ………………… 224
数字驱动下智慧征管机制建设实证研究
　　——以武汉市税务局征管实践为例 ……………………………… 236
推进智慧税务管理的路径研究 …………………………………………… 249

▶ 智慧税务服务篇

关于构建"互联网+智慧税务"平台提升服务质效的探讨
　　——以国家税务总局北京经济技术开发区税务局为例 ………… 263
探索税费服务体系的智慧化构建 ………………………………………… 272

▶ 智慧税务稽查篇

强化大数据构建推动"智慧稽查"建设的实践与思考
　　——以"常州市智慧税务稽查信息管理系统"为例 …………… 283
"风险+信用"背景下的智慧稽查选案模型研究 ……………………… 293

总论

大数据背景下智慧税务建设

中国社会科学院大学应用经济学院
国家税务总局税收科学研究所课题组

内容提要

推进智慧税务建设已成为当今税收征管改革的基本目标之一，各级税务部门把握智慧税务建设规律和要求，积极探索实践，为以税收大数据为驱动的"智慧税务"建设创造条件。本报告探讨了智慧税务的建设现状和面临的问题，提出构建智慧税务建设的目标设计和路径，初步提出构建"互联网+智慧税务"平台的六大方面：大数据统一处理平台、后台监控调度中心、智能绘制纳税人"画像"、区块链电子发票、"信用+风险"监管体系、智慧税务调度平台。最后，提出了"三无"（无形、无感、无界）的智慧税务理想模式。

关键词： 智慧税务 大数据 以数治税 区块链 云计算

2021年3月，中共中央办公厅、国务院办公厅印发了《关于进一步深化税收征管改革的意见》（以下简称《意见》）。《意见》提出，我国深化税制改革的主要目标是到2025年，深化税收征管制度改革取得显著成效，基本建成功能强大的智慧税务，形成国内一流的智能化行政应用系统，全方位提高税务执法、服务、监管能力。"智慧税务"的提出为税收现代化进程指明了方向。而税务部门更是要以"高标准"着力推进"智慧税务"建设，力争走在全国各机关前列，以"税务标杆"为我国经济发展贡献税务力量。

一 引言

世界经济论坛创始人克劳斯·施瓦布在其著作《第四次工业革命》（*The Fourth Industrial Revolution*）中指出："这次革命刚刚开始，正在彻底颠覆我们的生活、工作和互相关联的方式。无论是规模、广度还是复杂程度，第四次产业革命都与人类过去经历的变革截然不同……各行各业都在发生重大转变，其中数字技术将迸发出强大的力量，影响着我们的经济和社会。"

（一）智慧税务的提出

"智慧税务"一词，最早见于2015年《国家税务总局关于印发〈"互联网+税务"行动计划〉的通知》（税总发〔2015〕113号）中，文件要求加快线上线下融合，逐步实现办税业务全覆盖，构建智慧税务新局面。随着大数据、云计算、区块链等新技术在税务领域的深入运用，税收服务和管理呈现越来越丰富的智能化特性，电子税务局、税务机器人等不断涌现，初步呈现"互联网+移动办税+智能管理+精准前瞻"的智慧税收新形态。2020年11月"智慧税务"写入国民经济和社会发展第十四个五年规划和2035年远景目标纲要。

2021年3月中共中央办公厅、国务院办公厅印发的《意见》，进一步明确了我国"智慧税务"系统2022年、2023年和2025年的建设目标。在此背景下，国家税务总局启动了智慧税务建设工程，依照《意见》总体要求推进税收征管数字化升级和智能化改造、完善税务执法制度和机制、推行优质高效智能税费服务、实施税务监管、深化拓展税收共治格局、强化税务组织保障等。随着税务机关越来越多地利用互联网及人工智能技术为纳税人提供更便捷高效的基础服务，财税理论学界也将研究重心转移到税务信息化、数字化，以大数据思维提高税收治理能力，以智慧税务方式完善税收治理体系，推进税收治理现代化、税务信息系统转型升级成为共识。

可以说，智慧税务是基于依法治税理念和税收现代化目标，全面应用互联网、大数据、云计算等新技术，以纳税人需求为导向，提供多元化服务和智能化管理，充分实现税收制度和税收技术交融，提供优越的纳税体验、智能化的管理和决策的税务生态系统。

近年来，我国税收制度改革不断深化，税收征管体制持续优化，纳税服务和税务执法的规范性、便捷性、精准性不断提升。为深入推进税务领域"放管服"改革，完善税务监管体系，打造市场化法治化国际化营商环境，更好地服务市场主体发展，《意见》对加快推进智慧税务建设提出了具体要求：充分运用大数据、云计算、人工智能、移动互联网等现代信息技术，着力推进内外部涉税数据汇聚联通、线上线下有机贯通，驱动税务执法、服务、监管制度创新和业务变革，进一步优化组织体系和资源配置。

2022年基本实现法人税费信息"一户式"、自然人税费信息"一人式"智能归集，2023年基本实现税务机关信息"一局式"、税务人员信息"一员式"智能归集，深入推进对纳税人缴费人行为的自动分析管理、对税务人员履责的全过程自控考核考评、对税务决策信息和任务的自主分类推送。2025年实现税务执法、服务、监管与大数据智能化应用深度融合、高效联动、全面升级。

（二）智慧税务研究综述

《意见》关于税收大数据驱动"三高特征"智慧税务建设的阐述，揭示了税务数据要素与智慧税务的密切联系，即税务数据要素在智慧税务建设中具有基础性、引领性作用，智慧税务是税务数据要素应用于税收实践的发展目标和必然结果。税务数据要素是研究智慧税务和推进智慧税务建设的逻辑起点。

1. 税务数据要素的概念及特征

2020年政府工作报告提出"培育技术和数据市场，激活各类要素潜能"，明确了数据要素具有市场特性，表明数据资产的概念日益得到广泛认同，正在从理论进入实践。[①] 我们认为，税务数据要素是一项重要的数据资产，包括政府、企事业组织和个人参与税费收入征纳全过程所产生的原始数据和基于原始数据挖掘分析所产生的衍生数据。税务数据要素可按以下三种情形确定权属：一是纳税人缴费人依法向税务机关申报和税务机关在依法履职过程中采集的未经加工、可识别数据主体的原始数据，其所有权归税务机关和数据

---

① 王桦宇和连宸弘（2020）较早对税务数据资产进行了比较系统的阐述，指出资产的权属与数据形成来源、参与创造主体和数据时效价值等要素紧密相关。

主体共有，但税务机关除了公共用途外，不能随意披露、推送和使用；二是基于特定目的和数据技术对海量原始数据进行处理形成的衍生数据，其所有权归数据处理的主体，以体现"谁采集、谁投入、谁受益"原则；三是其他具有个体识别性，能够识别数据主体的原始税务数据，以及经过处理但仍可识别原始数据主体的"假衍生数据"，其所有权归原始数据主体所有。

税务数据要素具有高渗透性、有限流动性、泛在使能性、通用目的性四个基本特征。高渗透性是指随着税务机关职责范围不断拓宽，税务数据已经渗透到企业、个人、政府等全部经济活动主体，成为重要的生产要素。有限流动性是指税务数据要素以在特定平台架构内、同一主体内流动为主或优先在不同平台、不同主体内流动。泛在使能性是指税务数据要素覆盖了社会生产—流通—分配—消费各个领域，通过挖掘税务数据要素潜力，能够赋能社会生产生活各个方面。通用目的性是指税务数据要素具有普遍适用的性质和潜力，能够对经济社会转型产生深远影响。

2. 智慧税务的概念及内在逻辑

"智慧税务"作为税收改革和创新的目标之一，逐步进入理论界和实务部门的视野，形成了一批初步的研究成果。重庆市国家税务局课题组①从感知全面、识别准确、应对及时、持续创新四个方面概括了智慧税务的基本特征，并从基层税务机关角度对智慧税务实现路径进行了探索。孙存一和谭荣华（2018）阐述了数据资产与智慧税务的关系，指出智慧税务是以数据资产为核心的全流程、全要素管理，强调盘活、用好数据资产对形成税务数据治理应用新格局具有重要作用。樊勇和杜涵（2021）也强调税务大数据与税收征管全过程都具有密切的联系。杨志勇（2018）指出，人工智能技术的广泛应用将有力促进智慧税务建设，同时对税收理论和政策创新也会带来不可忽视的挑战。谢波峰（2021）也关注到智慧税务与人工智能的关系，指出将二者关系界定清楚，是探讨技术与业务在高应用效能业务系统中融会贯通的基础。根据《意见》关于税收大数据驱动"三高特征"智慧税务建设的阐述，我们认为，智慧税务可理解为以税务数据要素为基础，以涉税信息智能归集、纳税人缴费人行为精准管理、税务人员履责自动考核、税务决策信息和任务自

---

① 重庆市国家税务局课题组、袁立炫、邓永勤、张洋源：《"智慧税务"的基本特征及基层的实践探索》，《税务研究》2017年第8期。

主分类推送为基本内容，集技术之大成，具有安全高效、便利友好特性的税务生态。

智慧税务建设的内在逻辑就是利用税务数据要素夯实税收管理体系数据基础，通过数字化升级和智能化改造，引发税务数据要素流动路径、制度规范和征管思维的改革创新，继而创造出适应新兴信息技术和经济社会发展、具有"三高特征"的智慧税务体系，推动实现更加和谐的税费征纳关系。

（三）"智慧税务"建设的意义和作用

推进智慧税务建设，既能使税务工作人员从低效劳动、重复劳动中解脱出来，实现办公处理自动化，也能推动税收风险防控精准度，实现以数治税精准化；既能让内外部的各部门更顺畅地相互合作，实现协同工作高效化，也能使人民群众更加便捷高效地办理涉税事项，实现征收服务便利化。

1. 微观层面，税务数据的规模化、集约化应用能够有效提升税费征管的信息化水平

一是数据规模化。有研究者提出，治理现代化的前提是数据先行，数字化治理有赖于数据采集、输入与规则的相互匹配。作为智慧税务的基础性要素，税务数据要素不仅打破了传统税务数据空间分散化、碎片化的藩篱，还能够吸收其他空间的数据资源，并将社会发展中的金融、生态、社会等资源进行数据化，形成税务数据资源洼地，使得税务数据达到规模化，形成泛在联系、无限感知的状态。二是资源集约化。借助云计算，可以完成税费日常征管工作中的去人力化，把以往重复化、程序化、非创造性的日常工作通过数字技术快速完成，提升税费日常征管的精准化和工作效率，实现"人在干、数在转、云在算"，让税务机关把更多时间、精力和资源充实到风险管理等高层次工作之中，实现征管资源的优化配置。三是管理服务个性化。新时代，社会思潮多元化、社会诉求多样化、社会治理复杂化的新形势对税务机关的征管手段、服务举措都提出了更新更高的要求。通过"数据+算法+工具"对税务数据要素进行赋能，可以输出个性化、自动化的供给，进而实现数据最小颗粒度的灵活组合，为税费征管活动的个性化夯实了基础。

2. 中观层面，税务数据要素价值的充分挖掘，能够促成决策质量、征管效能、执法质量的三重提升

一是决策质量的提升。数字经济时代，数据对政府决策起到关键性作用。

税务数据要素高渗透、泛在使能的特性使得税费数据能够及时客观地反映企业生产经营情况和自然人的收支变动情况等，有利于政策制定者对社会经济发展运行态势做出预测，进而为宏观调控政策的出台提供有针对性的决策依据。二是征管效能的提升。一方面，税务数据要素与大数据、人工智能等新兴技术的融合可以使纳税人缴费人更加便利地履行纳税缴费义务，而税务机关也可以不走访企业就能够精准发现违法失信的纳税人缴费人。另一方面，通过挖掘税务数据要素资源，能够及时发现和弥补税费征管漏洞，确保依法依规应收尽收。三是执法质量的提升。面对日益剧增的市场主体，书面审批、领导签字等传统控制执法质量的方式效率较低，通过税务执法人员的自身道德来约束其执法行为，税务执法质量很难获得提升。在税务执法以电子化、信息化为主的当下，基于税务数据要素的机器执法将有效提升执法质量。

3. 宏观层面，税务数据要素驱动最终表现为"飞轮效应"，它是税务数据要素发展到最后的自然功效

通过税务数据要素资源为征纳双方提供增值服务，个体、政府部门、企业等在享受增值服务的过程中，也会产生新的税务数据要素，而税务机关利用新的税务数据要素继续产生新的增值服务，周而复始，这就是一个"正向循环"。随着"正向循环"的不断增多，税收治理体系和治理能力现代化的水平也将呈现螺旋式上升的发展趋势。

二　从信息化到智慧税务的主要历程

随着经济社会发展，中国的税收制度与政策不断完善，在经济调控、分配调节作用指向下，全国税收征管体制改革历经"分家、分设、合作、合并"四次重大变革，智慧税务于税收征管现代化发展的背景下应运而生，呈现一个不断实践、发展的动态过程。

2001年4月正式实施的《中华人民共和国税收征收管理法》（第二次修正）第六条明确指出：国家有计划地用现代信息技术装备各级税务机关，加强税收征收管理信息系统的现代化建设，建立、健全税务机关与政府其他管理机关的信息共享制度。这是第一次把税务信息化写进法律。

2009年6月24日，"信息管税"首次在全国税收征管和科技工作会议上被提出。

2015年，"智慧税务"在国家税务总局发布的《"互联网+税务"行动计划》首次提出：要推动互联网创新成果与税收工作深度融合，着力打造全天候、全方位、全覆盖、全流程、全联通的智慧税务生态系统。

2016年，金税三期系统在全国范围上线使用，信息系统的集成跨出了重要一步。同年启动了税收大数据平台建设。

2020年，国家税务总局依托阿里云打造的智慧税务大数据平台已建设完成。

2021年，《意见》提出，以发票电子化改革为突破口，以税收大数据为驱动力，建成具有高集成功能、高安全性能、高应用效能的智慧税务，全面推进税收征管数字化升级和智能化改造。

信息化到智慧税务大体可以分为以下几个时代。

（一）以"信息互通、层级联控"为基础的前"智慧税务"时代（1980~2014年）

1."计算机初步应用"阶段（1980~1997年）

我国税收信息化建设始于20世纪80年代，1985年，国家税务总局对税务系统开发运用计算机工作做了统一部署，拉开了全国税务系统计算机开发和应用的帷幕。90年代后，税务总局积极推进信息技术在税收领域的应用。随着分税制财政体制改革，全国税制得以统一、简化和规范，中央宏观调控能力大幅加强。

1994年，税务总局确立了"以申报纳税和优化服务为基础，以计算机网络为依托，集中征收、重点稽查"的新征管模式，史称"30字模式"，将计算机及计算机网络作为我国税收信息化建设的基础设施。1994年3月，金税工程一期建设正式启动，承载起税收征管信息化的主线，以50个城市为试点，组织建设增值税计算机交叉稽核系统，推动税收征管改革提升到一个新的高度。

2."大数据采集储备"阶段（1998~2008年）

2001年，税收信息化和现代化首次被写入《中华人民共和国税收征收管理法》，税收信息化建设被提高到与依法治税、从严治税相并列的地位。这一时期，税务总局进一步深化增值税专用发票管理系统、综合征管软件的建设和推广，推出"中国税收征管信息系统"（CTAIS），覆盖了当时税收征管流程的所有主要工作环节，实现了各级税务机关之间业务流程的全面整合。自 1998 年起，金税工程二期和三期相继启动，有效联通从税务总局到省、市、县国税局的四级网络，推动了税收业务规范化管理、标准化运行，一举结束国税、地税、工商、银行、海关等部门信息数据"不相往来"的日子。

3. "信息管税"阶段（2009~2014 年）

2009 年"信息管税"首次在全国税收征管与科技工作会议上提出，成为税收征管工作思路的重大变革，标志着我国税收信息化管理进入了新阶段，税务机关依托广域网进行多点式开发，各类应用系统快速发展，涉及税务应用操作、管理、分析等多个方面，如各省开发的征管系统、电子税务局、数据应用系统以及各类特色软件。2013 年 2 月，金税三期主要应用系统在重庆国、地税实现单轨上线运行，成为全国由信息化管税阶段向"互联网＋"智慧税务时代迈进的重要分水岭。

（二）以"质效优化、数据应用"为重心的"智慧税务"萌芽时代（2015~2018 年）

1. "智慧税务"定位发展方向（2015 年）

随着我国经济结构的不断调整优化，税源结构发生了较大转变，企业的数量规模、类型性质、属地管理模式等更加复杂多样。2015 年的《政府工作报告》中提出"互联网＋行动计划"，标志着新常态下互联网成为中国创新发展的强劲引擎。同年，税务总局印发的《"互联网＋税务"行动计划》正式提出"智慧税务生态系统"概念，这一生态的特点是"全天候、全方位、全覆盖、全流程、全联通"。"智慧税务"概念的提出与其时国税、地税深化合作理念不谋而合，共同致力于推进税收服务深入融合、执法适度整合和信息高度聚合。

2. 金税三期奠定系统根基（2016 年）

2016 年 10 月，金税三期系统在全国范围上线使用，实现了系统集成和数据集中的重大突破，标志着税务机关开始按照系统工程的方法进行信息化建设规划，从不同渠道、不同对象获取大量涉税数据，建立风险分析指标体系及风险分析模型，进而完成税源监控平台建设。从 2016 年下半年开始，税务总局将金税三期系统完善升级与"互联网＋税务"行动计划有机结合，着力打造一个功能强大、国内领先、国际一流的智慧税务信息系统。

3. 多项系统助力集成布局（2015～2018年）

自2015年起，国家税务总局在全国范围分步全面推行增值税发票管理新系统，升级完善了增值税防伪税控系统、货物运输业增值税专用发票税控系统、稽核系统以及税务数字证书系统，对交易信息全要素实现"一网打尽"。2016年底，税务总局出台《关于贯彻落实"互联网+政务服务"工作的实施意见》，明确要求到2020年底前，建成全国通用的电子税务局，推动办税服务向网络化、便捷化、智能化发展。各地税务机关不断推出税收征管数字化创新举措，江苏省税务部门推出"纳税人大数据画像"产品，整合税务系统及第三方数据资源，对辖区内纳税人的涉税情况、行为特征、潜在风险进行"大数据画像"。北京市税务局与阿里云计算有限公司共同打造"智慧税务"信息化平台，积极开展"智慧税务"的社会化协作。

（三）以"电子化、数字化"为标志的"智慧税务"发展时代（2019～2021年）

1. 新制改革推动数据融合

随着税收领域"放管服"改革向纵深推进，我国智慧税务逐步彰显出以大数据为驱动、以现代化电子税务局为依托的新业态特征。2018年税收征管体制改革后，各省、市和县税务局内设处室、事业单位和派出机构分别减少709个、5349个和24899个，撤销县税务局稽查局3954个，形成优化、高效、统一的税收征管体系。随后，税务总局全面部署信息系统整合优化工作，分三批推进金税三期并库上线。2019年3月，全国省级税务局全部并库上线，实现系统数据库"两库并一库"、纳税人信息"两户变一户"，解决了原先国地税两个系统切换、操作流程不一致、涉税信息不对称等问题，实现了覆盖税务总局、原国税及原地税各级机关和其他政府部门的网络互联。

2. 电子操作实现深化普及

2018年，国家税务总局编制了全国统一的电子税务局建设规划，并于当年12月建成全国规范统一的电子税务局。随后各地税务机关积极响应税收监管、服务的数字化创新，广东省税务局与华为公司合作推进新一代电子税务局解决方案，实现100%线上办税、全流程电子税务局办结等目标。内蒙古税务局推出"I税服务平台"，借助手机等移动互联网终端，为纳税人提供宣传培训、业务咨询、涉税事项提醒等个性化服务。辽宁省丹东市税务局建成全国首个 5G 智慧办税服务厅，采用室内数字化无限多频多模、人脸识别、智能办税终端等多项先进技术，打造智慧办税新模式。

3. 大数据技术引发数字革命

随着 2018 年 8 月中国第一张区块链电子发票在深圳开出，区块链技术在税收征管过程中的运用时代正式开启，一场场科技创新和业务实践在全国税务系统不断展开。2020 年，税务总局依托阿里云打造智慧税务大数据平台建设，立足大数据研判分析，实现业务功能半自动化或自动化处理。同年 12 月，税务总局在新办纳税人中实行增值税专用发票电子化，智慧税务智能化进程加速。深圳、上海、苏州等多市陆续推出"智慧稽查"，聚焦执法质效优化，不断强化疑点线索分析、手法感知预警和违法态势研判。

（四）以"高集成功能、高安全性能、高应用效能"为标准的"智慧税务"突破时代（2021 年~）

1. 明确税收征管数字化升级和智能化改造要求

2021 年 3 月，中共中央办公厅、国务院办公厅印发《意见》，明确要求"深化税收征管制度改革，着力建设以服务纳税人缴费人为中心、以发票电子化改革为突破口、以税收大数据为驱动力的具有高集成功能、高安全性能、高应用效能的智慧税务"，并对加快智慧税务建设提出了具体要求，即"充分运用大数据、云计算、人工智能、移动互联网等现代信息技术，着力推进内外部涉税数据汇聚联通、线上线下有机贯通，驱动税务执法、服务、监管制度创新和业务变革，进一步优化组织体系和资源配置"。

2. 构建"十四五"智慧税务中长期发展规划

《意见》进一步明确了我国"智慧税务"系统 2022 年、2023 年和 2025 年的建设目标，根据《意见》要求，各地税务部门依序建立任务清单，着力推进新时期智慧税务的发展进程。山西省税务局构建以"三台一网四中心"为基础的智慧税费服务体系，打造"以数治税"的税费服务新型生态。重庆市税务局提出"税务助手"建设思路，对电子税务局和税收大数据平台进行完善，建立安全高效、便利友好的新型税收大数据系统。常州市税务局开发完成智慧稽查信息管理系统，在全国率先实现稽查全流程业务的集中管控、智能分析、数据共享和实时反馈。武汉市税务局部署智慧征管机制建设，推动内外数据集成，提升纳税服务智能化水平，推动税收征管模式改革。

3. 树立"两化、三端、四融合"发展新目标

2021年11月16日，国家税务总局王军局长在第50届SGATAR年会上的发言指出，要围绕构建智慧税务这一目标，着力推进"两化、三端、四融合"。"两化"，就是指构建智慧税务有赖于推进数字化升级和智能化改造。"三端"，就是指智慧税务建成后，将形成以纳税人端、税务人端和决策人端为主体的智能应用平台体系。未来的"金税四期"工程将基于全局视角建设云网融合、绿色低碳、安全可控的智能化综合性数字信息基础设施，建成覆盖税收征管全部环节、全部流程、全部主体的一体化应用平台，全方位汇聚各类内外部标准化数据，从而实现税收工作的提质增效。"四融合"，就是指智慧税务建成后，将实现从"算量、算法、算力"到"技术功能、制度效能、组织机能"，从"税务、财务、业务"到"治税、治队、治理"的一体化深度融合，聚焦数字化征管信息系统建设、征管内部运行方式、服务纳税人缴费人和服务国家治理现代化等多个角度，深化大数据分析应用，撬动经济社会数字化转型。

三 智慧税务建设面临的问题

国家税务总局重点从打造智慧服务平台、建设智慧税收平台、实施智慧数据平台三个方面入手，积极推进新时代智慧税务建设，各地税务部门也结合实际探索建设智慧税务，取得了一定成效。例如，"助手""灵通""中台"之类的项目，以及一定程度上的自动化和人工智能处理运用，均为税收服务、执法、监管等各方面提供了信息化解决方案。但是，限于智慧税务理论方法的欠缺和各地对智慧税务的理解与认识不同，加之各地征管实际和税收服务数字化水平等差异，当前智慧税务建设面临的一些困境急需解决。

（一）系统科学的理论指导体系需完善

"智慧税务"于2015年9月在《国家税务总局关于印发〈"互联网+税务"行动计划〉的通知》（税总发〔2015〕113号）中首次提及，距今已有6年。其中的"行动目标"提出，"至2020年，'互联网+税务'应用全面深化，各类创新有序发展，管理体制基本完备，分析决策数据丰富，治税能力不断提升，智慧税务初步形成"。最新的政策是《"十四五"规划和2035年远景目标纲要》，其中指出，要"深化税收征管制度改革，建设智慧税务，推动税收征管现代化"，进一步明确要建设智慧税务。2021年中共中央办公厅、国务院办公厅发布的《意见》则对智慧税务做出相对具体的阐述：着力建设以服务纳税人缴费人为中心、以发票电子化改革为突破口、以税收大数据为驱动力的具有高集成功能、高安全性能、高应用效能的智慧税务。可以看到，目前已确定的是智慧税务的三个大方向，即智慧服务要以纳税人缴费人为中心，智慧税收要以发票电子化为突破口，智慧数据要以税收大数据为驱动力。但是更进一步的细化措施和途径并没有相关法规或理论支持。这将产生两方面问题。一是各地对智慧税务建设存在不同理解和应用。有些地方认为，将最新信息化技术运用于税收治理就是智慧税务；也有一些地方认为，只要是利于税务管理和纳税服务的信息技术应用都是智慧税务，因此基于二维码的信息入口项目也属于智能税务应用。二是各地智慧税务建设缺乏系统性和可持续性。各地基于自己对智慧税务的理解，结合当地数字化改革实际，开发了独立的信息化辅助系统或工具，存在技术成本高昂、无法互联互通隐患，以及缺乏可推广、可复制性方式等问题。

从长期的税务信息化建设过程来看，通过理论和方法指导，比"摸着石头过河"的建设更有效率。智慧税务是当今税务管理现代化阶段性总目标，要反映和融通现代税务管理理论和中国税务实践经验，需要系统性地建设智慧税务，否则单个的智慧税务项目做得再好，也不能认为是实现了智慧税务。作为总体的智慧税务，比单一的智能税务应用更需要理论体系的统一，更需要方法论的指导。这是解决各地智慧税务建设多点开花但不成统一体系的必要措施，也是金税四期建设的必然要求。因此，总结形成具有指导意义的智慧税务建设理论和方法，改变当前部分措施要求散见于各项政策规定的现状，完善制度性的顶层设计，形成一整套科学、标准的细化实施方案，在总局层面勾画蓝图、形成框架，制定明晰、详细的发展规划，进而指导各地有计划、有组织、有保障并且系统化开展智慧税务建设，是当务之急。

（二）数据全生命周期管理运用待健全

数据始终是智慧税务建设各项工作的中心，以数治税工作的进一步深化需要在税收大数据处理上获得突破。目前我国税务机关在数据获取范围、数量、渠道方面均取得了一定成效，但由于数据口径和格式不统一，涉税信息整合和共享存在障碍。同时由于数据分析应用平台支撑性不强，对涉税数据加工、整理和增值利用不够，一定程度上影响了智慧税务以税咨政、决策支持、精准服务、纳税人画像等功能的发挥。

1. 法律保障不够硬[①]

税收法律层级不高，制约涉税数据获取渠道。主要表现在三个方面。一是税收立法层级有待提高。税收法律层级不高，税收基本法缺位，是我国税收法律体系的一个明显缺陷。截至目前，全国人大常委会已制定了环境保护税法、烟叶税法、船舶吨税法、车船税法、耕地占用税法、车辆购置税法、资源税法、城市维护建设税法、契税法等多部法律，修改了企业所得税法和个人所得税法，增值税法、房地产税法、税收征收管理法等正在抓紧制定或修订。但我国没有在宪法中规定有关税收立法的原则，没有制定出台税收基本法，一定程度导致税务机关的数据强制获取渠道受限，影响了智慧税务功能的最大化发挥。二是目前税法相对滞后于经济发展。税收与经济活动密切相关，但税收法律法规的规定难以穷尽所有情况，与税务一线千差万别的实际更是较难完全匹配，导致具体税收执法工作存在一定弹性和自由裁量空间。特别是随着经济社会发展进入新时代，新经济、新业态、新模式蓬勃发展，经济活动日趋复杂，税收不确定性进一步增强，一定程度影响税收大数据作用空间，制约智慧税务建设进程。三是税收法律体系有待改进。当前我国税制以间接税为主、直接税为辅，与之相匹配的税收法律体系也是以"间接税"为主。按照既定的改革方案和部署，税制改革的方向将是从以间接税为主体逐步向以直接税为主体转变，实现直接税与间接税的均衡布局。因此，研究建立健全适应以"直接税"为主的税收法律体系，逐渐成为推进数据驱动型智慧税务建设的迫切要求。

2. 数据采集不够全

经历了金税一期、二期信息化建设的初步探索，2016年以来，全国税务系统推行金税三期税收申报和执法数据集中化管理，进而又陆续推出增值税防伪税控系统、重点税源管理系统、出口退税无纸化管理平台和自然人税收管理系统等一系列专业数据管理平台，税收大数据不断扩充完善，但在全域全量采集方面还有很大差距。一是税收业务数据未能实现全量采集。比如增

[①] 杨磊：《强化数据要素驱动推进智慧税务建设的思考》，《税务研究》2020年第11期。

值税发票数据,目前税务机关所能采集的是固定格式的发票票面信息,信息量有限,要想实现经济活动"一票式"集成,必须去除发票版式,实现要素化、标签化采集。二是税收管理数据未能实现全量采集。比如税务约谈笔录、实地核查等执法记录的影像资料等,尚未进行有效采集。这些非结构化、半结构化数据是数据采集的难点,但也是智慧税务建设的重点。三是第三方数据尚未实现全量采集。《意见》已经明确在 2025 年建成税务部门与相关部门常态化、制度化数据共享协调机制,依法保障涉税涉费必要信息获取。只有实现了税收大数据的全域全量采集,掌握更多的纳税人信息,才能排除不确定性,实现对纳税人的精准画像,提高精细服务和精准监管的水平。[①]

3. 数据质量不够高

目前我国的智慧税务建设还不完善,尤其是税收数据质量管理存在着一定的问题。一是各种数据纷繁复杂。税务的特殊性决定涉税数据必定是多主体的,但不同部门、行业由于各自背景职能不同,对同一涉税事项的描述可能存在差异,所用指标名称、标准大相径庭,可能名称相同,而实际意义不同,也可能名称不同,实际意义却差不多,导致面对海量的口径异常数据,人工处理存在时间长、效率低等特点,通过算法模型处理则存在识别不精准、影响数据预处理成效的可能。二是数据管理存在不足。首先,数据采集环节缺乏科学统一管理,容易造成数据的重复采集或者是数据采集的缺失。其次,数据使用缺乏有效性、安全性,缺少对所采集数据进行的考查分析和评估,无法为领导决策提供科学参考;目前,对纳税人申报信息等都只是简单的录入操作,无法对纳税申报的真实性、合理性、合法性做出准确判断。最后,税收数据管理缺少相应的责任机制,责任机制的缺失容易造成管理缺位或重叠,影响数据质量的提高。三是数据获取缺乏"时效性"。税务部门对纳税人缴费人管理过程中形成的数据分散在各系统模块中,没有实现统一整合,加之部分数据更新时间为"T+N",阻碍了税务数据更高层次的及时应用。同时,部门之间的数据接口尚待建立和完善,信息共享交换多以移动存储设备、电子邮箱等传统方式进行,安全性、保密性难以保证,时效性、有用性大打折扣。

---

① 王超:《税收大数据驱动下的智慧税务建设》,《中国税务报》2021 年 12 月 1 日。

4. 数据共享不够广

信息共享不仅仅指的是各级各地方的税务机关间实现税务信息的交流，还包括财政、工商和税务部门之间的关系。数据共享不够充分也是数据采集不够全的主要原因之一。一是缺少法规制度保障。"信息孤岛"现象普遍存在，与有关部门没有建立常态化、制度化数据共享协调机制有关。目前《税收征收管理法》对税务系统跨部门获取数据仅作原则性规定，在税务部门获取数据仅依靠地方政府层面制定的数据共享机制的情况下，各部门的重视程度、配合度、主动性各有不同。二是未建立起统一的涉税信息处理平台。数据口径和格式不统一，政府没有一个专门的平台对所有的信息进行清洗和加工，很多第三方涉税信息质量不高，数据零星分散、标准各异，无法直接运用到税收管理中。很多部门数据如住建、国土、教育等，尚未实现省级甚至是市级集中，需借助外部门大数据平台才能获取，且时效性、真实性无法保证。再如，个人所得税领域，专项附加扣除信息主要靠纳税人自主填报，尚未实现与全国教育、住房、医疗等基础信息实时比对，难以保证相关涉税信息的准确性。三是涉及利益难调整。从第三方获取涉税信息存在着很大困难的原因在于，有些职能部门对建立涉税信息共享积极性不高，其主要原因是部门利益的阻碍。这导致很多部门的信息资源做不到完全披露，或者基于安全性、保密性等原因，对数据共享设置门槛条件，一定程度上阻碍数据共享，税务部门也就无法及时获取一些关键性的涉税数据。另外，区域经济一体化下，由于财政税收分配体制的制约因素，区域协同常常不能顺利进行。

5. 数据应用不够深

数据不同于我们平时所提到的信息，只有经过处理之后，有价值的数据才能被称为信息。但受限于信息管控能力和数据资源规划与管理能力，税务机关对于所拥有数据的潜在价值挖掘力度不够，数据向信息、知识转化的能力有待提高。一是数据存储能力不强。税务部门当前数据存储主要方式是关系型数据库。关系型数据库一般适用于结构性数据的存储，当数据规模达到一定量级后，就会出现文件不能有效管理、海量数据读写速度急剧下降等一系列问题。面对涉税数据规模大、半结构和非结构化数据快速增加的现状，显然传统的关系型数据库已经不能满足海量税务数据存储需要。二是数据加工能力不强。现阶段受技术条件、管理职能等限制，以及缺少数据分析工具和应用平台，税务部门大多只关注到数据的基本利用，导致数据驱动机制不健全，不能发挥出"以数治税"的威慑力，数据的潜在价值尚需深度挖掘和再利用。而在新技术使用方面，运用新工具、新方法进行大数据分析能力不足，准确采集、实时汇聚、分类归集、按需供应、精准分析尚未实现，与智能分析、智慧决策的工作需求和发展要求存在较大差距。三是现有指标体系不全。数据挖掘利用不够系统规范，尚未形成常态化、制度化、多样化的税收大数据分析指标体系，且很多指标相对独立，与其他宏微观领域相关经济指标的关联度不够、匹配性不强，较难准确及时地反映市场主体的运行发展状况。一些风险指标模型研发存在偏重于数量的情况，风险指标指向性较弱，风险评估系统整合度不高，导致风险应对水平较低。

（三）现有服务征管模式与数字化要求存差距

随着从"上机"到"上网"再到"上云"的税收信息化递进升级，税收征管和服务流程将迎来全方位创新变革。在经历"经验管税"和"以票管税"两个时期后，中国税收征管正在向"以数治税"时期迈进，数据赋能对提升税收治理水平的乘数效应将进一步发挥。而现有业务流程和平台存在的弊端已无法满足税收现代化要求。

1. 业务及流程待优化

业务及流程的信息化改造、再造是智慧税务建设的一大挑战。现有问题主要体现在三个方面。一是流程中的重复劳动较多。目前的税务机关是依职能设立各个工作岗位和进行人员配置的，这种以职能为导向而非以流程为导向的工作流程，形成了税务机关和纳税人之间呈多点接触的方式。纳税人在办理涉税事项时，要按照规定的程序跑遍各职能部门，呈单点对多点的方式；而税务机关各职能部门对纳税人的找寻则呈现多点对单点的方式。这样自然就会使一些工作流程出现交叉和重叠，各个工作岗位之间存在着一些不必要的重复劳动，岗位职责也难以划分。二是非增值活动大量存在。以职能为导向而非以流程为导向设计的工作流程，在因工作内容出现变化、需要对流程进行调整时，总是习惯性地不断累加新的工作内容，而不是站在全局的高度去对原有流程进行全面的审视和重新的设计，这就造成了不同工作岗位之间存在着大量的重复劳动，产生了很多无意义的工作环节，这些环节只是在信息方面起到了"二传手"的作用，而并没有形成任何有价值的信息增值，致使大量的非增值活动留在了税务工作流程之中。三是流程是手工的翻版。目前税务机关所应用的税收征管软件，一般都是以纸介质流程为模板进行设计的，就是在计算机上对纸介质流程再重复操作一遍，工作程序非但没有简化，反而增加了在电脑上重复操作的工作，没有起到利用现代信息技术提高税务工作绩效的目的。

2. 信息化建设待加强

信息化顶层设计不足是制约现有智慧税务建设的一大因素。一是在整体规划方面，针对系统整合建设、基础资源、应用资源、数据资源、信息化人力资源等缺乏进一步的明细目标。二是在制度建设方面，数据治理、运维、安全等相比于目前社会信息化发展程度都较为滞后。三是在平台建设方面，数据平台建设、数据资源汇集、数据分析利用等方面基础比较薄弱，还存在无数可用、有数不能用、有数不会用等问题。其中最显著的短板在于系统集成。目前税务系统在用的业务系统数量较多，系统之间的互通融合不够深入，各税种费种之间没有实现全部打通、联动管理。同时，各业务系统数据库接口类型不统一，数据存储繁杂，导致了业务取数口径存在差异，系统间及与第三方系统间的数据交换运行缓慢，容易出现数据丢失等问题，造成信息互联互通欠佳，信息数据的时效性、有用性大打折扣，限制、阻碍了更高层次的智慧应用。此外，政务办公系统游离于金税三期框架之外，综合办公、绩效管理、数字人事、行政管理等系统各自为政，未形成体系化、平台化、标准化的信息化构架。

3. 管理模式不够与时俱进

一方面，传统经济的新发展速度快于税收信息化建设。互联网、大数据、物联网等网络技术的发展促使众多产业走上了改革的"快车道"，越来越多的传统企业正在打破行业界限，进行重构和再生，以寻求新的发展机遇。纳税人的经营方式更加灵活多样，跨地区跨行业的多元化经营屡见不鲜，涉税信息爆发式增长呈现复杂多样性。虽然税务部门一直在顺应时代潮流进行征管模式的探索和改变，但是管理方式的转变远远赶不上社会经济的发展速度，存在一定的滞后性。在信息化时代，计算机也只是完成工作程序的载体，而不是加强管理的手段，有时甚至依赖人工进行大量信息的录入以及手工进行催报催缴，税务机关亟须建立一种新的管理模式，切实提升管理质效，以满足时代发展的需要和纳税人的殷切期待。另一方面，新经济新业态的成长对税收提出新挑战。数字经济下，利用互联网平台开展商品和服务已经成为经济发展新业态。电子商务（个人与个人之间的电子商务）、共享经济、互联网金融等数字经济新模式普遍以平台为载体、以互联网为通道、以数据为资产，利用平台进行经济活动。在平台上发生的应税行为既难以获取交易信息，也难以被监管。对平台的监管和平台涉税数据收集缺乏法律和政策指引，平台协同、平台涉税数据和税收征管系统对接尚未建立。

4. 服务理念与现代化数据分发制度不一致

近年来"非接触式"办税缴费比例不断提升，但受制于电子税务局功能不够完备、自助办税功能不够齐全、特殊事项很难线上受理等因素的影响，仍存在多方面不足。例如：（1）到厅办税还存在一定比例，如税种认定、代开发票作废等；（2）运用大数据精准推送税费优惠政策还未实现全覆盖；（3）目前申报模式还主要是以表单为载体的传统模式，通过电子税务局线上直连申报、确认申报、更正申报的智能化、便捷化还不够；（4）部门之间的线上协同联办还不够，部分存在线上线下同步走的问题。从当前互联网技术特征来看，已经从过去门户时代的"人找信息"的信息分发方式逐渐转变为以移动互联网为基础，实现"信息找人"的信息分发方式。以纳税服务而言，当前的纳税人服务，依然是通过制作视频、业务指导资料、"12366"咨询的方式给予纳税人业务咨询支持，其从根本上而言也是一种"人找信息"的方式。没有通过智能化手段使征纳双方的信息真正地流动起来，尚未形成智能分析和分发系统，即从精准理解纳税人不同阶段纳税服务诉求、形成智能化的业务指导，到精准分发到相应阶段的纳税人、帮助纳税人更好地与税务机关建立协同关系，整个过程未打通。

5. 自然人税收征管体系尚不健全

随着自然人税制改革的逐渐深入，税务机关必将要适应对自然人直接征管的新特点新需求。庞大的纳税人规模对自然人税收征管提出挑战，现行的政策制度、征管体系和纳税服务等已难以满足自然人的需求和期望。目前，自然人智慧税务建设存在三方面制约因素。一是法律制度存在滞后性。《税收征收管理法》是2001年修订的，法律内容及其实施细则以法人纳税人为主，适用自然人税收征管的规定较少。随着经济社会发展，新业态不断涌现，自然人收入类型和交易方式愈加多样化，由于缺少与之相适应的法律保障，对非从事生产经营的自然人的涉税信息尚未进行统一归集，税务机关在征管过程中缺少有力抓手，难以对自然人交易行为实行有效监管。二是业务功能智能化不足。自然人税收征管系统内功能建设与新技术的融合还不够，有待从无差别化到个性化管理的进一步转变。例如，自动预填报功能的精准度还不够高，预填报范围还有待拓展，智能引导、提醒和咨询功能有待提高。同时，由于缺乏健全的信息采集和使用机制，通过掌握自然人个人所得税汇算清缴等税收业务的大量自然人信息，不能得到有效管理和充分运用。三是组织架构尚不健全。我国主要以税种分类设置税收管理部门，尚未设置专门负责自然人税收管理机构，传统的"等级式"组织架构运转效率较低，难以适应快速变化的市场环境，不能满足自然人纳税人日益增长的对高质量高效率服务的需求。同时，现行的组织机构和人员岗位设置使得大部分税务干部仅接触单一税种的部分业务，缺少自然人税收征管领域的综合素质人才。

（四）内部绩效管理与智慧税务联系不紧密

加强数据驱动管理以智能评估税务部门内部管理和社会输出效益，是建设智慧税务的重要组成部分，也是在深入推进税收治理现代化中实现绩效管理机制作用进一步提升的重要路径。因此，作为税务部门绩效考核和评优依据的绩效管理向着自动化、智慧化方向发展，成为适应数据驱动智慧税务管理变革的必经之路。目前，依托政务网络平台和信息化改进，税务绩效考核虽然取得了一定成效，但是，就智慧绩效而言，运用信息化技术开展绩效考核的方式尚处于初期发展阶段，不仅受到既有制度和传统考核方式的制约，而且在实践中也暴露出一些明显的问题，对于进一步加强干部队伍建设、提高政府公共服务效率形成阻碍。构建税务部门智慧绩效管理的问题与瓶颈主要有四个方面。

1. 制度建设落后于技术发展

发挥诸如信息化等技术的潜力，需要有具体而良好的制度环境，然而当前运用网络化平台改进税务绩效考核的制度支撑体系并不健全，亟须完善。中共中央办公厅、国务院办公厅《意见》以及《党政领导干部考核工作条例》中，都要求加强部门协作，加强信息化运用，但是关于运用信息化技术进行税收数据传递还缺乏有针对性的规章制度，造成税收数据管理缺少相应的责任机制，进而容易造成管理缺位或重叠，影响数据质量的提高。

2. 履职规约转换陷入瓶颈与僵局

将各种各样的数据通过一定的标准进行分类并加以处理，得到各个领域的信息，从所得到的信息中归纳总结、公式换算，从而将这些信息用于横向比对与考核。在绩效量化考核方面，不容忽视的客观事实就是，因部门工作岗位的不同及其工作内容的差异，在不同部门间以及干部绩效考核指标设置时，存在量化挑战和横向的语义转换挑战。在税务日常工作中，存在大量的线下工作，需要考评部门通过一定的方法将上述工作抽象成可记录、评估的具体项目和指标，进而运用信息技术对其进行量化，这就可能陷入"能量化尽量量化，不量化无法管理""机器自动量化与人为干预量化"的困境与僵局。

3. 反馈信号的传输未能形成有效的闭环

数据处理背后的资料来源的真实性、全面性，是依靠大数据进行绩效考核的重要评断依据。但在实际运行中大量通过纸质材料或者不规范的电子资料进行反馈信号的传输，其载体固有的信息流动迟缓、存储混乱和无法及时检索、比对等多种原因导致此类反馈环节时有缺失，需要人为进行整理，未能形成有效的信息闭环，直接影响绩效信息的有效传递和全面、准确识别。

4. 大量数据资源无法有效盘活[①]

在具体实践中，一方面，税务机关内部各个子模块均拥有若干个相对独立的信息管理系统，各自拥有大量数据，但相互之间无法有效关联或者关联成本高昂、没有统一规范的共享方式等障碍导致无法盘活现有的大量数据资源。另一方面，受限数据资源规划与管控能力，税务绩效对于所拥有的数据的潜在价值挖掘力度不够，数据向信息、知识转化的能力不足。

（五）适应税收数字化改革人才储备不充足

在大数据智能应用时代，人才是技术创新和业务发展的核心要素，构建智慧税费服务体系，必须要有与其规范化、集成化、数据化、智能化特征相符的人才团队来保障。近年来，随着信息化技术的快速发展，该领域的人才需求不断增加，尤其是针对专业能力强、业务复合能力要求高的人才需求越发强烈。目前存在两个问题。一方面，复合人才存量偏少。信息化人才队伍能力与当前社会信息化发展水平仍有较大差距。税务部门技术力量分散且薄

---

① 李站强、鲁敏：《大数据时代的智慧税务：趋势、问题及对策》，《现代经济信息》2017年第8期。

弱，与建设和运行智慧税费服务生态体系相匹配的核心技术人员、新技术人员和复合型人才、高精尖人才严重匮乏，既懂专业技术、又懂税收业务、还有一定项目化管理经验的骨干人才不足，对智慧化相关技术及设备的内涵、功能和实践应用了解甚少，无法前瞻性地把握税收征管改革的方向和节奏。另一方面，人才培养机制欠缺。尚未形成高效的培养、任用、选拔机制，人才短缺问题难以在短期内得到有效解决。主要原因在于，税务系统长期以来新招聘公务员时在专业设定上偏重税收、会计、财政、经济管理等直接相关专业，对信息技术等专业人才的需求不强。特别是在基层，以国家税务总局桐乡市税务局为例，目前已全面升级7个大厅、建成数据处理中心、e直播间，但全局可参与设备管理维护工作的人员不足10人，且当前能深挖数据分析和风险数据再分析的人少之又少，基层税务人员对大数据等技术较为陌生，从而制约了智慧税务的发展。

四 智慧税务建设的主要构想

（一）智慧税务建设的目标设计

根据《意见》，"智慧税务"建设总目标是建成功能强大的智慧税务，形成国内一流的智能化行政应用系统，全方位提高税务执法、服务、监管能力。这可分解为建成便捷且低成本的税费服务体系、规范的税务执法体系、精准的税务监管体系和税收大数据共享应用体系4个一级目标（主要目标），和精细服务、精确执法、精准监管和精诚共治等16个二级目标。

1. 构建税收服务体系

（1）便捷化办税：基本建成"线下服务无死角、线上服务不打烊、定制服务广覆盖"的税费服务新体系；

（2）低成本办税：实现全领域、全环节、全要素的发票电子化等；

（3）智能化服务：实现法人税费信息"一户式"、自然人税费信息"一人式"智能归集；

（4）精细化服务：按照纳税人的不同情况量身打造最适合的服务等。

2. 构建税务执法体系

（1）数字化执法：充分运用现代信息技术驱动税务执法数字化；

（2）规范化执法：无风险不打扰、有违法要追究；

（3）精确化执法：从经验式执法向科学精确执法转变；

（4）法治化执法：用法治思维和法治方式提升税收执法法治化水平等。

3. 构建税务监管体系

（1）以人为本：设计以服务纳税人缴费人为中心的监管方式和工作模式；

（2）以数治税：从"以票管税"向"以数治税"分类精准监管转变；

（3）精准监管：实现税务机关信息"一局式"、税务人员信息"一员式"智能归集，深入推进对纳税人缴费人行为的自动分析管理；

（4）全过程监管：对税务人员履责的全过程自控考核考评、对税务决策信息和任务的自主分类推送。

4. 构建税收大数据共享应用体系

（1）精诚共治：与国家及有关部门信息系统互联互通；

（2）以税资政：税收大数据为各级政府决策服务；

（3）以税资商：税收大数据为工商业经济活动服务；

（4）数据安全：常态化数据安全风险评估和检查、监测预警和应急处置机制等。

（二）智慧税务的建设路径

基于上述目标，智慧税务建设应当在顶层一体化设计的基础上，树立智慧税务理念，全面推进税收征管数字化升级和智能化改造，促进现代信息技术创新成果与税收工作的深度融合，不断完善税务执法制度和机制，打造以纳税人需求为中心、具备先进组织体系的智慧税务新生态。具体而言，就是要构建新一代税务云平台、新一代电子税务局和税务大数据，实现税务系统"信息化""智能化"。

1. 构建新一代税务云平台

新一代税务云平台聚焦于税收征管，目标是推动税收管理水平与时俱进，实现精准监管、精确执法和数据安全。

（1）精准化纳税评估。利用大数据技术对企业财务核算和纳税申报质量做出精准纳税评估监管。

（2）提高税收征收效率。形成以数据质量为基础的管理体系，以减少涉税风险可能，提高税收征收率。

（3）精确执法与治理效能。实现平台系统对企业业务流程的全面监控，做到运行有效，保证精确执法。

（4）系统及时更新维护。云平台系统要及时维护更新，确保税收数据流转平稳高效。

2. 建立新一代电子税务局

新一代电子税务局以干部专业化为基础保障，聚焦于一体化综合服务的目标，重视纳税人的用户体验，推进运维流程优化升级，提高风控能级。

（1）强化纳税服务的人力保障。加强对拥有大数据思维、信息化服务能力人才的培养和引进等。

（2）构建一体化综合服务平台。实现全部办税业务、全流程线上办理的目标等。

（3）提高纳税人的用户体验。推进纳税人用户体验感的提高途径，包括业务流程闭环与办税链条缩短、界面设计和操作简单高效、智能服务优化和税费信息认定自动化等。

（4）运维流程优化。主要包括建立分级运维体系的目标、云平台层实现总省实时数据交换、全并行构架、分布式实时/离线动态办税系统，实现税务应用、公共服务、数据资产互通共享和快速集成等。

（5）提高风控能级。主要包括建立基于互联网的"数据—管理—数据"的税收风险管理新模式。

3. 推进新一代税务大数据以税资政（商）

新一代税务大数据打破"信息封闭""信息孤岛"困境，形成共建共享的税务治理格局，聚焦数据的收集、利用、共享，利用数据资源支撑政策制定和经济决策。

（1）数据收集。建立创新、高效的"数据超市"，实现覆盖全国、统一接入的数据资源有效整合。

（2）数据分析。建立大数据分析平台，形成数据积聚、智能加工、结构分析的数据综合利用机制。

（3）数据共享。搭建各部门、社会组织和企业之间的"信息桥梁"，形成大整合、大联通、大数据的工作格局。

（4）数据安全。建立涉税数据收集、存储、管理、使用过程中管理漏洞的快速预警机制，以及安全、绿色、高效的大数据存储系统。

(三) 构建"互联网+智慧税务"平台

1. 建设大数据统一处理平台

以现有平台为基础,通过整合资源建设大数据统一处理平台,实现法人税费信息"一户式"、自然人税费信息"一人式"智能归集。平台需要具备以下几个特点:一是承载量大,可以采用分布式网络存储系统,将数据分散存储在多台存储服务器上,通过分担存储负荷保证数据的稳定性、完整性,提高存储效率。二是计算能力强,采用分布式计算技术,共享稀有资源平衡负荷,从而大大提高计算能力,支持海量数据的即时分析汇总。三是兼容性强。考虑到新旧系统以及内外部系统的数据接口不同,新的平台必须具有良好的兼容性,以满足数据集成的需求。四是数据量大,建立数据共享机制或通过网络爬虫技术常态化获取其他政务部门、银行、电商平台等第三方公开非涉密涉税数据,搭建涉税信息的"集中地"。五是安全性高。加强相关基础设施、硬件设备、软件技术的支持与建设,全面堵塞信息漏洞,守住信息安全防线。

2. 建立后台监控调度中心

在大数据统一处理平台的基础上建立后台监控调度中心,对业务办理的全流程进行统一监控。分析各项业务在时间节点、流程衔接、审批权限等方面的逻辑关系,嵌入自动计算规则和逻辑监控规则,智能化生成税务干部待办任务清单并发送任务指令,同时对可以自动办结的业务进行自动办结,对需要税务干部处理的待办任务进行及时预警,实现工作内容的"一员式"智能处理。例如,根据不同业务需求,可以采用RPA即机器人流程自动化技术,通过配置自动化软件(即"机器人")来模拟人类与软件系统的交互动作,并根据具体的规则来执行业务流程,实现业务流程的自动审批以及税务文书的自动出具,推动平台的智能判断和智能操作,将税务干部从简单、重复的劳动中解放出来,最大限度减轻后台工作人员的工作压力。

3. 智能绘制纳税人"画像"

在海量数据平台的基础上,将纳税人信息进行系统归集和处理。基于数据联动,对纳税人行为进行热点分析和趋势研判,掌握纳税人的行为偏好,绘制纳税人"画像"。以开发区为例,调取纳税人往期申报情况,对纳税人申报日期进行聚类分析,判断纳税人偏向于征期前期、中期申报还是征期末期申报。通过掌握纳税人的申报偏好对纳税人的当期申报情况进行预判，以确认是否需要催报催缴提醒以及什么时间进行催报催缴提醒，从而改变现阶段手工催报催缴、人工电话通知的现状，实现"无必须不打扰"，最大限度节约征纳双方资源。通过分析纳税人的搜索记录，可以识别纳税人关注哪些办税热点，遇到了哪些办税难点，根据分析结果实现涉税问题的自动、精准推送（见图1）。

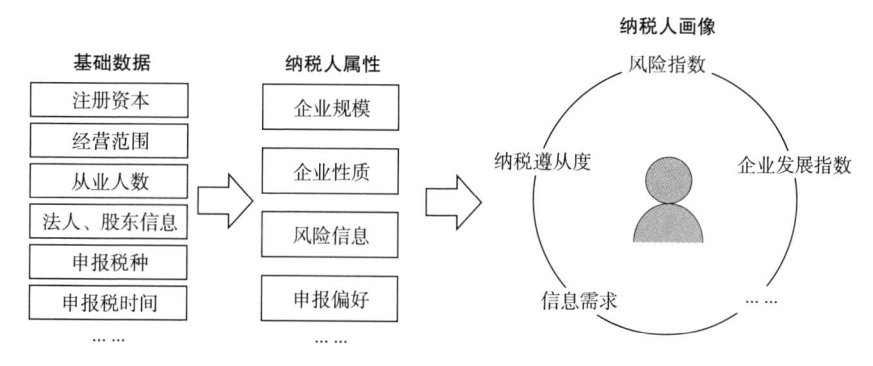

图 1　纳税人画像示意

4. 建立区块链电子发票

以发票电子化为突破口，研究制定应用区块链技术开具电子发票。区块链技术具有去中心化、不可篡改、可追溯、隐私保护等方面的优点，结合区块链的优势，探索区块链电子发票在发票管理、不动产登记、未开票收入等方面的应用。如，针对"虚开增值税专用发票"问题，可以通过区块链技术，将交易行为的发票流与现金流等所有相关信息进行统一归集，建立完整的信息链，对交易活动的全过程进行监控分析，实现增值税发票的闭环管理。以纳税人需求为导向，将区块链电子发票与发票分级分类管理相结合，对符合条件的企业实行增值税发票快捷申领，为上链企业提供批量查验发票、智能一键申报等功能，切实提高纳税人的办税体验。

5. 建立"信用+风险"监管体系

第一步将纳税人"画像"纳入信用评级，将现阶段的通过固定指标进行纳税人信用评级升级为通过固定指标与纳税人行为分析相结合，对纳税人信用评级实行动态管理。第二步将信用评级与风险管理有机结合，建立"信用+风险"的监管分析体系。由单一的事后监管变为事前、事中主动防范，事后加强管控。在体系建立上，首先可以基于"人为想定"的规则和逻辑建立数据分析模型,然后通过人工智能手段,如机器学习等,实现数据分析模型的自我进化,从辅助决策变为自主决策,从而加强风险监管的主动性和密集性。

6. 构建智慧税务调度平台

指挥调度平台设置党建引领、组织收入、征收管理、纳税服务、税收风险、行政管理、智慧赋能等 7 个板块。发挥绩效考核指挥棒作用,对绩效指标进行数字转化,将各模块与绩效指标叠加,实时展示各项工作完成情况。通过电子地图叠加企业涉税指标,建立全景式、立体式的办税鸟瞰图,对涉税数据进行可视化展示,实时掌握开发区税源动态,做出快速反应(见图2)。

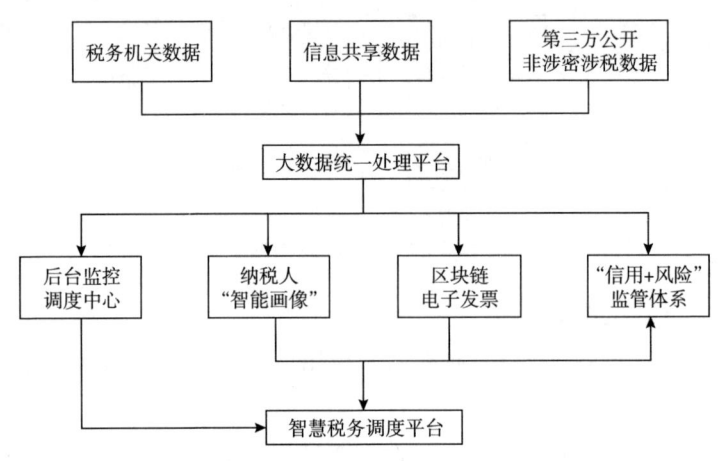

图 2 构建"互联网+智慧税务"平台流程示意

"智慧税务"的未来发展方向将是"云办税+办税微厅"的结合。首先,以云端办税为主,通过"在线导办"、后台智能审批等,纳税人足不出户即可完成大部分业务办理。其次,打破现有实体综合办税服务厅的集中性,在办税需求集中的地方建立办税网点,纳税人可以通过最短路程、最短时间在网点进行业务办理,从而提高办税的便捷性。充分利用现有资源优势,结合企业需求进行自助办税设备以及远程办公设备的相关投放,将服务触角延伸到企业门口,帮助企业实现智能办税"小事不出门,大事不出港"。

五 推进智慧税务建设的建议

以数字赋能为主要特征的智慧税务,是夯实新发展阶段税收现代化的重要技术支撑。深入推进智慧税务建设，就是要坚持数字赋能、系统思维原则，提高云计算、大数据、人工智能等现代化信息技术应用能力，加速构建网络化、数字化、智能化、扁平化、协同化的税务新场景，加快工作理念思维、组织流程、方式方法上的一体变革，发挥税收大数据优势，加大税费数据分析和增值应用力度，突出纳税人画像、企业基因图谱、行为特征分析等自动化智能化应用。

根据现有实践经验，智慧税务建设应充分贯彻"三无"理念。所谓"三无"是指"无形""无感""无界"，也就是以"无形""无感""无界"理念为指导，充分利用现有的数字技术和人工智能技术，突破现有办税模式，打造以规范高效的应用集成体系、应用支撑体系、资源共享体系、风险防控体系、基础设施体系、安全防护体系为特征的一体化智能化办公平台，其中业务协同与数据共享贯穿全领域。同时还应当从制度层面建立智慧税务保障体系。

（一）聚焦虚拟化，充分贯彻"无形"理念

"无形"，是指实体大厅"无形化"，弱化办税大厅"有形"办税场所的概念，转变为打造"无窗口、全协同、智慧办"的"无形"办税体验厅，引导纳税人缴费人网上办、掌上办。

"无形"理念从本质上看，就是从实体到虚拟、从线下到线上、从无窗到无人，是纳税人缴费人对智慧税务最直观的感受。一方面，应继续依托"互联网+"推进办税缴费便利化改革。线上办不受时间和空间限制，纳税人缴费人随时随地能通过互联网接入虚拟空间内的办税大厅办理各类事项。这就要求深化拓展电子税务局应用，在线上线下统一标准前提下，进一步放大线上办的优势，重构流程以推进办税智能化，改变以往以单个事项、单个流程为主的线上办税方式，从纳税人缴费人角度切入，对新办、发票、申报、注销等各个办税场景的业务进行梳理、归类、整合、集成，推行套餐式服务，并注重关联业务的协同性，打造线上办税体验升级版。另一方面，线上办税还应当坚持以纳税人需求为导向。根据纳税人缴费人的不同需求，提供更加精准化、精细化、智能化、个性化的服务，即除了推送传统的全体性信息服务外，还可以根据纳税人缴费人需求推送群体性服务和个性化服务，纳税人缴费人可以享受"点单式"服务。同时更加重视纳税人缴费人的切实感受，

提高系统整合度，从纳税人缴费人便利性角度简化各项操作、减少不同应用间切换，只需通过简单引导即可使其熟练掌握使用。

（二）聚焦智能化，充分贯彻"无感"理念

"无感"，是指智慧税务下再造办税流程、优化功能、简化程序、便捷操作，实现业务流程智能化处理，如自动填写、自动核验、自动享受，打造"非接触式"办税缴费升级版，使纳税人缴费人办税体验线上线下"无感"切换，并且线上个性化、线下智能化。

"无感"应注重自动化带来的智能高效。一方面，税务部门需更加强调精细服务和精准监管。通过动态"信用+风险"体系的支撑，推进税收大数据的智慧化应用，进一步推广自助办、自动办，推动满足一定条件的流转事项向即办事项升级转变、人工审核办理向计算机算法验证办结的迭代更新，最大限度呈现服务的无感式和响应的迅捷化。"双动"支撑下，通过差异化（从传统的同质化服务转变为高效的差异化服务）措施实现税收征管的精准化协同化，从主要依靠事前审核向事前信用评价、事中监控预警、事后风险应对的全流程风险防控转变，运用大数据智能分析决策，对不同信用和风险状况纳税人实施分类分级管理，纳税人也将获得以便利化、快捷化为特征的办税体验，如双减（减材料、减环节）、发票结存自动按需推送提醒确认等。另一方面，需要大幅提升系统自动化操作能力。在现有自动校验、预填写等已实现功能基础上，推进开发征管系统的智能判断、智能操作、智能审批、税务文书智能出具等功能。同时，进一步构建动态业务模型，优化各类算法和流程，通过自主学习，实现对新兴业务模型和业务知识的自动化、半自动化构建，进而实现部分业务能力的全面自动化和智能化。此外，有必要建立全国统一公用的电子税务局，便于跨区域办税，并将电子税务局操作作为财会类税务类专业必修课，提高学生实操技能，一定程度上降低实际运用时的征纳成本。

（三）聚焦数字化，充分贯彻"无界"理念

"无界"，是指打破信息孤岛，实现部门间信息"无界"共享，推动涉税政务服务数字化转型。

"无界"应致力于提高数据共享共治水平。数据共享共治就是实现数据从

孤立到集成，核心是税务系统内部和外部之间数据互联互通。数字化的重点在于解决两方面问题。一方面是数据的广泛获取。可以分三个层次：一是数据集成，财务软件与电子税务局的数据连通；二是数据共享，与外部门涉税信息数据充分共享；三是突破界限，消除物理边界（包括跨地域通办、与地方平台对接）融入智慧城市，这可能至少需要省局层面协调，推进数据共享标准建设，统一数据采集标准、口径、格式，搭建形成覆盖面广、辐射力强、信息量大的智慧税务数据资源共享体系。数据共享共治是跨部门精诚共治的重要组成部分，需以场景化业务视角建立"一件事"思维，扩展信息共享范围和质量，为精细服务和精准监管提供丰富、可靠的基础数据源，更有助于精确执法。另一方面是数据的质量管控。税务部门对数据清洗、加工、整理后才能开展以税收大数据为基础的智能分析，真正实现"信用＋风险"动态监控。因此，还需建立完善的数据质量管理机制，规范采集操作，加强采集前端的审核校验和纠错，做好源头管控，定期开展数据质量分析评价，加大系统数据清理力度，提升系统数据质量。可以借助数据质量管理平台和5C评价机制，强化税收与经济的关联分析，科学合理评判征管质量，倒逼提高数据相关性和有效性。

（四）聚焦制度化，建立智慧税务保障体系

一是强化人才保障体系。智慧税务建设不仅需要硬件保障，还需要软实力作为依托。建设智慧税务应进一步加强对信息化尤其是善于大数据运用的人才培养，制订科学人才培养、激励计划，着力打造一支税收业务功底扎实又精通信息化技术的人才队伍。二是巩固技术与安全保障体系。借助市级以上层面相对完备的人、组织、物和网等基本要素，推动大数据、人工智能、区块链等现代科技与市域税收治理深度融合；强化信息安全管理制度建设，与之配套制定一系列可操作、可验证、可追责的安全规范标准和制度，平衡好安全与效率的关系，维护涉税核心数据安全。三是创新服务提供保障体系。探索打破现有做法，即税务部门提供系统开发需求、税务部门招标服务商，税务部门重点在于掌握后台核心数据库管理，前端服务系统可通过商业化方式邀请社会科技力量参与共建，以多头竞争来优化服务。

参考文献

戴文忠：《大数据背景下智慧税务建设的探索与思考》，《中国税务报》2018 年第 6 期。

窦晓飞：《大数据背景下税收管理创新研究》，《中国管理信息化》2019 年第 22 期。

窦中达：《智慧城市重要层面：智慧税收——从信息化、大数据视角看税收体系建设》，《海峡科技与产业》2013 年第 12 期。

樊勇、杜涵：《税收大数据：理论、应用与局限》，《税务研究》2021 年第 9 期。

李伟：《以数字化转型推动税收征管变革》，《中国税务报》2021 年 7 月 2 日。

李悦、陈秋竹：《"数据管税"背景下纳税人信息匿名化的法律标准探讨》，《税务与经济》2020 年第 4 期。

李站强、鲁敏：《大数据时代的智慧税务：趋势、问题及对策》，《现代经济信息》2017 年第 8 期。

刘建徽、周志波：《经济数字化与全球税收治理：背景、困境与对策》，《宏观经济研究》2020 年第 6 期。

鲁钰锋：《互联网＋智慧税务：趋势、规律和建议》，《国际税收》2017 年第 4 期。

齐志宏：《推动新阶段税收现代化高质量跨越式发展》，《中国税务报》2021 年 7 月 21 日。

邵凌云、张紫璇：《数字经济对税收治理的挑战与应对》，《税务研究》2020 年第 9 期。

孙存一、谭荣华：《简析大数据支撑下的"互联网＋智慧税务"》，《税务研究》2018 年第 4 期。

孙懿：《大数据时代对税务工作的挑战与对策》，《经济学研究》2015 年第 6 期。

谭珩：《推动税收征管变革的纲领性文件——〈关于进一步深化税收征管改革的意见〉评析》，《税务研究》2021 年第 6 期。

谭荣华：《从诺兰模型和米歇模型看我国税务信息化的发展阶段》，《涉外税务》2003 年第 2 期。

王桦宇、连宸弘：《税务数据资产的概念、定位及其法律完善》，《税务研究》2020年第12期。

王文清、姚巧燕：《大数据技术对税收风险管理的影响与国际借鉴》，《国际税收》2019年第9期。

吴萍：《基于"智慧税务"的税收优良营商环境构建》，《北方经贸》2021年第1期。

向景、姚维保、庞磊：《智慧税务评价体系构建与实证研究》，《广东财经大学学报》2017年第3期。

谢波峰：《智慧税务建设的若干理论问题——兼谈对深化税收征管改革的认识》，《税务研究》2021年第9期。

杨磊：《强化数据要素驱动推进智慧税务建设的思考》，《税务研究》2020年第11期。

杨庆：《数字经济对税收治理转型的影响与对策——基于政治经济学和治理理论分析视角》，《税务研究》2020年第10期。

杨志勇：《人工智能、税收政策与税收理论》，《税务研究》2018年第6期。

余菁、谢宗炜、张丹、刘茵莹：《美国实行"全面提升客户体验"的税收征管改革》，《中国税务报》2021年8月11日。

张二平：《智慧税务的发展趋势和路径选择》，《中国税务报》2021年3月17日。

赵东海：《大数据时代构建智慧税务探研》，《税收征纳》2020年第4期。

赵涛：《数字化背景下税收征管国际发展趋势研究》，《中央财经大学学报》2020年第1期。

课题组组长：李为人　付广军
副 组 长：祝洪溪　谭 伟　文 仪　李 欣
成　　 员：牛 丽　姜学东　高向东　李 菲　刘启星　李 川
　　　　　唐艳晶　姜立军　杨 飔　张叶军　邵可逸　徐夫田
　　　　　祝洪溪　冉照坤　姜 琳　李 燕　白涛林　秦应记
　　　　　徐全红　罗伟民　彭红平　邓永勤　谭婷元　罗伟平
　　　　　周志忠　文 仪　杨革光
执 笔 人：李为人　付广军

智慧税务理论篇

智慧税务理论与实践研究

国家税务总局青岛市税务局课题组

内容提要

　　在《关于进一步深化税收征管改革的意见》中，党中央、国务院明确要求税务部门建设智慧税务。依托于大数据、云计算和物联网等新技术建设智慧税务，有助于提高税务机关工作质效，降低企业纳税成本，提高资源配置效率。本文从智慧税务管理和智慧税务服务两个方面入手，建议推进流程优化和信息共享完善税收管理，推进网上办税改进纳税服务。

关键词： 智慧税务　流程优化　信息共享　纳税服务

　　中共中央办公厅、国务院办公厅印发的《关于进一步深化税收征管改革的意见》（中办发〔2021〕12号），明确要求：着力建设以服务纳税人缴费人为中心、以发票电子化改革为突破口、以税收大数据为驱动力的具有高集成功能、高安全性能、高应用效能的智慧税务。这突出反映了数字经济背景下，"贯彻新发展理念""以人民为中心""税收现代化"对于智慧税务建设的迫切需求。

　　"智慧税务"前身是税务部门一直在努力发展的"电子税务"，经过多年优化改良，体现了人类智慧与人工智能技术在税收领域的综合应用成果，其以智能化和前瞻性的特点进一步深化了数据管税改革。与此同时，依法治税理念和税收现代化目标的提出，推动电子税局充分运用数字经济下大数据、云计算、物联网等全新经济、技术资源和手段，积极开发全面感知、智能、类人的税收新生态，为纳税人缴费人提供全方位、多维度、高精准的个性化税收管理服务。智慧税务可以跨越时空阻隔，有效联通税务部门、政府有关部门、其他涉税涉费部门以及纳税人缴费人，实现彼此信息、数据共享利用，持续优化改进税收政策和管理制度，以高效的公共服务赢得纳税人缴费人满意。智慧税务以智慧税务管理和智慧税务服务为发展根基。智慧管理反映税收征管现代化的要求，使得税务部门能够对来自纳税人缴费人和社会各界的相关信息资源进行高效汇集、分析和利用，加快税收工作智能化进程。智慧服务则紧密围绕纳税人缴费人办税理费需求，综合利用各种现代化服务手段开展纳税服务工作，以高质量的公共服务，给予纳税人缴费人高端服务体验，提升社会福利水平。

一 研究现状

对于智慧税务的研究起步较晚，因此，这方面的研究文献不算太多，与之相关的研究主要体现在智慧政务、政府管理、电子税务等方面。

（一）智慧政务

智慧政务的内涵可以表述为：政府资源的整合以及系统集成、实现服务无缝对接和提供便捷的智慧响应。伴随着经济社会迈入大数据时代，电子政务的系统集成化发展的最终结果就是智慧政务。对此，很多专家学者和实际工作者有不少论述，提出了很多有价值的见解。他们认为，政府在大数据时代不能无所作为，而应充分利用现代信息技术发展的成果，致力于电子政务平台建设，加速政府治理能力提升，推动政府治理体系建设。政府部门管理和服务水平提升，可以更好地对经济社会发展中的各种信息资源进行整合、分析、利用，大大提升决策科学性，更好地为经济社会发展服务。张建光等将政府信息化区分为数字政府、电子政务、移动政务和智慧政府等几个发展阶段，对政府信息化发展历程进行了回顾、描述和分析，政府信息化最高阶段就是智慧政府。费军则重点对"智慧政府"进行了特征描述，其认为，智慧政府的特征在于，在理念方面，应坚持以人为本；在软件方面，应广泛使用各种信息化技术；在硬件方面，应使用智能传感设备；在政务运行机制方面，应立足信息化背景，开展协同治理，致力于为经济社会提供具备普适性和针对性的公共服务[①]。

可见，学者们对于智慧政务的研究更多侧重于"智慧政务"、"智慧政府"内涵的定义、特征描述、学术性理解等，尚有待于进一步拓展国际视野，秉承"洋为中用"、"问题导向"皋臬，提出更具有针对性的政策建议。

（二）政府管理

关于政府管理，学者们从政府职责定位、运行机制、治理方式等角度开展了研究。政府职责定位方面的研究，以杨宏山等为代表。其认为，政府的角色定位应充分体现大数据时代的特点，将"制定政策"、"战略规划"作为政府职责的重心，同时，以信息化手段优化政府政务服务流程，从而提高政府服务水平，提高政府管理效能。政府运行机制方面的研究，以杜治洲为代表。其认为，大数据时代政府政务的电子化转型，倒逼政府传统公共行政模式必须做出改革与重塑。其主张，为适应时代发展，达到根本提升公共服务市场化水平的目的，应将经济范畴中的市场竞争原则引入政府运转机制，使得政府可以运用现代管理方法来提供公共服务。政府治理方式方面的研究，以张理霖为代表。其认为，大数据时代，政府治理方式必将发生根本性改革，由分散性治理的传统多元治理方式走向整体性治理的现代一体化治理方式。其主张，为实现行政资源高效率使用，政府各个部门与组织之间，应在一体化治理原则的指导下，加强工作协调配合，提升工作效率，通力合作解决实际问题，为公众提供高质量、高效率的公共服务。

可见，学者们对于政府管理进行了比较全面的研究，涵盖了政府在管理活动中的职责定位、机制重塑、模式转换等主要方面，取得了可喜研究成果，略感不足之处在于，有待于将理论上的研讨与实际工作更加紧密结合，提出更多可操作性较强的措施办法。

（三）电子税务

在理论层面，谭荣华较为全面地研究了"电子税务"的概念、特征，并回顾了其发展历程。其认为应在电子税务理论指导下构建"电子税务局"，对

---

① 费军、贾慧真：《智慧政府视角下政务 App 提供公共服务平台路径选择》，《电子政务》2015年第9期。

税务部门的四大重要工作系统，即征管信息系统、办公系统、决策支持系统、信息共享系统进行优化整合。金婕则定义了"电子税务"的概念。其认为，"电子税务"是税务部门为了向纳税人提供高端税收监管与服务，利用数字信息手段建立的虚拟办税服务体系。其通过运用信息技术对税收工作中获取的各种来源的信息资源进行整合、分析和利用，可以不断优化税务部门组织结构和工作流程。

在实践层面，以邵凌云为代表，主张应向西方发达国家学习，从管理方式的信息化、管理队伍的专业化、操作流程的简便化等方面进行变革与创新，从而将我国税务系统管理导向的传统工作方式，改造成为"管理"加"服务"的现代工作方式。刘建徽和周志波则从政府部门信息共享角度开展了研究，指出包括税务部门在内的政府部门，应充分发挥信息优势，加强工作协调与工作配合，采取有效措施，解决长期以来困扰我们的"信息孤岛"问题，持续提高信息共享程度，提升政府工作效能。

可见，学者们关于"电子税务"的研究目前看来比较全面，在理论和实践两个层面都有所涉猎。下一步，结合电子税务发展进程，在强化"问题导向"不断发现问题的同时，应强调"转化导向"，对于学者们提出的问题给予充分重视，切实提出可行措施进行回应，及时将研究成果转化为实践成果。

二 理论基础

税收理论界普遍认为，新公共管理理论、新公共服务理论、政府流程再造理论和信息不对称理论，共同构成了支撑智慧税务研究的理论框架。以下分别予以简要论述。

（一）新公共管理理论

新公共管理理论出现的背景，是20世纪80年代西方国家出现的传统政府管理模式危机。新公共管理理论推崇"市场竞争机制"，建议将其引入政府运转程式，以有效降低政府部门管理成本，提高政府部门提供公共产品的质量与效率。新公共管理理论被西方国家奉为政府改革与转型的核心理论。其主要观点有：其一，为了能够跟上日新月异的知识更新和科技发展，政府部门应向私营部门学习借鉴其灵活的适应机制。其二，建议政府部门在观念上，也应学习借鉴私营部门，树立"以顾客为中心""投入产出"理念，讲求政府部门资源投入的目的性和效益性。其三，新公共管理理论将政府部门的角色定义为"掌舵者"而非"划桨者"。强调竞争机制在政府管理中的重要作用，要求以"绩效管理""目标管理"协调政府各部门的社会公共管理行为，从而提高政府工作质量和效果。

该理论启示我们，"智慧税务"不是孤军奋战，税务部门要将"智慧税务"建设很好地融入"智慧政务"建设中去，主动加强与其他政府部门的工作联系和工作配合，增强彼此之间数据交流、汇集、分析与利用，更好地发挥各部门综合信息优势，为纳税人缴费人提供优质高效的税收管理与服务。

(二) 新公共服务理论

新公共服务理论对政府和公民的传统定位进行了改进与创新，改变了公共管理理论对政府部门所界定的"掌舵"的角色定位。其主要观点是：其一，政府属于公有化机构，公平、公正地提供公共服务是其固有职能，因此，政府部门的工作方式不应向私有化方向发展。其二，政府部门应将公共服务供给放在政务工作的主导地位，尽最大可能向公民提供高效、便捷的公共服务，充分体现"以整体公共利益为核心"的施政理念。其三，应"放权于民"，鼓励公民更多地参与到政府管理与服务中来。政府要与公民平等对话，追求行动的一致性。其四，政府应改进适应机制，紧随信息技术发展需求，适时调整政策制定方式和政策推行方式，并且能够加强对新技术的运用，持续提高政府工作效能。其五，政府要在日常运行中对各方面的工作有一个统筹的规划与协调。

以上理论观点，在目标导向、观念更新、工作方式转变、机制完善等方面，对于智慧税务建设有重要参考价值。

(三) 政府流程再造理论

与新公共管理理论产生的背景一样，20 世纪 70 年代，出于优化政府管理模式的现实需求，政府流程再造理论应运而生。提出政府流程再造理论的目的，在于指导顺利推进政府部门改革。政府流程再造理论借鉴了企业流程再造的有关思想、原则和经验，致力于改进政府部门工作机制。其主张，政府部门的机构设置和工作流程设置，应该能够及时反映经济、社会等外在环境的变迁和公众对公共服务的需求变化。其要求政府部门，按照"以需求为导向"的要求，对工作机构和工作流程进行重置，以求显著提高政府效能。

"智慧税务"同样对于税务部门的机构设置和业务流程设置提出了适时更新的要求，是税务部门的一场"流程再造"。我们应把机构改造和业务流程改造有机结合起来，使其适应现代信息技术在税务工作中的场景应用，更好地反映数字经济时代对于税务工作提出的崭新要求，不断提高税务部门自身的工作质效。

（四）信息不对称理论

"信息不对称理论"的主要观点是：人们对于信息掌握的程度往往不一致，这会带来比较优势，即：获得信息较多的一方，相对于获得信息较少的一方，一般在决策中处于优势地位。从资源配置的角度出发，"信息不对称"不利于优化资源配置、不利于经济高效率运行。该理论作为经济学领域一般学说问世，当然可适用于税收领域。从税务机关角度讲，其在收集纳税人税务登记和税收申报、评估、稽查等信息时，如果信息掌握不全面、不准确，则容易出现多征收、少征收甚至未征收税款的情况，影响税务部门日常征管、稽查等工作质效。从纳税人缴费人角度讲，对于税收法规，办税流程等方面信息了解不充分，将提高纳税人缴费人的税收遵从成本。智慧税务将有效缓解征纳双方的信息不对称问题，提高税收经济运行效率。

三　智慧税务管理

2021年公务员计划招录3.12万人，其中税务部门计划招录1.49万人，占比近五成。大量招聘新员工的行为揭示了税务系统当前面临的工作量与人力资源不相匹配的突出矛盾。经济快速发展导致涉税事项、涉税数据呈几何式爆发，更多的老员工将要退休更进一步导致人力资源紧张，税务系统人均业务量大增而影响工作质效。智慧税务是对现有工作模式的升级换代，信息技术的广泛应用，在大大降低人工操作模式下税收业务风险的同时，能够有效提高税费数据汇集、分析和利用的质量和效率，是税务系统应对当前矛盾的主要工具。通过智慧税务建设，可以实现对业务流程的完善管理和第三方信息的充分利用，有效提高税务工作质效。

（一）存在的问题

1. 业务流程待优化

归纳起来，税务部门的业务流程存在架构不合理和重复劳动的问题。

一是流程架构不合理。税务部门传统业务流程，属于税务部门与纳税人缴费人"多点并行式接触"架构，按照这一架构设置，纳税人缴费人在办理相关事务时，要一一跑遍办理事务所涉及的税务机关内设机构；税务部门在处理相关事务时，也是"各自为政"，要分别与纳税人缴费人进行接触。上述业务流程的不合理之处在于，部分事务可能通过税务部门内部传递，可以比较方便地得到解决，却需要纳税人缴费人从外部解决，增加了纳税人缴费人负担；部分事务按照税务部门内部工作职责，可能由两个及以上内设机构同时负责，从而造成职责不清，"都管都不管"，影响纳税人缴费人办事体验；还有部分事务办理流程是基于纸介质流程为模板进行设计的，所谓"电子化"，不过是利用计算机对纸介质流程再重复操作一遍，不仅没有提高工作效率，反而使事项办理流程更加复杂，降低了工作效率。

二是流程中存在重复劳动。传统流程大多是按照税务部门内设机构职责分工设计的，这就造成税务机关在工作内容发生变化需要对流程进行修正时，各个内设机构往往从自身职责定位出发提出流程修正需求。在缺乏统一协调，或者协调质量不高的情况下，流程中容易出现大量重复劳动内容，在降低办事效率的同时，也造成行政资源的浪费。

2. 信息共享不充分

实现信息共享，是消除"信息不对称"，降低政府管理、服务资源耗费，提高政府管理、服务水平的必由之路。从某种程度上讲，实现税收信息化，就是实现税收现代化。税收信息化可以促进税务部门之间，税务部门与其他政府部门之间的信息共享，为纳税人缴费人提供更加全面、精准、及时的税收管理和服务。但是众所周知，目前税收信息共享仍然不够充分、有效，存在很多具体问题，究其根源，主要在于以下两个方面。

一是部门利益阻碍信息共享。实践中，一些政府部门出于"绩效考核"、"形象工程"等方面的考虑，对于部门间的信息共享不积极配合，造成税务部门从第三方获取相关信息存在较大困难，影响政府信息资源的完全、有效、及时共享与利用，制约了税收管理、服务质量的提高。如，在涉税信息采集过程中，纳税人缴费人自行申报数据构成税务部门主要信息来源，这些纳税人缴费人单方提供的大量数据，迫切需要根据第三方数据予以比对、确认，政府部门间信息共享不畅，会造成税务部门掌握纳税人缴费人信息不全面、不准确、不及时等问题，影响税务部门为纳税人缴费人提供有效管理、服务。

二是没有有效的信息共享顶层设计，缺少规范、统一的信息共享平台。目前，还没有一个操作性较强的统一制度对政府部门之间的信息共享问题进行规范，也没有一个统一平台对各政府部门收集的数据信息进行汇集、分析和利用，致使税务部门无法从其他政府部门获取更好的数据信息助力。

（二）完善智慧税务管理的建议

1. 建设数据库，优化业务流程

一是建设业务流程辅助数据库。税务系统内业务复杂、业务更新速度快、岗位调整相对频繁，对于岗位新人来说，适应成本较高、适应风险较大。业务流程辅助数据库的建立，将大大降低岗位新人员的培训成本、降低执法风险。数据库建设的途径是：依据一项业务从发起到终止所经历的各个岗位，将法规依据、所需审核资料等录入数据库，使得每个业务办理人员既可看到本环节所需的审核资料、所依据的法律法规、也可以看到下环节接受人员、风险提示等重要信息。

二是组建团队对业务流程进行梳理。抽取业务骨干，对各业务流程进行梳理、分析、整合，从顶层设计上、程序上减少重复劳动等非增值活动，提升工作效率。

2. 建立共享机制，提高使用价值

一是健全信息共享机制。首先，组织建立规范的涵盖各个社会各个领域的数据交换和共享平台。强化税务机关的涉税信息获取能力，自动接收、清分、归集、处理涉税信息；加强数据质量管理，推动涉税数据标准化发展，做到统一口径；建立涉税信息统一标准，加快推动涉税大数据税务机关与政府部门之间的高效共享。其次，统一信息交换标准和业务规范。建立数据交换平台的必要条件是各个政府部门的信息数据需使用统一信息交换标准和业务规范进行信息共享。最后，建立信息强制报告制度。信息交换需要刚性的制度约束，应立法增设其他政府部门和有关单位向税务部门提供涉税涉费信息的义务性规范，明确其他政府部门和有关单位报告涉税涉费信息数据的内容、时限、口径等具体要求，并细化相关工作责任和绩效考核要求，以此提高涉税涉费信息数据提供的质效。

二是增强数据分析利用能力。首先，在税务系统内部建立不同层级的信息平台。收集、整理其他政府部门和有关单位以及纳税人缴费人提供的涉税涉费信息。其次，在税务系统内部广泛征求征管、纳税服务、税收经济分析、稽查等部门业务需求，创建高质量分析模型开展数据分析，并将分析结果按需推送给上述部门。再次，根据各部门数据运用结果反馈，持续对已建立的分析模型进行检验、修正。最后，将数据分析与日常税收业务紧密结合，提高数据分析在工作流程中的使用效率。

四 智慧税务服务

纳税服务是指在纳税人缴费人办理各项涉税事宜的过程中，税务部门为优化营商环境建设，确保纳税人缴费人纳税遵从，按照《税收征收管理法》规定的义务，所建立的服务制度、服务流程、服务措施的总称。纳税服务需要针对纳税人缴费人的不同遵从状态，采取措施促使纳税人缴费人自觉纳税。智慧税务服务是一个全新的概念，整体上是以最新的信息技术为支撑，直接满足纳税人缴费人办税理费需求的重要环节。其通过互联网＋、大数据技术分析整合税务部门以及其他相关部门的信息资源，使所有的政务业务、全部的事项办理流程实现无缝衔接，实现办公、决策、管理、服务的智能化，增强税收大数据内驱力，助力政府管理和公共服务水平不断提升。简化办税流程，提升办税效率，为纳税人缴费人提供全天候、智能化、不受时空限制的智慧税务服务。

（一）存在的问题

1. 网上办税需改进

一是业务办理程序繁琐。究其原因无外乎以下三个方面。其一，税制因素。目前我国税制相对复杂，较多的税种对应较多的表格，而每一种表格都需要经过相应的处理程序。其二，表格设计因素。纳税人缴费人的自行申报是涉税涉费信息的重要来源，各税种申报表格则是采集这些信息的重要载体。因此，大量的信息需求带来相对复杂的表格，其填报、计算等对纳税人缴费人专业素质要求较高。其三，纳税人缴费人政策理解因素。因应数字经济时代复杂多变的经济形势，我国税制改革频繁，各税种政策变化频率加快，如果纳税人缴费人对新政策的变化了解不及时，就会导致漏报错报。

二是网上办税功能使用不充分。青岛市电子税务局具有十分强大的功能，大部分涉税业务都可以通过系统线上办理，这使得越来越多的纳税人缴费人由窗口申报转为网上申报，提升了办税体验。但仍存在网上办税功能使用不充分问题，如，有些事项通过网上办理非常方便快捷，但由于纳税人缴费人往往只熟悉网上税费申报功能，对其他功能不了解或者应用不熟练，总是习惯性去大厅办理，导致办税服务厅业务量不必要增多。

三是网上办税宣传引导不足。目前，青岛市各区市办税服务厅都配备了专职人员辅导纳税人利用网络办税，收到了较好效果。但是由于办税厅网上办税区外网设备配备不足、专职人员配备数量不足以及专职辅导人员业务水平参差不齐等原因，导致网上办税宣传力度不足、宣传覆盖面不广。

2. 税收宣传要提高

一是税收宣传方式亟待改进。经济社会发展到数字经济时代，经济运行方式和企业经营方式不断变化，市场主体的办税理费需求也与以往有较大不同，对于精准服务、深度服务的需求增多，而目前税务系统的税收宣传方式仍然未能彻底摆脱"粗放式"的窠臼，不同地区的税收宣传工作也存在开展不平衡等问题，不能很好地满足市场主体要求。

二是税收宣传手段亟待更新。当前随着信息技术的迭代更新，各种新媒体获得蓬勃发展，出现了公众号、直播平台等多种发展形式。相对而言，基层税务部门的实际宣传工作，较少应用到先进的新媒体技术，普遍存在项目少、内容平、形式旧等问题。

三是税收宣传力量亟待加强。从税务系统税收宣传人员知识结构观察，尚不能满足工作需要。税收宣传分为两种形式，一种是专业宣传，由宣传人员承担，这部分人员一般不从事具体的税收业务工作，税收业务知识相对缺乏；另一种是岗位宣传，由业务人员结合岗位工作开展，这些人员一般未经过专业的宣传培训与学习，在一定程度上缺乏宣传技巧与舆情敏感性。

（二）完善智慧税务服务的建议

1. 网上办税方面

一是积极推进线上无纸化办税。在国家出台相关条例认定电子签章法律效力的明确法律保障下，传统的纸质签章文件被存储量大、办理便捷、传递迅速的电子签章文件大量取代。处理处罚决定、发票、纳税证明等涉税文书的电子化开具与推送，使得办税手续日益简化、办税效率日益提高、办税成本日益下降，电子数据逐渐替代传统纸质资料已成为经济社会步入大数据时代的必然趋势。

二是优化完善电子征纳流程。精简各税种原始表单，简并优化各税种电子申报表的表间勾稽关系；限制性开放在线更正申报权限；增加表格填报提示与错误警示；实现主附税种申报联动、数据同步自动跳转等功能；采取进一步优化整合措施，使电子征纳流程更便于纳税人理解、办税材料更精简、线上申报更省时、网上办税更便利。

三是积极推进网上办税宣传辅导。在线上网络空间中，广泛利用不同形式媒体向纳税人缴费人推介网上办税，通过细致讲解流程、事例演示等，帮助纳税人缴费人熟悉网上办税功能。各办税服务厅要优化网上办税的软硬件环境，以高度的责任感使命感做好网上办税引导工作，减轻办税服务窗口办税压力，提升纳税人缴费人办税体验。

2. 税收宣传方面

一是充分运用各类新媒体。税务部门要提出明确要求，做好工作部署安排，使税收宣传人员尽快熟悉新媒体特点与运用方法。并结合这些特点，创造性地开展税收宣传工作。如通过公众号、短视频等，结合具体实例，发布、解读税收政策，利用生动活泼的媒体形式和简单易懂的网络语言，增加税收宣传的趣味性和可接受性。

二是开展精准、全面的税收宣传。做好宣传前的调研摸底工作，摸清不同类别纳税人缴费人的办税理费需求，制定精准、可行、高效的宣传方案，科学开展税收宣传工作，不能用一个模式服务不同类型的受众。税收宣传工作分为税收政策类宣传和普法类宣传两方面，税收政策类宣传的主要功能，是宣讲解读税收政策，介绍办税理费流程及注意事项，为纳税人缴费人答疑解惑。在制定活动方案时要提前统计分析好宣传对象基础信息，根据不同行业、不同规模纳税人缴费人的不同需求分类宣传，做到政策宣传精准推送、全面覆盖。普法宣传的主要功能，是培养纳税人缴费人的税法遵从意识，提高全社会税收法制观念。因此，要借助各类媒体工具生动鲜活地开展税收宣传，进一步提高受众关注度。

三是强化税收宣传力量。一方面，人员要合理配置。在面对宣传任务时，可以成立宣传小组，合理搭配专业税收宣传人员和业务人员，通过小组运作，实现取长补短，做到税收宣传工作既有专业性，又有趣味性，圆满完成税收宣传任务。另一方面，人员要加强培养。要本着"缺什么补什么"的原则，对专业宣传人员合理安排税收专业知识培训，对税收业务人员合理安排税收宣传知识培训，从以上两个维度强化税收宣传力量。

参考文献

重庆市国家税务局课题组：《"智慧税务"的基本特征及基层的实践探索》，《税务研究》2017年第8期。

杨磊：《强化数据要素驱动推进智慧税务建设的思考》，《税务研究》2020年第11期。

孙存一、谭荣华：《简析大数据支撑下"互联网+智慧税务"》，《税务研究》2018年第4期。

李三江：《变革、挑战、应对："互联网+"下的税收治理》，《税务研究》2016年第5期。

刘海峰：《新型智能税务信息系统"规划建设的构想》，《财政研究》2013年第11期。

林芹：《"大数据"背景下提升企业纳税服务质效的探索》，《纳税》2019年第19期。

王爱清：《"互联网+纳税服务"的智能化创新发展研究》，《税收经济研究》2019年第6期。

郜培：《济南市Z区"智慧税务"服务问题研究》，山东大学硕士学位论文，2021。

国家税务总局北京市税务局联合课题组、姜学东、王献民：《对基层税务部门做好税收宣传的思考》，《中国税务》2020年第07期。

黄俊：《电子税务征收管理模式优化研究——以广东省电子税务为例》，华中师范大学硕士学位论文，2019。

庄月：《"互联网+"背景下的税收管理信息化建设研究》，西北农林科技大学硕士学位论文，2018。

向景、姚维保、庞磊：《智慧税务评价体系构建与实证研究》，《广东财经大学学报》2017年第3期。

金婕：《曲靖市地税系统电子税务管理研究》，云南财经大学硕士学位论文，2016。

天津市税务局课题组、牛丽、祁恩霞、任广慧：《"十四五"时期推进智慧税务建设路径探究——基于重点税源企业视角》，《天津经济》2022年第7期。

刘洋：《税务稽查管理的优化策略研究》，西南财经大学硕士学位论文，2013。

于冠一、陈卫东、王倩：《电子政务演化模式与智慧税务结构分析》，《中国行政管理》2016年第2期。

费军、贾慧真：《智慧政府视角下政务App提供公共服务平台路径选择》，《电子政务》2015年第9期。

杜治洲：《电子政务与政府管理模式的互动》，中国经济出版社，2006年。

张理霖：《智慧城市政府治理研究》，中共中央党校硕士学位论文，2015。

杨宏山：《智慧城市建设中的政府角色定位》，《城市管理与科技》2015年第5期。

张建光、朱建明、尚进：《国内外智慧政府研究现状与发展趋势综述》，《电子政务》2015年第8期。

卢欣：《广东税务全业务全流程智慧政务建设研究》，兰州大学硕士学位论文，2019。

刘建徽、周志波：《整体政府视阈下"互联网+政务"发展研究——基于发达国家电子税务局建设的比较分析》，《宏观经济研究》2015年第11期。

谭荣华：《税收信息化教程》，中国人民大学出版社，2005年。

邵凌云：《纳税服务国内外比较分析与改进建议》，《滁州学院学报》

2011 年第 3 期。

课题指导：谭　伟　陈俊涛
课题组组长：谭婷元
成　　　员：姜　帝　张　辉　郭浩然　王超群
执　笔　人：谭　伟　陈俊涛　谭婷元

以协同管理理念为基石 打造高效能智慧税务

国家税务总局成都市税务局课题组

内容提要

在数字化革命的今天,为充分落实好《关于进一步深化税收征管改革的意见》,需要深刻理解将数字技术融入现代化税收管理的关键目标在于获得组织内外部效率的提升,即系统效率的提升。从当前税务系统发展阶段面临的挑战和数字化革命带来的内外部发展机遇来看,协同管理理念将成为提升系统效率的重要手段。本文从税务协同管理角度入手,对税务协同管理的内容进行简要介绍,并提出了将协同管理融入智慧税务的核心基础要点和具体实施路径,通过将协同管理理念融入"智慧税务"建设,从而将其打造成为现代化税收管理和服务的"杠杆",撬动管理手段和服务水平的有效提升。

关键词: 税收征管改革 智慧税务 协同管理 系统效率

一 背景

世界经济论坛创始人克劳斯·施瓦布在其著作《第四次工业革命》(The Fourth Industrial Revolution)中指出,"这次革命刚刚开始,正在彻底颠覆我们的生活、工作和互相关联的方式。无论是规模、广度还是复杂程度,第四次工业革命都与人类过去经历的变革截然不同……各行各业都在发生重大转变,其中数字技术将迸发出强大的力量,影响着我们的经济和社会"。

这一系列变化,同样要求税收组织管理做出相应的改变。近期,中共中央办公厅、国务院办公厅印发了《关于进一步深化税收征管改革的意见》（以下简称《意见》），强调要深化税收征管制度改革，着力建设以服务纳税人缴费人为中心、以发票电子化改革为突破口、以税收大数据为驱动力的具有高集成功能、高安全性能、高应用效能的智慧税务。《意见》的提出正是基于以数字化带动业务变革，将数字技术充分融入现代化税收管理中，提升系统效率。

（一）征管改革有赖于系统效率的提升

本轮征管改革深入推进精确执法、精细服务、精准监管、精诚共治，提高税法遵从度，提升社会满意度，以两个目标为核心，降低税务组织和纳税人双方的征纳成本，从而达到推动高质量发展。而组织内外成本的降低，一直是现代管理的核心目的。管理从根本意义上是解决效率的问题。"现代经营管理之父"法约尔在其《工业管理与一般管理》中提出，组织效率的提升来源于专业化和分工、分责、分权之间的关系。巴纳德的《组织与管理》中强调，组织效率的有效性，取决于其成员是否具有"一致性的行为"，其关键因素在于合作。狭义的组织只包括内部组织，广义的组织包括内部组织和外部组织。其中外部组织又分为组织与组织间、组织与外部环境。针对税务组织现阶段而言，我们在强化组织内部之外，更强调税务组织内部与政府、社会及纳税人之间的关系。获得外部效率，即系统效率，将会是本轮征管改革中打造智慧税务建设的核心。

（二）数字经济下，系统效率提升的核心在于协同

《维基经济学：大规模协作如何改变一切》（*Wikinomics: How Mass Collaboration Changes Everything*）的序中指出："向外看，而不仅仅是向内看，将是一场管理思维上的大跃迁。"大数据和云计算的出现，使得组织外部的管理成为现实。数据交换和共享的便捷，使得税务组织、税务和政府、税务和社会组织、税务与纳税人之间的协作效率急剧提升。价值的创造不再由税务组织单独创造，而应该是在政府整体规划下、在社会组织的合作下、在纳税人自身体验和效率的提升下，整个价值链形成强链接的关系，全过程共同创造优质的营商环境，提升社会系统效率。在这个过程中，协同将成为组织之间面向未来的重要发展模式。

(三) 税务协同的内容

协同的核心，分解来看：协是协作过程，同是目标结果。在《意见》中明确提到全方位提高税务执法、服务、监管能力是征管改革核心目标。为达到这个核心目标，需要系统化协作过程。就税务系统而言，税务协同主要包含五个层面：工作协同、业务协同、集成协同、税企协同、社会化协同，且依次为递进关系。

工作协同：税务组织内部之间的工作协作。强调各层级税务机关、税务机关内部的全员全域，以人为中心的协同。其核心在于提高税务干部的工作效率。

业务协同：将工作与业务相互融合，结合应用场景和业务需求，开发各类业务应用，解决实际应用场景的需求。

集成协同：在业务协同的基础上，打通税务系统的信息流、数据流，形成集成化信息入口，保持信息口径的统一，为业务提供智能化、集成化的系统支撑，为组织领导提供决策依据。

税企协同：由原先的管理转为管理与运营相结合。其中运营更加关注纳税人的画像数据，以纳税人需求和行为为日常纳税服务和税收监管的主要依据。

社会化协同：与政府和社会组织之间的协同。从社会系统的角度出发，系统化地解决社会主体的办事需求。不仅局限于涉税业务本身，更加从社会协同、社会效应等方面全方位考虑降低整体管理和服务成本。

(四) 税务系统协同化的内外部机遇

1. 内部信息化系统基础已逐步完善

从1994年国家税务总局确立"以申报纳税和优化服务为基础，以计算机网络为依托，集中征收，重点稽查"的征管新模式，到1999年"中国税务征管信息系统（CTAIS）"的推广应用，再到2016年金税三期的全国范围的上线及2020年国家税务总局依托阿里云打造的大数据平台的建成，税务信息化不断发展，构建了从工作协同、业务系统到集成协同的税收信息化系统。

2. 外部社会共治逐步建立

在政务平台建设方面，政务服务平台建设管理分散、办事系统繁杂、事项标准不一、数据共享不畅、业务协同不足等问题较为普遍，政务服务整体效能不强，办事难、办事慢、办事繁的问题还不同程度存在。国务院印发的《关于加快推进全国一体化在线政务服务平台建设的指导意见》（国发〔2018〕27号），就深入推进"互联网+政务服务"、加快建设全国一体化在线政务服务平台、全面推进政务服务"一网通办"做出部署，实现推进各地区各部门政务服务平台规范化、标准化、集约化建设和互联互通，形成全国政务服务"一张网"。

在数据共享方面，2016年9月19日，《国务院关于印发〈政务信息资源共享管理暂行办法〉的通知》（国发〔2016〕51号）（以下简称《办法》）。该《办法》是国家推进政务信息资源管理制度建设的重大举措，也是我国第一份关于政务信息资源共享的规范性文件。《办法》明确了政务信息资源的定义和分类，提出了"以共享为原则、不共享为例外"等原则，界定了信息共享的范围和责任，明晰了信息共享的权利和义务，对政务信息资源目录、国家数据共享交换平台体系构建以及信息共享工作的管理、协调、评价和监督等做出了硬性规定和要求。有效打破"信息孤岛"和"数据烟囱"，大大提升政务信息共享管理和约束效力，使政务信息共享工作进一步制度化、规范化和程序化，推动我国政务信息化建设进入"集约整合、全面互联、开放共享、协同共治"的新阶段，有效加快国家治理体系和治理能力现代化进程。

在协同共治方面，目前各地方都在持续推进税收共治工作，通过政府部门牵头，将相关指标纳入政府的绩效考核中，有效提升各部门支持涉税数据相关工作的力度。以成都为例，目前已成功推动将"税收共治"指标纳入成都市政府"三重"（重点工作、重大项目、重要环节）目标考核体系，每年底，由市税务局对市政府各部门、各区（市）县政府进行评分，实现地方绩效管理由"责任单位"向"考评单位"转变，由"被动接受"向"主动作为"转变。考评标准包括"未完成税收共治工作任务的，按项次予以扣分"，首次实现成都市范围内税务部门主导考评市政府相关部门和区（市）县政府的目标考核指标。以目标考核为基础，结合年度重点工作，由市级相关部门提供数据和协作支持，为税收工作提供助力，充分发挥税收大数据优势，扎实深入开展税收经济分析，更好服务大局、服务相关部门、服务市场主体。

3. 现代化技术应用逐步成熟

习近平总书记指出，"信息技术和产业发展程度决定着信息化发展水平"，随着人工智能、大数据、云计算、区块链、物联网、5G等技术发展，互联网正在进入一个全新阶段，即数字科技阶段。如"区块链"技术解决多方参与的数据传输过程中的可靠性、安全性、可溯性问题。目前，在电子发票、对外支付税务备案等实际中都已得到相关应用发展。大数据的发展是放弃对因果关系的探求，取而代之的是对相关关系的关注。这就是当前的税收管理从过去依赖单个行为的因果关系，发展为挖掘大样本量数据中的相关关系，不仅能够对涉税行为进行预测，更能为经济发展等提供决策依据。人工智能技术发展让计算机去完成以往需要人的智力才能胜任的工作，降低了税务机关内部的劳动成本和强度，目前初步在发票审批、涉税风险分析等方面有所涉及。

二 当前税收组织面临的挑战

（一）信息化顶层架构有待进一步完善

在整体规划方面，需要针对系统整合基础资源、应用资源、数据资源、信息化人力资源等进一步明细目标。在系统集成方面，系统之间的互通仍然需要进一步融合，目前各税种费种之间没有实现全部打通、联动管理；政务办公系统游离于金税三期框架之外，综合办公、绩效管理、数字人事、行政管理等系统各自为政，未形成体系化、平台化、标准化的信息化构架。在体制机制建设方面，数据治理、运维、安全等相比于目前社会信息化发展程度都较为滞后。在数据平台建设方面，数据平台建设、数据资源汇集、数据分析利用等方面基础比较薄弱，还存在无数可用、有数不能用、有数不会用等问题。在新技术使用方面，运用新工具、新方法进行大数据分析能力不足，准确采集、实时汇聚、分类归集、按需供应、精准分析等尚未实现，与智能分析、智慧决策的工作需求和发展要求存在较大差距。

（二）税收业务与现代化信息技术发展不一致

1. 税收服务理念与现代化数据分发制度不一致

随着互联网和大数据的发展，网络中各节点之间的连接成为现实，同时在互联网科技中得以迅速发展。从当前互联网技术特征来看，已经从过去门户时代的"人找信息"的信息分发方式逐渐转变为以移动互联网为基础,实现"信息找人"的信息分发方式。以纳税服务而言,当前的纳税人服务,依然是通过制作视频、业务指导资料、"12366"咨询的方式给予纳税人业务咨询支持,其从根本上而言也是一种"人找信息"的方式。没有通过智能化手段使征纳双方的信息真正地流动起来。需要进一步借助大数据和智能技术,形成智能分析和分发系统,根据纳税人在纳税服务使用过程中的行为数据,不断地理解纳税人的输入。纳税人的每一次使用不仅是在为其提供纳税服务支持,更是在优化税企平台系统,让系统越来越有智慧,会随着过程自发地成长。从而能够更加精准地理解纳税人不同阶段的纳税服务诉求,形成智能化的业务指导,精准分发到相应阶段的纳税人,帮助纳税人更好地与税务机关建立协同关系。

2. 数据共享理念与现代化协同共享不一致

衔接各级政府政务服务平台不够深入。目前全国一体化在线政务服务平台已全面开展,其有效推动了各部门政务服务平台规范化、标准化、集约化建设和互联互通,形成了全国政务服务"一张网"。而当前税务系统因系统物理部署权限、业务系统复杂程度、数据安全等因素,在对接各级政务服务平台时,与其他政府部门相比较连接较为滞后。

涉税数据共享业务范围不够全面。目前各地方政府都在积极推动政务数据共享共用,但一方面,部分政府部门因数据归属权、数据安全等因素,一些关键性的涉税数据未能积极向税务部门提供,与外单位信息互换的渠道、数量、频次、质量都还有差距,很多数据不能实时获取、按需获取,导致税务部门大数据的全面性不足,纳税人画像不全、涉税风险分析底层支持不够,远远不能满足现代化税收治理需要。另一方面,税务部门的数据因涉及纳税人的隐私和数据安全等问题,也无法和政府其他部门的数据形成多方数据模型,在为政府提供决策支持上力度不够。在数据共享安全管理制度方面,数据安全责任有待进一步明确,尚未找到一条既能够保护政府敏感信息、重要数据,同时又能进行现代化大数据全面挖掘的新技术、新方法。

(三)现代化企业组织形式多样,管理难度大

随着经济社会的快速发展,纳税人缴费人数量急剧增加,企业经营模式日益复杂,传统的工作理念和工作方法难以适应形势发展需求。特别是信息技术与产业融合发展，与各行各业的创新活动结合日益紧密，而且不断从网络空间向实体空间扩展，驱动新业态层出不穷、传统业态升级换代。新技术催生的新产业、新模式、新业态，面对更加复杂、更加隐蔽、更加流动的经济税源，都导致税收征管的难度越发增大。迫切需要联合政府部门和社会组织从数据共享、数据挖掘、数据分析、协同共管等角度共同应对新环境的挑战。

（四）现代信息技术复合人才资源紧缺

人才是技术创新和业务发展的核心要素。近年来，随着信息化技术的快速发展，该领域的人才需求不断增加，尤其是针对专业能力强、业务复合能力要求高的人才需求越发强烈。在税务系统中，一是复合型技术人才缺口大，需要既懂专业技术，又懂税收业务，同时又有一定的项目化管理经验的骨干人才。二是尚未形成高效的培养、任用、选拔机制，核心技术人员、新技术人员和复合型人才、高精尖人才严重匮乏，人才短缺问题难以在短期内得到有效解决。信息化人才队伍数量和能力与当前社会信息化发展水平仍有较大差距。

三 基本思路与实施路径

（一）基本思路

市场上已经开始用技术穿透组织，通过技术优化管理或者再造流程提升组织效率。而在智慧税务建设中，需要让税务工作人员从低效劳动、重复劳动中解脱出来，发挥更大的价值，实现办公处理自动化；要让大数据推动税收风险防控精准度，实现以数治税精准化；要让内外部的各部门能够更顺畅地相互合作，实现协同工作高效化；要让纳税人办税更加便捷高效，实现征收服务便利化。总的来说，智慧税务的建设既要支撑战略高度，又要彰显治理精度，不仅有应对问题的速度，也要有追根溯源的深度，还要有让数据"多跑路"、让群众"少跑腿"、让公务员"少加班"的温度。要让"智慧税务"成为现代化税收管理和服务的"杠杆"，撬动管理手段和服务水平的有效提升。

夯实信息化基础，以税收大数据为驱动力的具有高集成功能、高安全性能、高应用效能的智慧税务，将为推动高质量发展提供有力支撑。

1. 加强智慧税务的顶层设计，是协同管理的基石

顶层设计的核心在于信息化平台的系统性、整体性、协同性、安全性的规划，从而在数据管理方面建成一体化、集成化、高效化的大数据仓库，实现数据管理标准化、科学化、精细化。在应用方面构建智慧中台，打造内部管理中心、纳税人服务中心、差异化业务支持中心、全链路业务监控中心等，提供业务能力支撑。

2. 推进税收业务数据化，打造协同管理标准范式

将实体业务流程逐步规范化、体系化、数据化，归集纳税人申报、缴税、开票等行为和税务人职责、流程、节点等，对税收管理服务经验、各类业务数据、纳税人行为数据等进行加工处理，将其转化为标准化数据，以数据体现业务，实现业务的可衡量、可复制。

3. 提炼数据将其业务化，加强协同管理

依托智慧中台，在业务数据化的基础上，对税务管理和服务的知识、经验、能力进行封装，形成标准化的模块，作为税收管理手段和纳税服务的"装备库"，通过与不同问题的关联，提高其可用性，进而提升了税务干部对问题的响应能力。在使用过程中，对阶段性、临时性工作可迅速做出模块拼接，实现对业务工作的支持；同时在业务模块化的基础上，可有效分解组织内外部工作，让税务组织内部各级机关干部和组织外部的纳税人、第三方机构、政府组织共同参与到协同管理之中，去完成不同层面的工作，这将大大降低税务内外部管理和服务成本，有效推动整体系统数字化、可计算化，从而做到涉税业务的可复制性，完成对管理和服务的杠杆支撑。

（二）具体实施路径

1. 组织内部的协同管理——智慧税务管理

要在现有垂直管理和分部门工作职责范围内，突破功能分割、部门边界的管理和服务方式，实现组织结构扁平化、组织结构网络状化的转变，由过去以各部门责任分工、各税源管理单位管户的办事方式，转变为以业务为核心的办事方式，直接面向纳税人，使得信息和资源突破上下级单位的传统职能和单位内部各部门辖域分割的壁垒，形成随需而变的业务流程和部门协同的工作环境。要建立统一的内部办公平台，并将其业务系统充分融合。即实现政务办公的基础功能，也可以基于"智慧中台"进行定制开发，为基层单位提供各种小应用程序，推动组织内部沟通方式扁平化、办公场景虚拟化、各层级税务部门联动一体化。要借助智慧税务逐步实现办公自动化、减少人工操作，在人工处理部分要实现全程电子化、派单智能化、任务清单化、工作留痕化。要建立组织内部沟通渠道，让系统开发者、任务制发者和具体使用者之间建立沟通渠道，以"人工+智能"的方式不断优化系统智能功能，集合智慧，让税务人员能够形成"向上管理，向下负责"的协同理念。在常态化任务设计中，要建设"清单库"，确保下发任务的目标具体明确、任务简明扼要、便于操作、可验证性强。让基层单位看得懂、搞得清、操作规范，此外通过任务清单反馈，借助人工智能分析研究问题，找到问题关键和症结所在，厘清问题之间的相互关系，不断优化任务清单内容。探索数字人事系统与业务系统、办公系统的协同关系，形成业务办理、公事处理的实时自动化记录，将人才档案管理与工作事项记录、业务效能分析、绩效考核等充分结合，实现对税务工作的自动化考评，打造一体化的数字人事系统。

2. 税企之间的协同——智慧服务和管理打造

税企协同主要分两个方面：服务协同、管理协同。要坚持以纳税人为中心的理念，打造高效统一、协同互动的纳税人端服务平台。要开展纳税人行为偏好分析，梳理纳税人的共性和个性需求，对不同纳税人进行纳税服务场景化设计，全面简化和整合各税种的业务、流程和表单，最大限度为纳税人提供便捷化服务。对网上审核审批事项，要进行流程化、可视化的进度展示，让纳税人实时了解涉税事项办理进度。在税企平台建设中，要注重纳税人问题收集，结合纳税人画像、纳税人问题搜索等大数据特征，通过人工智能学习，构建智能化推送系统。要深入开发税企交流平台，学习互联网优秀平台先进做法，探索"问诊平台"，邀请各个业务领域优秀的税务干部来为线上的用户详细解答税务问题。对回答问题次数多、纳税人评价好的税务干部实行绩效奖励，并在此基础上形成真正纳税人听得懂、评价好的问答互动大数据库，为进一步的税企平台建设提供大数据资源支持。探索5G智能办税服务厅，逐步探索部分现场审核审批事项转变为远程涉税审批、远程业务咨询、远程专家解答等功能。要在智慧中台的基础上，由模型式的应用向标准服务接口的方式转变，积极开发系统接口实现纳税人财务系统的直连。探索智能纳税人数字账户管理，为每户纳税人开辟与税务机关共享的"专属虚拟空间"，构建支撑不同业务场景的"一户式"数据归集、资料归集、专有知识库归集、纳税痕迹归集。

要坚持"无风险不打扰、有违法要追究、全过程强智控"的监管理念。要在税收大数据和第三方大数据的基础上，使用人工智能分析其行为特征，构建纳税人静态信息和动态行为画像。探索智能税源分级分类管理，为各级税务机关定制税源状况分析报告，满足不同管理机关对税源管理的需求。要建设风险管理模型，通过算法自动优化、风险自动识别、机器自动决策、任务自动生成、系统自动派单、绩效自动评价等自动化流程让模型辅助管理。要增设回归分析环节形成管理闭环，并通过典型调查环节、AI智能学习和人工辅助，获取更加完善的管理模型。

（三）税务与社会之间——综合治税平台的建立

要坚持"税收大数据共享应用，拓展税收共治格局"的理念。要衔接政府政务服务平台。通过智慧中台，将原来分系统、网状对接模式，转变为中心式、一体化对接，推动涉税业务的"一网通办"，实现事项互联互通、数据实时共享、涉税业务跨部门协同办理。要对接政务数据共享平台，整理对外数据共享清单，分层级、分场景、分权限，以需求为导向、以应用为驱动，衔接各级各类政务数据平台，实现信息数据跨部门、跨层级、跨区域交换共享。要加大共治协作力度，通过数据共享、信用融合、执法协同，充分发挥政府各部门管理优势，形成强大的综合治税能力，有效提升税收监管效能，精准锁定税收风险疑点企业，并采取有效措施帮助企业化解税收风险，更好地维护公平公正的税收法治环境，同时建立信用联动合作机制，加强纳税信用和其他社会信用的联动管理，实现更多政府部门之间信息互享、信用互认、奖惩互助，推进联合奖惩措施落地，促使纳税人税法遵从度提高。利用新技术逐步探索涉密数据共享合作，如由政府设立涉密数据交换平台，利用"联邦学习"等新技术，在不共享隐私数据的情况下，协同开发训练模型。该技术不用对数据汇聚模型训练所需要的数据进行集中计算，而是将机器学习的计算分散到参与各方的数据库上进行加密的分布式计算。整个模型训练过程自始至终没有任何原始数据和原始数据的加密/脱敏数据被传输，从而保护数据拥有者各自的隐私，达到数据不沉淀且能够实现模型共建。要衔接社会第三方资源平台，以智慧中台为纽带，加强与第三方的沟通协调，与国内知名高科技公司和科技类大学资源形成战略合作，形成"税局 + 高科技公司 + 第三方"的数字税务建设机制，汇聚各方智慧和力量把智慧税务建设好。

参考文献

《中央网络安全和信息化领导小组第一次会议召开 习近平发表重要讲话》，2014年2月27日。

北京大学课题组、黄璜：《平台驱动的数字政府：能力、转型与现代化》，《电子政务》2020年第7期。

饶立新：《贯彻落实习近平总书记重要论述 全面提升纳税服务信息化水平》，《税务研究》2020年第3期。

智勐：《加快数字税务建设 高质量推进新时代税收现代化》，《税务研究》2020年第8期。

课 题 指 导：刘　冰
课题组组长：周志忠
成　　　员：文　仪　杨革光　陈浩斌　孙　榕
执 笔 人：张　鹏

人工智能在智慧税务应用中的探索和思考
——以深圳市税务局人工智能实践为例

国家税务总局深圳市税务局课题组

内容提要

以开放、模拟、跨界、渗透为特征的人工智能技术，在各个科学领域得到越来越广泛的应用。在着力构建具有高集成功能、高安全性能、高应用效能"智慧税务"的今天，人工智能技术给我们带来了新的曙光和契机，成为推动税收征管数字化升级与智能化改造的"必由之路"。本文以深圳市税务局人工智能实践为基础，回顾应用场景，立足成效分析，阐述存在困难，提出在税收服务、执法、监管、共治等领域深入应用人工智能技术的设想，展望构建以人工智能技术为基础设施的智慧税务"未来样本"。

关键词：人工智能　税务应用　智慧税务

人工智能是研究使计算机能模拟、学习、推理、思考和规划人的思维过程与智能行为的一门新的技术科学，其经过漫长的理论研究、探索沉淀、实践应用，已成为一门新型颠覆性和极具挑战性的学科，正在加快渗透和重构各行各业的生态体系，深刻影响着人们的生产生活和行为方式。在此背景下，税务部门如何抓住人工智能为构建智慧税务体系带来的重大历史机遇，持续构建全数字化、全智能化的管理链条、服务链条和控制链条，成为当前税务部门面临的新课题。中共中央办公厅、国务院办公厅印发《关于进一步深化税收征管改革的意见》（以下简称《意见》），为全面推进税收征管数字化升级和智能化改造，擘画了智慧税务"蓝图"和"路径"。本文结合深圳市税务局在人工智能领域的实践经验，探索人工智能在智慧税务应用中的场景和效用，并对以人工智能技术为基础设施的智慧税务"未来样本"作一些思考。

一 人工智能对智慧税务的作用分析

（一）人工智能为智慧税务带来全新的"思路"

金税三期上线以来，税务部门积累着越来越多的各方面数据，税收大数据拥有海量的数据规模、多样的数据类型、独特的数据价值和广泛的数据场景，传统的税收征管模式和数据管理方式难以适应大规模税收数据的应用需求。人工智能技术的发展，为智慧税务体系的构建带来全新的"思路"，通过"机器学习+深度挖掘+智能画像"等新技术，结合云计算、大数据、区块链等新应用，促使征管模式从"收税"到"报税"再到"算税"的升级，征管流程从"上机"到"上网"再到"上云"的转变，征管效能从"经验管税"到"以票控税"再到"以数治税"的提升。

（二）人工智能为智慧税务提供便捷的"路径"

人工智能技术可对登记信息、申报信息、纳税信息、发票信息等进行深度挖掘和相关性分析，突破传统经验管税的束缚，为税收管理理念的重心从管理为主转变为管理服务并重提供了很好的契机，同时通过推动税收征管流程和机构职能设置的持续优化，也为税收管理和服务效能的提升提供了更加便捷的"路径"，让纳税人"少跑马路，多跑网路"，拓展智能一键办税和快捷办税等路径，实现线上轻松登记、申报、缴款、查询、评估以及精准获取辅导等，有效增加税务人获得感和纳税人满意度。

（三）人工智能为智慧税务增添创新的"燃料"

在智慧税务体系的构建过程中，人工智能的引入无疑是"如虎添翼"的重要一环。在理念上，树立"向大数据要生产力，向人工智能要创新力"的理念，在技术规划中融入人工智能，为税收征管数字化升级与智能化改造增添创新的"火花"，使得创新更有前瞻性和可塑性，大幅减少简单重复性工作，将税收业务从事项、流程、经验驱动转变为数据、规则、智能驱动，实现自动化、标准化、智能化处理，大幅提升办税效率，降低制度性征纳成本，沿着智慧税务、以数治税方向大步前进。

（四）人工智能为智慧税务拓展应用的"触角"

智慧税务是金税四期建设的重要目标，其以数字化电子发票改革为突破口，让全量税费大数据根据应用的需要，多维度、实时化、全方位地实现可归集、可比较、可连接、可聚合、可分析，打破系统割裂和数据孤岛，不断拓展形成以纳税人、税务人和决策人为核心的智能涉税应用体系。无论是人工智能风险"画像"的探索、发票智能审批的尝试还是纳税人要素化一键申报的突破，都为人工智能技术在税收领域的拓展打下坚实的基础。

二 人工智能推进智慧税务的场景构建及效用分析

（一）利用人工智能技术构建"立体化"办税体系

一是文字识别助力"无纸转变"。人工智能利用光学字符识别（OCR）等文字识别技术，将纸质文件转换成数字资源，应用到纳税人登记、申报、证明开具等多个征管环节，如文书扫描机器人读取纳税人缴费人身份证、税务登记证等证件，自动提取生成数字要素，实现无纸化办税。二是人脸识别辅助"防止作弊"。人脸生物识别技术可以实现精准、秒级识别活体，记录人脸关键属性，有效防止视频、照片等作弊行为。纳税人只需本人出现在办税服务厅，无须携带任何证明证件，利用人脸、虹膜、指纹，就可以进行自助办税。三是流量识别推动"错峰办税"。承载5G技术的智能识别摄像头，通过流量识别和步态识别实时感知办税服务厅流量，当人流量接近最大承载能力时发出警示，提醒基层及时采取措施，引导纳税人错峰办税。

（二）利用人工智能技术构建"自动化"咨询体系

一是语音识别促进"高效答复"。语音识别机器人可自动分析纳税人问题，在知识库自动搜索和匹配最优答案，确保高效准确回答纳税人问题；微情绪识别机器人自动感知对话内容，智能分析知识薄弱点，形成个性知识能力评价表，提出针对性建议和方案。二是图谱助手实现"精准咨询"。利用基于知识图谱的智能化税务小助手与纳税人在线上平台实现互动，实现纳税咨询随时随地、有问必答、精准回答，让纳税人享受更高效全能的税务咨询服务。三是数据挖掘汇集"舆情信息"。利用机器学习、数据挖掘等技术对海量数据进行分析，挖掘纳税人近期最关心的政策和问题，智能关注涉税舆情信息，做好有效解答和应对。

（三）利用人工智能技术构建"精准化"监管体系

一是机器学习丰富"风险画像"。依托聚类分析等机器学习算法，构建以海量数据为基础的纳税人画像库，掌握每种特征主体分布，让税源管理工作更高效、直观并且有据可依。二是边界分析做好"风险识别"。利用机器学习做边界分析，自动将业务关联公司聚拢为独立"团伙"，链条式展示公司及其利益关系，有力打击虚开发票、货票不符及发票回流等发票违法违规问题。三是建模识别打造"正负样本"。通过分析纳税人历史数据进行学习建模，从纳税人行为与风险标签中学习"正样本"和"负样本"特征，建立机器识别风险纳税人的知识体系。当系统发现纳税人符合"负样本"特征时，自动触发监控条件，及时发现遵从风险行为并采取相应措施，更好打击税收违法行为。

（四）利用人工智能技术构建"规范化"执法体系

一是视频甄别促进"规范执法"。利用视频分析技术，计算机可对执法视频的每一帧画面进行自动甄别，检测税务人员在执法过程中是否存在操作不合法、言语不规范现象，以实现智能化的执法监督，保障纳税人合法权益。二是智慧识别实现"高效笔录"。利用语音识别技术将执法语音转化成文字，并根据语义理解智能纠错，高效、快速、准确地输出执法笔录，缩短笔录制作时间。三是智税大脑实现"智能审批"。通过大数据获取与预处理，抽取纳税实体发票超限量申请行为特征，利用基于关联规则的数据挖掘与聚类算法，实现发票超限量智能审批。

（五）利用人工智能技术构建"高效化"分析体系

一是个性分析实现"信用评级"。利用机器学习算法分析纳税行为和纳税人资产信息、银行流水信息、金融交易信息等,对纳税人进行全方位、个性化剖析,实现对不同行业、不同规模、不同时期的企业区分对待,赋予更客观、实际的信用分数,为分类分级管理提供更多维度参考。二是智能分析助推"改革发展"。利用大数据智能分析并可视化展示城市产业结构,从宏观层面准确把握产业链布局,助推有关部门优化城市发展战略,制定相关政策促进经济社会高质量发展。

三 深圳税务在人工智能领域的应用实践

深圳市税务局在税务总局的正确领导下,依托深圳创新之都的地缘优势,抓住国务院2017年实施《新一代人工智能发展规划》的机遇,将智能问答、人脸识别、机器学习等技术应用到执法、服务、监管等全方位税务场景,以税收科技创新从整体上提升税务治理效能。

2017年,建设大数据人工智能风控平台。首次引入人工智能算法为企业"画像",对大量历史风险任务样本数据进行学习、建模,成功针对虚假注册、虚开发票及实名办税自然人异常行为3类税收风险精准定位,风险识别命中率达90%。

2018年,建成首个纳税服务"智税大脑"。在电子税务局上实现智能发票供应、发票审批等智慧业务体系;通过自然语言处理技术与人工智能算法,抓取互联网大数据,建立税务舆情分析模型,实现税费优惠政策、税收宣传等方面的互联网舆情监控。

2019年,构建机器学习"税收风险画像"。与中国人民大学等机构合作,运用机器学习算法对信用和风险数据进行自动分析,构建空壳企业、虚开企业等多个"税收风险画像",筛选中高风险纳税人用于风险管理、稽查选案等。

2020年,构建智慧税务人工智能中台。与中国科学院合作建立人工智能中台,利用深度学习对模型进行训练、推理,为各类税务业务应用提供服务支撑;利用人脸识别技术,开通全国首个"刷脸缴税"窗口,"人脸识别+支付"技术真正应用到税务领域。

四　推进基于人工智能的智慧税务存在的挑战

(一) 支持人工智能应用的法律制度体系不完善

《中华人民共和国税收征收管理法》自1993年1月1日实施以来，近30年时间仅进行过3次对局部条款的"修补"，未进行过全面的修订，立法存在一定滞后性，缺乏支持人工智能在智慧税务领域应用方面的顶层法律制度条款，例如对于智能审批的责任归属问题仍存在争议。目前，主要依托《意见》确立的原则和目标推进实施智慧税务工程，提出的措施条款较为宏观，大多数情况都是以先试点、再规范的形式推进，遇见问题再出台政策研究解决问题，有关政策法律约束力低，无法作为智慧税务建设的法律制度基础，一定程度上制约了智慧税务的发展。

(二) 适应人工智能应用的现代征管思维跟不上

人工智能技术作为近年来方兴未艾的热门创新领域，对于传统税收征管模式来说，属于崭新的技术和全新的事物，无论是纳税人还是税务人，环境和经验造就的认识水平的不一，对其接受程度和适应能力都存在差异。一些基层工作人员，虽拥有线上服务思维，但习惯于传统经验管税模式，缺乏对云化管税、数据治税、智慧税务重要性的充分认识，缺乏适应人工智能应用的现代征管思维，不能很好地掌握智能办税中的各种操作要求和智能处理，一定程度上削弱人工智能在智慧税务应用中的效能。

(三) 推动人工智能应用的复合人才队伍较紧缺

构建基于人工智能的智慧税务体系，离不开现代信息技术的发展应用，更离不开"税务+技术"复合型人才的队伍保障。目前，在我国高等教育体系中，还缺乏税收管理与人工智能领域的学科交叉和融合专业，相关的复合型人才队伍较紧缺。在实际税收工作中，很多的人力资源被分配到一些简单、重复、机械的咨询辅导业务中，人员专业和技术综合素质有待进一步提升，难以满足我国大力推进智慧税务道路上的人才队伍保障需要。

（四）保障人工智能应用的数据安全机制尚缺失

人工智能技术应用是一把"双刃剑"，新技术渗透与大数据安全之间，往往需要形成"一体两翼"的安全保障机制。人工智能的发展很大程度上便利了税收数据收集的全要素、全过程、全领域，但其信息收集的公开性、透明性、合法性备受关注，国家秘密、商业秘密和个人隐私的保护也至关重要。但在新技术推进过程中，往往缺乏保障数据安全的"底线思维"，造成一些新的安全问题，一定程度上限制了人工智能税务应用的推广。

五 基于人工智能的智慧税务"未来样本"思考

（一）在制度上，构造 AI 智慧税务机制"保障"

在制度上，首先完善《税收征收管理法》，将人工智能的概念和智慧税务的内涵，写进《税收征收管理法》，阐明应用人工智能的必要性、重要性和可行性。同时，在税收征管程序中细化明确，如将人工智能技术嵌入税务登记、纳税申报、税款征收、涉税服务、风险管理、税务稽查等各个方面，完善督审、审计、考核等机制，以适应智慧税务新发展阶段的要求。此外，完善数据安全机制，建立数据获取、收集、使用和救济的配套程序，提高税务人员的法律意识，保护纳税人的合法权益，为 AI 智慧税务的发展提供机制"保障"。

（二）在思维上，塑造 AI 智慧税务先行"理念"

在思维上，树立"向大数据要生产力，向人工智能要创新力"的理念，将人工智能技术作为智慧税务建设中的"敲门砖""垫脚石"，重视人工智能给税务工作带来的潜在价值，引入"类人机器人""算税机器人"等前瞻性概念，为纳税人提供更加便捷、简易的服务，实现税收工作高效化、税务服务智能化、数据资产价值化。推动税务工作人员思维方式的转变，塑造 AI 智慧税务的先行"理念"，展示智慧税务"拨云见日"的效应，促使各层级税务工作人员自觉融入推动智慧税务建设的"历史大潮"中。

（三）在人才上，创造 AI 智慧税务人才"高地"

在人才上，把培养"税收+技术"复合型人才作为推动构建 AI 智慧税务的重要目标之一，通过加大税收领域和技术领域的专业培养力度，加深与各大高校科研机构的培训合作，加强人才队伍的创新项目实践，完善针对有关绩效考核和综合激励，建立一支具有高素质、高技能的专业化复合型人才队伍，创造出 AI 智慧税务人才"高地"，以满足 AI 智慧税务发展的人才需要。

（四）在应用上，打造 AI 智慧税务创新"样本"

在应用上，充分运用人脸识别、自然语言处理、机器学习、数据挖掘、分析建模、神经网络等前沿技术，在税务业务场景中融合大数据、云计算、人工智能、区块链等新兴技术，实现多源数据采集、异构数据融合、散点数据分析，让人工智能税务程序实现自主的感知、学习、执行并决策，让信息系统从海量个案分析向自主"类人"学习转变，实现全面的数字化升级与智能化改造，推动打造 AI 智慧税务的创新"样本"，为落实《意见》关于精确执法、精细服务、精准监管、精诚共治的"未来擘画"创造更多的可能性。

课题组成员： 李　伟　罗伟平　李荣辉

新形势下推进智慧税务建设的思考

国家税务总局宜兴市税务局课题组

内容提要

随着大数据、云计算、区块链等新技术在税务领域的深入运用,税收治理现代化迈上新台阶,中共中央办公厅、国务院办公厅印发的《关于进一步深化税收征管改革的意见》是党中央、国务院关于"十四五"时期税收征管改革的重要制度安排和总体规划,更是明确税务部门在"十四五"时期智慧税务建设的时间表、路线图。就无锡税务而言,上一阶段的智慧税务建设取得了一些成就,但也存在一些问题。本文总结了无锡税务在以往智慧税务建设过程中的经验与不足,探索以优化营商环境、提升数据治税能力、推动多方协同治税为目标的新形势下智慧税务建设无锡方案。

关键词: 智慧税务 无锡税务 无锡方案

一 引言

"智慧税务"一词,最早出自2015年《国家税务总局关于印发〈"互联网+税务"行动计划〉的通知》。随着大数据、云计算、区块链等新技术在税务领域的深入运用,税收服务和管理呈现越来越浓的智能化特性,电子税务局、税务机器人等不断涌现,初步呈现"互联网+移动办税+智能管理+精准前瞻"的智慧税收新形态。

可以说,智慧税务是基于依法治税理念和税收现代化目标,全面应用互联网、大数据、云计算等新技术,以纳税人需求为导向,提供多元化服务和智能化管理，充分实现税收制度和税收技术交融，提供优越的纳税体验、智能化的管理和决策的税务生态系统。

近年来，我国税收制度改革不断深化，税收征管体制持续优化，纳税服务和税务执法的规范性、便捷性、精准性不断提升。为深入推进税务领域"放管服"改革，完善税务监管体系，打造市场化法治化国际化营商环境，更好地服务市场主体发展，2021年3月，中共中央办公厅、国务院办公厅印发《关于进一步深化税收征管改革的意见》（以下简称《意见》）。《意见》中对加快推进智慧税务建设提出了具体要求：充分运用大数据、云计算、人工智能、移动互联网等现代信息技术，着力推进内外部涉税数据汇聚联通、线上线下有机贯通，驱动税务执法、服务、监管制度创新和业务变革，进一步优化组织体系和资源配置。2022年基本实现法人税费信息"一户式"、自然人税费信息"一人式"智能归集，2023年基本实现税务机关信息"一局式"、税务人员信息"一员式"智能归集，深入推进对纳税人缴费人行为的自动分析管理、对税务人员履责的全过程自控考核考评、对税务决策信息和任务的自主分类推送。2025年，实现税务执法、服务、监管与大数据智能化应用深度融合、高效联动、全面升级。

本文以无锡市税务局为例，分析无锡智慧税务建设的现状，发现建设过程中存在的问题。从"完善智慧办税服务平台，优化营商环境""完善智慧税收数据管理平台，提升数据治税能力""完善智慧税收数据共享平台，推动多方协同治税"等多方面出发，思考如何推进智慧税务建设。

二 当前无锡税务在智慧税务建设中的探索与实践

（一）智慧办税服务平台建设

2021年5月，无锡市滨湖区税务局已完成了"智能微税厅"的试点建设，"智能微税厅"以"非接触式"办税缴费为重点，变"窗口"办税为"无人"办税，变解答问题为解决问题，把"为纳税人缴费人办实事"落到实处。"智能微税厅"实现了以下五个方面的服务功能。一是智能识别：在主要出入口安装身份识别系统，纳税人通过身份证验证方式进入办税服务厅。纳税人、缴费人无须亮证，"无感识别"。二是智能导税：依托江苏税务App、微平台等渠道，通过集成人脸识别功能和语音交互功能，精准识别纳税人身份，通过核心业务系统和纳税人画像信息向纳税人提供全程智能预检、需求预判和导税服务，推荐最佳办税路径，并提供当前定位、路线规划和区域引导等立体导航服务。三是智能办税：依托江苏省电子税务局、自助办税终端等为纳税人提供高频事项"非接触式"办理渠道，满足纳税人自助办理各类税费业务的需求。深度融合咨询、办税和辅导等应用场景，通过"智能终端+云端+移动端"联动、现场支持和远程协助等方式，实现"远程帮办、问办协同"。四是智能宣传：通过多媒体技术，向纳税人提供个性化、差异化、智能化的涉税宣传。向纳税人提供智能推荐热点问题、在线课程、新闻资讯等宣传服务产品，对外举办纳税人学堂在线直播和视频录播回访服务。五是智能辅导：依托征纳互动平台，为纳税人提供在线咨询辅导，如智能应答无法满足，或自助办税过程中遇到问题也可发起远程协助，由税务人员通过音、视频等方式提供人工服务。

（二）智慧税收数据管理平台建设

2020年，无锡市税务局开发了征管任务统筹平台，通过对征管事项的分级统筹处理，提高了征管任务处理效率，减少了对纳税人的打扰。市局税收分析条线围绕核心业务，建立了"后备、校验、调用"三级指标字典库，已梳理完成324个分析指标字典；建立分析样本库，形成样本标签53条；建立文献库；集成分析主题，逐步实现"疫情影响分析""市场主体指数分析""长三角一体化"等重点主题的集成调用及可视化展示。通过数据挖掘，形成了《规模位居前列，优势有所减弱，重振集成电路产业雄风需要更大力度支持》《从增值税发票数据看我市企业复工复产情况》等多篇高质量的税务专报，为全市企业复工复产提供优良服务，为市委市政府决策提供科学依据。

（三）智慧税收数据共享平台建设

无锡市局下属各单位各自开发了具有地方特色的外部信息交换平台。以宜兴市局为例，宜兴税务局与财政、经信部门会同卓易科技在深入调研的基础上，依托"互联网+"技术支撑，自主开发了宜兴市财务信用平台。平台依托企业基础信用数据库、宜兴市公共信用信息服务平台以及宜兴诚信网，在信息采集和评价结果上与"一库、一网、一平台"融合应用，实现了以下一些功能。一是通过财信平台，对散在各部门的结构化和非结构化数据进行分析、关联、整理，使用形成的关键数据，依法对企业经营者和财务人员开展诚信教育和监管，提高管理质量。二是按照风险管理理论，利用平台预警和应对申诉反馈信息，为企业提供个性化预警服务，降低涉税风险。三是依托平台定期生成《企业财务数据综合评价表》《企业财务人员综合信用评价表》，供企业检验经营成果和提高财务人员的核算水平。

三 推进智慧税务建设时存在的问题

（一）办税服务智能化程度有待进一步提升

智能微税厅是实现办税服务智能化探索的一部分，与《意见》中要求的充分运用现代信息技术、线上线下有机贯通仍有不小距离。在具体实施过程中，我们发现"智能微税厅"还存在以下几个问题。一是智能微税厅综合自助设备引进的价格较高。二是在实际应用场景中，人脸摄像机等智能设备还未部署，通过AI技术实现"无感识别"这一过程还未实现，且频频发生的信息滥采、泄露事件也将新技术背后的安全风险暴露于公众面前。人脸识别技术距离被公众完全接纳，还有很长一段路要走。在有选择的情况下，很多人仍倾向于传统密码或指纹等手段。"无感识别"在智能微税厅的实现面临的阻力较大。三是微厅的智能税宣功能与纳税人高效办理业务的业务场景契合度不高，能产生的效果比较有限。四是智能辅导的在线辅导团队配置有待优化，远程协助需要税务干部有人值守才能实现，如远程协助的等待时间较长，也会影响纳税人的办税体验。

（二）税收数据管理水平有待提高

在挖掘和利用涉税数据价值、提高税务部门工作效率方面，无锡市局仍然处于起步阶段，应用场景仍需要更充分地打开。无锡市税务局开发的系统之间整合不足、数据孤岛现象突出。操作逻辑及系统界面与总局、省局开发的各类系统存在差异，导致基层同志在使用时学习成本偏高，部分业务需要在各级系统中重复操作，影响工作效率。无锡市税务局与税收数据管理相关的管理机制、数据创新应用水平、部门业务协同水平有待提升。为实现《意见》中要求的"深入推进对纳税人缴费人行为的自动分析管理、对税务人员履责的全过程自控考核考评、对税务决策信息和任务的自主分类推送。2025年实现税务执法、服务、监管与大数据智能化应用深度融合、高效联动、全面升级"这一目标，无锡市税务局在智慧税收数据管理平台建设上应该说还是任重而道远。

（三）涉税数据共享的机制有待更新

无锡税务的智慧税收数据共享平台建设仍受制于数据共享意识不强、部门间信息化水平参差不齐等因素，涉税信息常态化交换机制尚不健全。各区县系统各具特色，但缺乏市局层面的整合。涉税数据共享与纳税人、自然人信用体系的建设联系不够紧密，未能充分释放涉税数据资产的潜在价值。在今后的规划中，应以《意见》中的"内外部涉税数据汇聚联通"为目标，推进智慧税收数据共享平台建设。

四　推进智慧税务建设的建议

《意见》既提出了加快推进智慧税务建设的总体要求和阶段性目标，也明确了推进的基本思路和重点改革措施，无锡市税务局应从以下几个方面推进智慧税务建设。

（一）完善智慧办税服务平台，优化营商环境

智慧税务首先应该体现在智慧纳税服务上，因此，在智慧办税服务平台的完善过程中，我们要坚持一切从纳税人的需求出发，以服务纳税人为导向，既要满足税务局税费征缴的需要，也要满足纳税人使用方便的需求。

我们要着力提升税法宣传的精准性。要充分利用好大数据，提高税法宣传的精准性和有效性，有针对性地帮助纳税人了解税收法律法规的相关知识，不断提高纳税人的纳税遵从度。我们还要加强对纳税人的隐私保护措施，有效防范信息泄漏的风险，真正做到智慧纳税服务安全运行，从而实现智慧办税服务平台不断走向完善，为优化营商环境贡献税务力量。

1. 智能微税厅的推广应用

在完成各区县智能微税厅试点建设后，通过对使用微税厅的纳税人的回

访，广泛征求纳税人的意见和建议，结合对微税厅受理各类税费业务数据信息的分析，完善微税厅操作指引。在使用过程中，根据征纳两方面的实际情况，不断发掘微税厅使用过程中产生的新需求。同时争取与其他政府部门协作，商讨将其他政务的相关业务集成至智慧微税厅，从而分摊微税厅建设成本，真正实现一机通办，为微税厅普及打牢基础。

2. 探索智慧税收宣传和个性化纳税服务

尽早实现通过微信公众号、微信小程序，向不同特征的纳税人和不同年龄、职业背景的自然人关注者，推送个性化的税宣材料。并尝试利用人工智能技术和大数据平台，通过对纳税人基本信息、经济活动、纳税行为等客观真实信息的抽象高度概括，为纳税人精准"画像"，据此提供个性化服务。

3. 推进智慧纳税服务评价体系建设

以现有纳税服务好差评系统为基础，探索建立由税务部门主导，纳税人、税收志愿者、涉税专业服务机构共同参与的诉求有效收集、快速响应和及时反馈的渠道。通过问卷、电子邮件、电话回访、短信回访、走访调查、微信公众号反馈等多种途径，收集纳税服务评价数据与高校、涉税专业服务机构共同设计高效科学的调查问卷、回访问题、反馈机制等，构建好纳税服务评价指标模型。通过数据挖掘、大数据分析等手段，进行常态化的分析，发现纳税服务工作中的优秀个人、优秀集体，找出存在的个性和共性问题。并据此树立模范典型，推广好评做法，及时弥补纳税服务过程中的不足。

（二）完善智慧税收数据管理平台，提升数据治税能力

在智慧税收数据管理平台的完善过程中，我们要不断更新业务需求，重塑税收数据管理过程，加强数据规范化建设，持续整合优化现有市局系统，不断创新税务绩效考核的方式，探索实现业务、政务、党务的融合贯通，提升全局的数据治税能力。

1. 加强数据规范化建设

遵循国家税务总局和金税三期标准规则，对标新时代智慧税务实践需求，制定无锡税务基础数据规范，建立数据质量指标体系，定期对无锡市局各类系统内的存量数据进行扫描检测，及时纠正不规范数据，推动基础数据质量提升。

2. 整合优化现有市局系统

实现市局系统、各区县自行开发的特色系统间数据互联互通，各系统间形成有效关联，尽快实现云平台与各类系统之间的单点登录，盘活现有的大量数据资源。提高市局各条线各系统间任务的统筹度，压缩操作次数，优化任务流程。

3. 创新打造"全景智慧绩效"平台

充分发挥无锡税务绩效管理工作水平较高的优势，依托绩效管理和数字人事两大系统，打通绩效管理与业务政务系统数据壁垒，深化大数据应用，以"数据"生产要素为驱动，以实现《意见》中要求的"对税务人员履责的全过程自控考核考评"为目标，推行指标编制数字化、考评实施自动化、责任落实网格化、结果运用共享化的绩效全流程智能管理，为构建基本定型的税务绩效管理体系积极探索基层实践路径，为推动税收工作提质增效提供新引擎。

4. 探索实现业务、政务、党务的融合贯通

以智慧云平台为载体，优化当前的考勤、报销、会议签到、工资查询、请销假、公车申请等流程，提高政务处理效率。探索实现业务、政务、党务工作事项在云平台的聚合推送、超时预警、督办催办、一键跳转等功能。实现会议通知、各业务系统待办事项、税务新闻要闻等按日按时个性化推送，让日常工作更加智慧化。

（三）完善智慧税收数据共享平台，推动多方协同治税

以税收大数据系统为支撑，对内深化数据分析应用，对外推进数据共享治理。推动与拓展涉税数据共享，与其他部门、地区建立有效的信息共享与协作机制，确保数据安全有序流动，既使税务机关以较高效率获取真实信息，又使其他部门获得所需的涉税信息，实现政务信息资源的高效转化运用，在更高层次、更广范围形成多方协同治税格局。

1. 吸取深圳先进经验，探索区块链上信息的智慧交互共享

目前，深圳市税务局作为税务系统在区块链技术领域的先行者，已经完成了以区块链技术为基础的深圳市税务局、深圳海关、深圳公安局、中国人民银行深圳市中心支行四部门信息情报交换平台开发应用，多部门联合打击虚开发票等犯罪活动；深圳市税务局的自然人信息共享智慧平台、"税务产业"联盟链、破产事务办理联动云平台、区块链完税证明开具、"区块链+社保"1.0等区块链技术的成功应用,也展示了区块链技术光明的应用前景。无锡税务应积极学习深圳市税务局区块链技术的探索实践应用案例,按照总局试点工作部署,探索区块链技术在社会保险费征收、房地产交易和不动产登记等方面的应用,思考区块链信息交互共享在无锡的具体应用场景,探索区块链上信息智慧交互共享的无锡方案。

2. 探索智慧税务与智慧城市相融合的实践方案

以发展智慧税务与智慧城市融合的创新项目为目标,联合在锡的高等院校、信息技术企业,会同其他政府部门,共同研究云计算、人工智能、区块链等高新技术在涉税信息共享领域的应用。在地方政府和上级部门的支持下,遴选优质项目,进行实验探索。

3. 整合现有涉税数据资源,与其他政府部门建立更紧密的合作机制,主动作为

通过合作机制,进一步充实完善涉税数据库,为遵从度高的纳税人、缴费人、自然人提供更多的便利和支持,强化对涉税违规行为的联合惩戒,提高纳税遵从度。充分发挥税收大数据服务江苏经济发展的独特优势,常态化开展区域经济分析和专题经济分析,服务地方党委政府研判经济形势、科学经济决策。主动作为,推动多方协同治税。

(四) 队伍建设向复合能力方向培养,建设智慧锡税

习近平总书记在党的十九大报告中提出"建设高素质专业化干部队伍",为新时代干部队伍建设指明了方向。只有牢牢把握"高素质"与"专业化"的要求,才能建好建强干部队伍,基于此,税务干部队伍的建设应该走复合能力培养的道路。一是正视智慧税务的发展趋势,从专业性、复合性和基础性方面着力,分析税务干部队伍中各类人员的能力现状,把现有的人才汇聚起来,把外部的人才吸引进来,把未来的人才培养出来。二是制订税收信息化人才培养计划,完善税收信息化人才引进、培养、使用和激励机制,重点培养具有税收和信息化双重背景的复合型、实用型专门人才。三是建立数据建设参与机制,各职能部门业务骨干要动态参与到核心团队,有效支撑不同业务方向的数据应用,提高数据管理和应用的针对性。同时,要积极引进专业院校专家教授团队参与税务系统信息化建设规划和设计工作,推动税务系

统信息技术应用水平和能力实现跨越式发展。

（五）优化软件系统，提升软件易用度

针对市局开发的系统之间整合不足、数据孤岛现象突出，操作逻辑及系统界面与总局、省局开发的各类系统存在差异的问题。现有软件系统的开发升级应着力于易用性。一是要统一现有系统的操作逻辑和界面风格，优化界面友好度，实现各系统在云平台的单点登录。二是要制作详尽且及时更新的各类操作手册，归集系统运行过程中的操作问题，方便基层操作人员进行自学和自助排障。三是要完善系统运行维护流程，加强运维团队建设，提高运维效率。

（六）系统谋划智慧税务体系建设，统筹安排，按时到位

依照《国家税务总局江苏省税务局贯彻落实〈关于进一步深化税收征管改革的意见〉〈江苏省进一步深化税收征管改革的实施方案〉工作方案》中做精市局、做实县局、做好分局（税务所）的具体任务要求，进行智慧税务体系建设的系统谋划，做好统筹安排，制定职能调整、优化人力资源配置、组建专业化团队等实施方案，并按照上级部门批复的方案，按时组织实施到位。

参考文献

鲁钰锋：《互联网＋智慧税务：趋势、规律和建议》，《国际税收》2017年第4期。

漆亮亮、王晔：《新时代推进我国自然人税收治理现代化的思考》，《税务研究》2021年第1期。

孙存一、谭荣华：《简析大数据支撑下的"互联网＋智慧税务"》，《税务研究》2018年第4期。

王元卓：《智慧税务进入新阶段》，《中国税务报》2021年5月19日。

向景、姚维保、庞磊：《智慧税务评价体系构建与实证研究》，《广东财经大学学报》2017年第3期。

杨磊：《强化数据要素驱动推进智慧税务建设的思考》，《税务研究》

2020 年第 11 期。

重庆市国家税务局课题组、袁立炫、邓永勤、张洋源：《"智慧税务"的基本特征及基层的实践探索》，《税务研究》2017 年第 8 期。

课题组组长：张叶军

成　　　员：缪炬光　胡旭光　邵可逸

执　笔　人：邵可逸

浅论智慧税务在基层税务机关的应用
——以济宁市任城区税务局为例

国家税务总局济宁市税务局课题组

内容提要

随着科技发展，智慧税务建设逐渐成为税务机关的重要工作内容，《关于进一步深化税收征管改革的意见》更是将智慧税务建设提升到了新的高度。本文从市县级税务机关实际出发，结合济宁市税务局在智慧税务建设中的实践与探索，分析智慧税务建设中存在的问题，为高质量推进智慧税务建设提供参考和建议。

关键词： 深化征管改革　智慧税务　基层税务

2021年3月，中共中央办公厅、国务院办公厅印发的《关于进一步深化税收征管改革的意见》（以下简称《意见》）提出，要全面推进税收征管数字化升级和智能化改造，把智慧税务建设任务作为"十四五"时期税务部门深化税收征管改革的目标之一。本文围绕《意见》的战略部署，以智慧税务建设为契机，结合济宁市税务局既有的实践成果展开探讨，期望能够为推进智慧税务建设提供参考。

一　基层税务部门智慧税务建设研究背景及实践意义

信息化和全球化时代不仅带动了经济社会的超前发展，也为政府部门管理提供了许多便利。随着"互联网+"、大数据等新一代技术的出现，智慧税务的建设不断受到各地税务部门的关注，信息技术的发展和社会变革也在倒逼税务部门不断加强自身职能建设。

(一) 研究背景

智慧税务首次被提及是在《国家税务总局关于印发〈"互联网+税务"行动计划〉的通知》(税总发〔2015〕113号)中，文件要求加快线上线下融合，逐步实现办税业务全覆盖，构建智慧税务新局面。2021年，中共中央办公厅、国务院办公厅印发的《意见》，把"智慧税务"建设贯穿全篇，要求将"以数治税"的理念贯穿于税收征管全过程。随着大数据、云计算、人工智能等先进技术被应用到税务工作中，智慧税务首次被写入"十四五"规划纲要中——"深化税收征管制度改革，建设智慧税务，推动税收征管现代化"，意味着智慧税务建设是实现税收治理体系和治理能力现代化的重要内容，也是深化征管改革，构建税务执法、税费服务、税务监管、税收共治"四新体系"的重要抓手。由此可见，在新一轮改革和创新过程中，智慧税务是全新方向，税务机关需要通过智慧税务建设不断提升管理和服务水平，发展智慧税务已经成为推进税务机关变革的内在要求。

(二) 思路探索

信息技术变革给税务部门的管理制度、思维习惯和服务方式等都带来了巨大的影响，依托先进网络信息技术进行智慧税务建设已经成为必然趋势。近年来，济宁市税务局始终着力加强网上办税建设，在这个探索过程中也深入查找发现了存在的短板问题，如纳税人个性化服务需求迫切、线下管理服务能力不足、事中事后管理任务艰巨等。济宁市税务局逐步认识到，只有积极利用人工智能、大数据、5G等新技术来构建全新的智慧税务生态系统，更加完善地处理好数字化与实体化之间的关系，提升税收治理能力，才能破解发展难题，更好地发挥税收职能作用，让广大纳税人和社会公众享受到更多个性化服务。济宁市税务局坚持从纳税人、缴费人需求出发，树立起以信息化技术创建智慧税务新模式的工作思路，即：利用互联网、大数据分析等技术提升效率、填补洼地，促进税收现代化发展，以"非接触式"办税为目标，充分发挥"互联网+"思维，依托大数据打造智慧税务平台，打通纳税服务"最后一公里"，提升纳税人自主办税能力，努力实现纳税人办税"一次都不跑"。

(三) 实践意义

1. 解决当前新的工作模式与工作职责、工作流程不匹配的问题

技术的革新会带来工作模式的变化，智慧税务建设的持续推进，势必要涉及职责调整、人员重组、流程优化甚至是流程再造等方面的问题。如何让工作流程、组织架构与智慧税务建设相匹配，是当前税收工作的重要课题。

2. 解决当下税务干部的素质能力还不能完全匹配智慧税务建设需要的问题

一些基层干部的知识陈旧，对智慧税务建设缺乏正确的认识，应用信息化工具的能力还远不能适应改革的要求。因此，在提升纳税人、缴费人办税体验的同时，要把减轻税务人员工作压力、降低岗位风险作为智慧税务的重要建设内容。让税务干部接受、应用智慧税务，是智慧税务建设成果落地的关键问题之一。

3. 解决基层税务机关数据治理能力不足的问题

基层税务机关数据应用人才较为稀缺，资料来源渠道相对狭窄，对于数据的分析、整备、利用的能力不足，在一定程度上会影响智慧税务建设的推进。基层税务机关结合自身管理水平，利用当前资源开展智慧税务探索，是智慧税务建设的重要任务。

二 济宁智慧税务建设探索（以任城区局为例）

济宁市税务局明确智慧税务建设整体思路后，以济宁市任城区税务局为试点，在智慧办税、智慧管税以及制度建设方面，积极开展智慧税务建设探索。

（一）建设业务云化的智慧办税

1. 找准新定位，高效联动快响应

依托任城区税务局前期打造的一厅式、一站式、一网式的智慧办税平台，以"远程帮办"服务机制为基础，打造具有任城特色的"线上纳税人之家"联动中心，实现由传统的以前台力量为主向发挥大后台中枢力量模式转变，由单一部门对接向整体联动转变，由限定的互动接口向线上、掌上等多样服务渠道转变。联动中心作为疏通各部门关节的中枢力量，以常态化的工作运行和转办机制加强线上、线下的协同合作，精准对接纳税人、缴费人个性化的难点、堵点问题，为"线上纳税人之家"的统筹运转铸就强大合力，构建起积极有效的线上咨询辅导体系。

2. 探索新模式，税收优惠直通达

在"远程帮办"功能服务中，纳税人特征的采集不再局限于手工录入等传统方式，而是可以从"网路"中主动提取信息，编织出细致明确的纳税人标签，通过大数据分析掌握纳税人所涉及的行业、税种、重点关注问题，组合出纳税人标签类型和智能画像，明确各类纳税人需要的涉税信息，实现了纳税人个性化标签特征和立体化政策辅导的智能一体化对接。

3. 立足新视角，远程帮办提质效

秉承"让网速代替脚步，让数据代替马路"的理念，任城区局将"远程帮办"由办税大厅拓展到企业当中，创立以线上为主、线下为辅的多元辅导方式，让纳税人足不出户办税、答疑。辅导过程中，税务人员可实现与纳税人语音视频交流、远程接管等多种方式的沟通，为纳税人提供24小时涉税辅导和精准服务。同时，利用"远程帮办"重新搭建起"科室—分局—纳税人—科室"的三者通讯闭环，做到了税收资讯高效率获取、税收疑难全天候问询和智能服务无门槛使用。

（二）建设数据驱动的智慧管税

1. 科学的"智慧决策"系统

一是闭环管理。以智慧管税一体化平台为载体，建设智慧税务指挥中心，打造一级中心管理、二级任务辐射的组织架构，形成指挥中心统筹下发任务清单、承接单位任务处理、结果反馈、综合评价的闭环管理流程。二是实时监控。指挥中心集语音、视频、数据通信于一体，打通线上和线下、连接机关和分局，对税务机关内部工作流程进行信息化再造，实时对现场事件进行指挥调度。三是统筹协调。指挥中心负责统筹组织、跟踪、落实各项工作任务，定期开展联席会议协调各单位协同开展工作，实现资源共享、信息交互、统一部署。

2. 高效的"智慧监控"系统

一是税源管理可视化。通过税源地图可视化展示辖区内纳税人情况和税源管理风险疑点。绘制出税收经济 3D 地图，对地图中出现的企业疑点信息自动发起预警，提醒税源管理单位核实并在系统中反馈。二是风险应对模板化。对风险疑点制作应对模板，编制"任务导航图"，将风险点佐证数据查询方法、比对结果、核查要求、分析结论等内容形成信息化任务工作流嵌入智慧管税平台中。三是搭建信息共享数据平台。拓宽数据采集渠道，探索建立规范、共享、安全的互联互通综合治税信息平台，实现与第三方涉税信息的交换和深度利用，加强重点领域风险防控和监管，构建以"信用+风险"为基础的新型监管机制。

3. 规范的"智慧执法"系统

一是制作"执法规范语音导航 App"。梳理出 4 类 9 项执法场景，研究制定具体执法事项的语言和行为指引，制作成"执法规范语音导航 App"为执法人员提供语音、文字、图片、动画等多种方式的规范指导，作为执法事前学习的重要资料。二是开发执法记录仪智能语音监控。把各类执法场景中需遵守的步骤和规范用语内嵌入执法记录仪中，选择执行场景即可获取规范化流程。在执法过程中，执法记录仪可对执法人员关键语言行为进行自动识别，实时阻断不规范执法行为，引导现场更正，实现执法过程全程记录、提醒、督导。三是建立实时智慧交互系统。依托指挥中心实现约谈室监控设备和执法记录仪的互联互通，并定期对执法行为数据进行智能化分析讲评。通过视频交互系统，对约谈或执法现场实时监控，进行预警提示或远程指挥调度，现场执法人员也可以主动向指挥中心发起业务求助，初步构建起执法事项事前引导、事中阻断、事后追责的税务执法风险信息化内控监督体系。

（三）建设科学高效的管理制度

1. 智慧办税管理制度高效支持线上服务

打造具有任城特色的"线上纳税人之家"，制定《任城区税务局"线上纳税人之家"管理办法（试行）》，通过管税平台按照"收集汇总—分析清分—应答回应—推送发布"的工作流程，形成"办税+咨询+辅导+问需+响应"的线上服务渠道，为全业务、全流程开展网上服务提供有力支撑。同时，制定《国家税务总局济宁市任城区税务局智慧税费服务立体化管理工作办法（试行）》，对联动中心各工作小组税费需求管理和咨询辅导服务两方面工作进行具体规定，不断实现自我完善。

2. 智慧管税平台应用制度严格规范业务质量

制定《智慧管税一体化平台工作任务运行办法（试行）》，对平台应用中的工作流程、职责分工等做出具体要求；针对平台管理中枢"指挥中心"，专门制定《任城区税务局智慧税务指挥中心工作办法（试行）》，明确其具体工作职责，从渠道和源头上实现任务统筹管理、有机衔接、协同运行和良性互动；针对平台运行过程中可能使用到的仪器设备，专门制定《任城区税务局税务执法记录设备使用管理规定（试行）》，对执法记录仪全环节使用做出详细解释，保障执法人员正确使用执法记录仪开展工作，达到通过"智慧管税"平台对执法过程进行实时监控和指导的目的。

3. 智慧税务绩效考核制度助推考核信息化

探索应用"智慧管税"平台对税务人员履责全过程进行自控考核考评的新模式，制定《任城区税务局"智慧管税"平台应用专项绩效考评方案（试行）》，对日常使用"智慧管税"平台的税务人员，从平台任务完成情况、执法记录仪使用情况、"专家预约"回复情况三个方面进行考核，激发税务人员使用"智慧管税"平台的热情，同时进一步促进严格、规范、公正、文明执法，有效防范税务人员执法风险。

三 对智慧税务建设的工作展望

随着智慧税务建设的不断推进，税收事业的发展条件和发展动力将继续发生深刻转变。技术创新和税收工作的相互融合促进，将极大提升税务部门的监管服务效率，使纳税人、缴费人的涉税需求得到更好满足。结合济宁税务试点工作开展情况，就智慧税务建设做出以下展望。

（一）牢记智慧税务建设的出发点

在智慧税务建设过程中，要始终以提升纳税人满意度为出发点和落脚点，把纳税人、缴费人的期待转化成改革的智慧和决心，持续探索推进以"智慧办税+智慧管税"为核心的智慧税务建设，坚持把智慧税务建设的理念贯穿于税收征管改革的全过程，积极运用大数据技术，以数据整合驱动信息技术、业务流程、制度规范、岗责体系等流程再造和融合升级，让智慧税务真正惠及千千万万户纳税人和缴费人。

（二）明确智慧税务建设的关键点

在智慧税务建设过程中，要准确把握《意见》主要内容，深刻领会《意见》聚焦"发挥数据生产要素的创新引擎"作用，把"以数治税"理念贯穿于智慧税务建设全过程的部署安排中，集成推出一系列针对性强、含金量高的"服务征管＋监管"创新性、务实性新举措，着力建设具有高集成功能、高安全性能、高应用性能的智慧税务。坚持系统观念，把今后一个时期内的智慧税务建设工作纳入《意见》的贯彻落实中，统筹谋划、集成贯通、一体推进，通过建设智慧税务积极推动《意见》各项部署安排落实落地。

（三）找准智慧税务建设的突破点

开创税收现代化发展新局面是一项复杂的系统工程，必须加强前瞻性思考、全局性谋划、整体性推进。在坚定推进智慧税务建设的同时，还必须清醒地认识税收基础建设中的薄弱环节，不能急功近利、重近轻远，要多做打基础、利长远的工作，确保智慧税务建设的质量和效果，要在充分考虑地域差距、征管模式差异的情况下，找准智慧税务建设的突破点，以点带面向全面纵深推进。

课题组组长：李　燕
成　　员：白涛林　满人榕　李崇昊　崔益记
执 笔 人：李崇昊　崔益记

智慧税务建设篇

"十四五"时期推进智慧税务建设路径探究

——基于重点税源企业视角

国家税务总局天津市税务局课题组

内容提要

近年来,大数据、云计算、人工智能等新技术的迅猛发展,赋予税收治理现代化新的内涵,万物互联、智慧治理时代离不开智慧税务的建设,中共中央办公厅、国务院办公厅印发的《关于进一步深化税收征管改革的意见》是党中央、国务院关于"十四五"时期税收征管改革的重要制度安排和总体规划,更是明确税务部门在"十四五"时期智慧税务建设的时间表、路线图。重点税源企业作为国民经济的重要支柱和税收收入的主要来源,其征收管理水平和质效将会影响智慧税务建设整体布局及推进路径,进而对税收现代化进程产生影响。本文以重点税源企业为切入点,借鉴国际经验,探索智慧税务建设的基本思路和实现路径,充分发挥税收在国家治理中的基础性、支柱性、保障性作用,为推动我国经济高质量发展、服务国际治理现代化提供基本遵循。

关键词: 重点税源企业　智慧税务　国家治理

一　概述

2021年3月,中共中央办公厅、国务院办公厅印发的《关于进一步深化税收征管改革的意见》(以下简称《意见》)中明确提出,要建设以服务纳税人缴费人为中心、以发票电子化改革为突破口、以税收大数据为驱动力的具有高集成功能、高安全性能、高应用效能的智慧税务,这是基于依法治税理念和税收现代化目标，不断贯彻新发展理念的最新顶层设计体现。智慧税务新生态系统将聚集大数据、云计算、人工智能、移动互联网等新技术优势，实现税收治理和新技术的深度融合。

（一）智慧税务的提出和发展

我国税收领域的信息化建设始于20世纪90年代，历经"计算机初步应用、信息管税、互联网+税务"等阶段，"十三五"时期税务总局首次明确提出智慧税务概念，"十四五"时期随着《意见》得到贯彻落实，税务机关将全面推进税收征管数字化升级和智能化改造，税务建设将进入"智能化"阶段（见图1）。

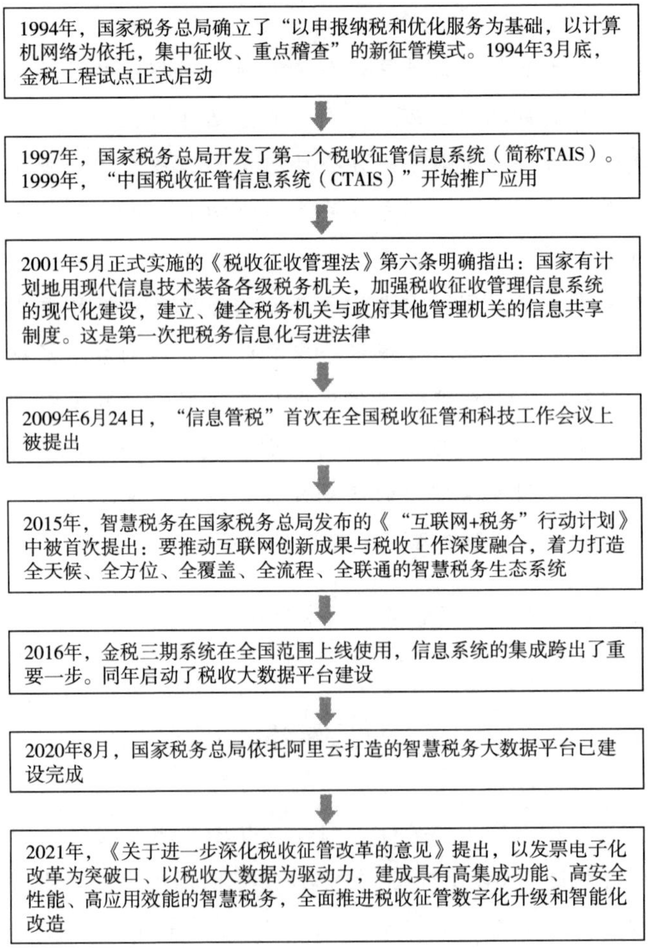

```
1994年，国家税务总局确立了"以申报纳税和优化服务为基础，以计算机网络为依托，集中征收、重点稽查"的新征管模式。1994年3月底，金税工程试点正式启动
         ↓
1997年，国家税务总局开发了第一个税收征管信息系统（简称TAIS）。1999年，"中国税收征管信息系统（CTAIS）"开始推广应用
         ↓
2001年5月正式实施的《税收征收管理法》第六条明确指出：国家有计划地用现代信息技术装备各级税务机关，加强税收征收管理信息系统的现代化建设，建立、健全税务机关与政府其他管理机关的信息共享制度。这是第一次把税务信息化写进法律
         ↓
2009年6月24日，"信息管税"首次在全国税收征管和科技工作会议上被提出
         ↓
2015年，智慧税务在国家税务总局发布的《"互联网+税务"行动计划》中被首次提出：要推动互联网创新成果与税收工作深度融合，着力打造全天候、全方位、全覆盖、全流程、全联通的智慧税务生态系统
         ↓
2016年，金税三期系统在全国范围上线使用，信息系统的集成跨出了重要一步。同年启动了税收大数据平台建设
         ↓
2020年8月，国家税务总局依托阿里云打造的智慧税务大数据平台已建设完成
         ↓
2021年，《关于进一步深化税收征管改革的意见》提出，以发票电子化改革为突破口、以税收大数据为驱动力，建成具有高集成功能、高安全性能、高应用效能的智慧税务，全面推进税收征管数字化升级和智能化改造
```

图1 智慧税务建设时间发展示意

1.“计算机初步应用”阶段

1994年，国家税务总局确立了"以申报纳税和优化服务为基础，以计算机网络为依托，集中征收、重点稽查"的新征管模式。为适应征管模式转变，税务机关依托单机或局域网模拟手工操作，对部分业务、部分环节实现了手工操作的计算机化，如税务登记、代开发票等。此阶段对重点税源企业的信息化管理尚未提上日程，相关数据孤立存在，对重点税源企业的管理主要依靠税管员经验。

2.“信息管税”阶段

随着计算机普及和网络广泛应用，2009年"信息管税"首次在全国税收征管与科技工作会议上被提出，我国税收信息化管理进入新的历史阶段。税务机关依托广域网进行多点式开发，各种各样的应用系统快速发展，涉及税务应用操作、管理、分析等多个方面，如各省开发的征管系统、电子税务局、数据应用系统以及各类特色软件。与此同时，各地也开始了对重点税源企业信息化管理的探索，纷纷研究建立专门的管理系统，但由于缺乏整体规划，部门间、系统间存在壁垒，数据集中应用效果不明显。

3.“互联网+税务”阶段

2015年国家税务总局印发《"互联网+税务"行动计划》，提出以提升税收治理能力为目标，深化互联互通与信息资源整合利用。2016年金三系统在全国范围上线使用，实现了系统集成和数据集中，在一定程度上解决了各应用系统之间不协调问题。这标志着税务机关开始按照系统工程的方法进行信息化建设规划。在此期间，重点税源企业信息化建设也得到了快速推进，税务机关从不同渠道、不同对象获取了大量涉税数据，初步建立了风险分析指标体系及风险分析模型，完成了税源监控平台建设。

4.“智能化”阶段

近年来，大数据相关技术的深度应用引发了数字化革命，2020年国家税务总局依托阿里云打造的智慧税务大数据平台建设完成，探索通过对数据的分析研判，实现业务功能半自动化或自动化处理，不断推进"以数治税"精准治理。随着《意见》的贯彻落实，大数据、互联网、云计算等技术在税务领域的深入运用，未来税务建设将进入智能化阶段，实现税务执法、服务、监管、监督、管理、决策等各个方面与大数据智能化深度融合、全面升级，打造高集成化、高适应性的智慧税务新生态。

（二）重点税源企业智慧税务建设面临的挑战

重点税源企业作为我国税收管理的重要组成部分，是国民经济的重要支柱和税收收入的主要来源。2020年，全国占纳税人总数0.13%的重点税源企业贡献约50%的税收收入，因此在"十四五"时期，推动重点税源企业智慧化管理成为推进智慧税务建设中重要一环。但长期以来，重点税源企业跨区域经营与税收管理属地化、税源高度集中与征管资源分散、企业数据集中与税务机关数据分散孤立等矛盾，一定程度上影响了我国税收治理现代化进程。

1. 数据支撑方面

税收数据是重点税源企业工作开展的重要支撑和驱动力，目前我国税务机关在数据获取范围、数量、渠道方面均取得了一定成效，但由于数据口径和格式不统一，涉税信息整合和共享存在障碍。同时数据分析应用平台支撑性不强，对涉税数据加工、整理和增值利用不够，一定程度上影响了智慧税务以税咨政、决策支持、精准服务、纳税人画像等功能的发挥。因此，亟须完善涉税数据共享机制和动态管理机制，融入智能学习模型、知识计算、人工智能等方面最新研究成果，最大限度利用和挖掘税收大数据的价值。

2. 税收执法方面

近年来，税务机关研发了很多风险指标模型，但研发偏重于数量，风险指标指向性较弱，风险评估系统整合度不高，导致风险应对水平较低。同时，对重点税源企业的管理仍以静态管理、事后管理为主，加大了纳税人的遵从成本。积极探索"信用+风险"动态监管体系，持续推进事前、事中、事后风险全流程管理，全程快速反应、精准处置、高效监管，从传统的静态管理向动态管理、精准管理、智能管理转变。

3. 纳税服务方面

随着全国统一规范的电子税务局建成，纳税人足不出户即可办理涉税事项及缴费事项。但由于成员单位众多且受属地管理限制，重点税源企业要同时面临多个税务机关（包括主管税务局和税源所在地税务局），且需向各属地税务机关分别进行纳税申报，增加了办税成本。税务机关要强化新技术应用，解决重点税源企业分散申报、多头管理问题。

4. 组织保障方面

虽然国家税务总局、省税务局、市税务局设立了重点税源企业管理部门，提升了部分复杂涉税事项的管理层级，但由于职责不够清晰、征管资源分散、征管流程尚未摆脱逐级推送模式等原因，各部门、各层级的税收征管没有形成合力，难以适应发展需要。大力推动重点税源企业服务和监管制度创新与业务变革，重塑管理流程、加强智能化支撑，才能有效弥补税收征管力量的不足。

二　重点税源企业智慧税务建设的国际借鉴

数字化转型是当今世界各国为适应数字化发展而做出的治理路径选择，基于促进经济增长和政府治理体系现代化的要求，各国税务部门经历了前所未有的变革，并积累了丰富的经验。

（一）先进的大数据应用平台

发达国家非常重视大数据信息技术与手段的开发，多数国家开发了税收风险管理"大数据"应用系统，实现数据价值的最大化。一是建立大数据平台。美国国家税务局从2010年开始，在反退税欺诈、个人收入不实申报、现金收入管理以及税收稽查选案和审计管理等方面，全面推行大数据挖掘统计分析系统，带来征管质效的大幅提升。新加坡国内税务局通过推出的"大规模并行处理平台"，整合了来自不同渠道的信息资源，并以适合预测建模和其他高级分析技术的格式进行存储，以便在随后的数据运用中，能够以更灵活的方式回应和处理各部门的优先事项。二是设计精准的画像模型。美国国家税务局采用对纳税人画像的方法，详细呈现纳税人的所有交易和收入信息。加拿大税务机关在增值税遵从管理的全事项和全过程中都运用了风险"画像"技术，其主要是基于大数据的自动分析，通过数据挖掘等技术揭示风险模型及其变化趋势，将税务机关内部多个部门的遵从规则予以集成，综合分析增值税纳税合规历史，归集其行为特征，并由此制定针对性策略。三是开发先进的分析软件。英国、美国、加拿大、澳大利亚、新加坡、芬兰等国家都能熟练运用4种以上的大数据分析软件来进行数据的挖掘分析和应用，通过几种分析软件功能的互补和强化，拓展大数据应用的覆盖面和准确度。

（二）完善的涉税数据获取渠道

通过计算机联网或建立紧密的信息沟通，实现部门涉税信息共享。税务机关与商务、外汇、海关、保险、银行等部门的涉税信息互为传输、交叉比对，实现了跨州区、跨机构的系统联网，形成了完整发达的情报系统。英国皇家税务与海关总署在2010年就推出了"连接系统"（Connect），它基于大数据，将企业和个人的税务记录与其他数据库（包括银行、地方议会甚至社交媒体收集的数据和信息）实行交叉引用，可交叉匹配超过10亿个内部和第三方数据项，税务局只需按一下按钮，就可以看到纳税人的大部分信息。美国建立了专业化数据情报体系，运用网络信息"技术挖掘""纳税评估模型分析"等手段，把纳税人内外部商业数据进行全方位交叉对比，精确定位、跟踪、筛选逾期纳税或未纳税的经营者，经确定无误后，再判断偷逃骗税违法纳税人的类型、范围或所在位置，并采取有效措施进行处置。而澳大利亚税务机关制定了十分规范的税收情报收集流程，把管理细节融入信息采集的每个岗位，由不同的专业机构按时完成。整个流程从税务登记到纳税申报、监控管理及税款追缴，税收征管系统会自动识别并对纳税人进行评价，如果发现异常数据，自动提醒税务机关风险管理部门进行及时核定。

（三）简化的税收管理服务流程

新加坡国内税务局提出"不需要服务就是最好的服务"，它定义了使纳税人能够在不需要他们参与的情况下履行纳税义务的最终目标。新西兰税务局相信最简单的体系就是最好的体系，这句话对于税收制度和税收管理同样成立。澳大利亚税务局在全国设立2个数据处理中心，在全国各地设立办税场所，纳税人可以选择任一个办税场所完成全部业务办理。多个国家利用现代信息技术简化纳税流程，如澳大利亚、芬兰、爱沙尼亚、意大利、葡萄牙等国对相关纳税申报表采用信息预填写和预申报等方式，税务部门通过第三方数据共享交换获取纳税人的数据，并导入纳税申报系统，纳税人登录税收系统只需核实信息的准确性，需要时进行更正并在线提交。这种方式使纳税流程得到了明显简化，并有效促进了遵从度。

（四）智能化的遵从管理模式

部分国家尝试将税收征管嵌入纳税人原生系统，通过征纳双方密切合作，一方面减轻纳税人行政负担，另一方面促进即时征管，确保税法遵从。日本计划构建"智能化税收体系"（Smart Tax System），包括纳税流程全面数字化、纳税人足不出户完成纳税流程、提供定制信息、税务咨询自动化、申报表内容自动校核、线下纠正小错误等，以提高纳税人办税的便捷度和税收征管效率。俄罗斯联邦税务部门自2015年1月1日开始试点对部分重点企业实行在线税收监控，即以实时交互方式，直接访问企业的财务系统，直接查看其财务报表和所有金融交易。通过在线税收监控，既帮助企业预防税收风险、降低办税成本，又有效降低税务机关征管成本、满足实时分析需要。意大利、比利时、亚美尼亚等国家利用大数据分析和数据挖掘工具，进行更有针对性的审计和实时审计，鼓励纳税人自愿纠正错误，或以其他方式改进债务追偿流程。

（五）高效运转的组织体系

围绕数据流转配备组织机构和专业人才，提升征管效率。美国国家税务局在内部成立了研究分析和统计司（Research, Analysis and Statistics Division, RAS），由国内收入署署长主管。其主要职责是负责联邦税务系统数据的收集、研究、分析、统计，开展国内收入署战略研究，为决策提供参谋建议。英国皇家税务与海关总署设立了知识、分析和情报理事会（Knowledge, Analysis & Intelligence Directorate, KAI），由统计学、经济学、运筹学和社会学等多学科、多领域的专家团队组成，将税务局内部技能与强大的分析功能相融合，从大数据中识别发展趋势、潜在威胁、预警指标、纳税人行为，并根据情况提供针对性纳税服务或进行执法干预，有效提升决策准确度、服务满意度和稽查事项办结效率。澳大利亚税务局建立了情报信息采集机构，对税收、法律、财务、统计、计算机、经济等相关行业专家进行集中管理，并投入大量的人力、财力、物力专司培养复合型专业人才。

三　重点税源企业智慧税务建设的总体思路

推进智慧税务建设是一个系统性、集成性过程，要立足于智慧税务建设的顶层设计，以《意见》为引领，树立数据驱动、体系集成和协同共治理念，着力夯实技术变革、业务变革、组织变革等关键基础，以重点税源企业智慧化服务与管理为切入点，全面提升税收征管的数字化升级和智能化改造，从而实现从经验式执法向科学精确执法转变，从无差别服务向精细化、智能化、个性化服务转变，从"以票管税"向"以数治税"精准监管转变，形成国内一流的智能化行政应用系统，打造高集成功能、高安全性能、高应用效能且国际一流的智慧税务。

（一）实现重点税源企业智慧税务，需要树立数据驱动、体系集成及协同共治的理念

1. 数据驱动理念

充分做好重点税源企业大数据平台的顶层设计，要有可扩展的架构和良好的兼容性，实现重点税源企业经济交易信息"一票式"集成、税费信息"一户式"集成。依托更精准的数据分析、数据挖掘以及人工智能，发挥大数据的"金山银库"效应，推进新时代税收治理现代化。

2. 体系集成理念

充分发挥大数据的驱动力，按照系统工程的方法全面规划各应用系统，推动税收管理信息化一体建设，实现税务系统信息"一揽式"集成，从根本上改变税务管理信息系统建设重复开发、功能交叉、信息不能共享问题。同时通过建设实体化的信息调度指挥中心，进一步提升税收信息化应用水平。

3. 协同共治理念

建立科学高效的智慧型数据治理体系，实现跨平台、跨部门、跨领域的信息数据共享，推动内外协同共治"一并式"集成。提升群治联动的规范化、自动化、一体化水平，实现多方协同的精诚共治。培育协同共治应用生态，建立内外一体共治、社会广泛参与的现代税收治理体系。

（二）税收现代化下的智慧税务，应以新技术引领、业务流程变革、组织体系重组为基础

1. 新技术引领

充分应用大数据、物联网、人工智能、云计算、区块链等信息技术，为税收治理现代化赋能，已成为税务部门转型的共同趋势。打造涵盖基础层、

数据层、支撑层、应用层、渠道层的新一代税务信息系统架构,建立与大数据相适应的技术支撑体系,实现新技术与税收治理的融合。

2. 业务流程变革

从纳税人视角和数据要素驱动,推进纳税服务、税务监管、决策管理、信息化管理四大业务体系变革。打破传统税收服务管理的固有模式,重组税收业务、重塑征管流程、重设岗责体系,实现业务流程、制度规范、信息技术、数据要素、岗责体系一体化融合,执法服务监管"一体式"集成。

3. 组织体系重组

重建税务机关各层级组织架构,进一步清晰界定各层级、各部门的涉税事项管理职责,改变部分征管服务机构同质化现状,实现税务人员履责信息"一员式"集成。理顺管理和服务的衔接,实施纳税服务、税费种管理、税源管理和风险管理等部门的联合作业,推动税务机关信息"一局式"集成,打造"大服务"格局。

四 推进重点税源企业智慧税务建设实现路径

《意见》既提出了加快推进智慧税务建设的总体要求和阶段性目标,也明确了推进的基本思路和重点改革措施,高质量推进重点税源企业智慧税务建设要从"治税有数、执法有章、服务有效、监管有方、共治有力、组织有序"等六个维度着手。

(一) 强化数据联通,推进系统集成,实现智慧治理

1. 基本思路

打破"信息孤岛"和"数据烟囱",强化数据联通,推进信息系统集成,通过汇聚海量数据以及基于数据的挖掘和分析处理,使税收大数据实现从信息到数据再到智能的价值转换和升华,实现对重点税源企业智慧治理。

2. 实现路径

一是全面"云化",夯实大数据治理基础。云计算技术为税收大数据的产生、归集、治理、应用提供了统一的基础架构和平台,坚持"云化"思维,加快"云化"布局,促进税收业务、信息系统和税收大数据加速"上云",推动数据在税务总局、省局两级归集,以更集约、更统一、更高效的方式部

署和建设税务信息系统。

二是互联互通，搭建具有重点税源企业管理特色的数据应用平台。突破重点税源企业信息采集瓶颈，集成税务端、企业端、第三方数据及互联网获取信息，建立重点税源企业数据集市，实现重点税源企业数据"大集中"，为税收数据智能化应用打牢基础。同时应装载集团性、行业性、专题性等具有重点税源企业税收特色的指标模型，使数据产生生产力、数据产生税源。

三是强化应用，实现智能分析。推动技术融合、业务融合和数据融合，建成基于大数据集成、信息共享和人工智能的税收信息综合分析体系，实现重点税源企业财务、税收、经济数据的全景式展现、穿透式显示、动态式跟踪、多维式挖掘、融合式分析，满足经济分析、宏观决策等特定应用需求。

（二）优化执法方式，提高执法精度，实现智慧执法

1. 基本思路

优化税务执法方式，借助现代信息技术和人工智能系统，加强制度融合、资源整合、信息聚合，突破粗放式、选择性、"一刀切"式执法，进一步规范执法，突出依法施治，将执法寓于服务之中，让执法既有力度又有温度，实现智慧执法。

2. 实现路径

一是借助人工智能系统，提高执法精准性。在税务人员执法过程中，利用语音识别、文本影像资料分析等技术对执法案例信息资源进行系统识别、扫描和分析，有针对性地为税务人员推送相关法律法规信息和处理建议，提高执法精准性。

二是借助现代信息技术手段，实现税务执法过程的即时、系统、集约和高效管理。扩充金税系统和网上税务局的信息采集、查询等功能，推行执法文字音像等记录数字化管理，税务执法全过程网上流转，执法公示信息即时查询，执法决定等文书实时推送，进一步规范执法行为。

三是发挥信息聚合优势，推进"互联网＋同步税务审计"新模式。将现代网络信息技术与税务审计方法相融合，打破税收管理属地限制，在信息安全的前提下，按照权限管理要求为税务人员开放税收执法信息资源权限。税务干部根据业务需要向审计云发送数据请求，审计云根据要求配置相关数据及时传输给申请人，各地审计人员可以即刻展开相关工作。云审计内嵌丰富

的审计技术方法，审计人员根据云端的数据分析结果，综合企业相关线索实施现场审计，开展重点追踪、延伸审计，全面揭示企业各经营流程存在的税收风险。

（三）坚持以人为本，满足个性化需求，实现智慧服务

1. 基本思路

紧盯重点税源企业需求，在满足便利纳税的前提下，提供定制服务，引导主动遵从，逐步改变以表单为载体的属地申报模式，让收集的数据更好地服务于纳税人，打造以纳税人缴费人为中心的、高效智能的服务体系。

2. 实现路径

一是着力解决集中申报及管理诉求。基于重点税源企业分支机构众多，且存在跨地区经营的特点，开发"税务集中申报系统"，支持重点税源企业涉税信息自动报送和智能校对，并通过集中申报属地入库，解决跨省经营企业属地分散申报问题。探索云计算、区块链等新技术应用，自动处理重点税源企业交易涉税问题，并由省级重点税源企业管理部门或集团总部所在地税务机关对其实施统一集成化管理，降低重点税源企业纳税成本。

二是着力解决政策确定性问题。重点税源企业经济业务活动复杂多变，许多新经济、新业态业务缺乏明确的适用性解释，建议在修订征管法时考虑增加事先裁定相关内容，明确事先裁定内容的法律效力，为纳税人提供税收确定性。

三是着力引导纳税人主动遵从。充分利用重点税源企业税收管理比较规范、纳税遵从度高、自我管理意识强的优势，着力开发能深入分析重点税源企业涉税特征的纳税识别工具，并主动打开风险指标"黑匣子"，通过智能识别为其提供有针对性的涉税信息提醒，提高税收遵从能力。

（四）实施实时监测，提升精准预警，实现智慧监管

1. 基本思路

充分发挥大数据作用，深入推进精准监管，建设税务监管新体系。对重点税源企业实施以事前、事中监管为主的监管模式，通过风险预判，实现实时监测和精准预警，解决监管方式不精准、重点领域监管不到位问题，实现智慧监管。

2. 实现路径

一是实行实时在线监控。对于税收遵从度高、具备较完备内部信息处理规范的重点税源企业，实行实时在线税收监控，即以实时交互方式，直接访问企业的财务系统，实现征纳信息的无缝对接与充分整合。在企业端实现智能生成涉税报表、自动风控识别、自动一键申报，在税务端实现重点税源企业信息实时采集、企业申报信息及时审核反馈、热点政策解读主动推送、风险识别信息定期提醒等智能化纳税服务。

二是实现重点监管。利用行业、集团以及重大事项年度分析计划等重要数据，按照"一户一策"的管理思路，以集团为对象，对重点税源企业集团架构全景展现、税收数据实时监控、经济业务全流程追溯，指引重点税源企业重视和防范集团层面的结构性、体制性税收风险，实现税务风险管理从事后管理向事前预警和事中提醒转变。

三是建立高效智能的风险管理体系。充分利用大数据平台，提高对风险因素的感知、预测和防范能力。建立风险信息来源识别和多维度、全天候的实时数据库，通过自动化风险预警系统、风险疑点网上全程跟踪处理，精准识别税收风险，形成税收风险防火墙。通过整合预警监控关键指标，改善风险特征库，建立重点税源企业的风险数据智能模型，精准打击违法，提升监管质效。

（五）推动群治联动，汇聚社会合力，实现智慧共治

1. 基本思路

智慧税务是智慧政府和智慧社会建设整体规划的重要组成部分，按照开放共享、创新包容的思维，通过持续深化推动协同共治、强化国际合作等途径，建立科学高效的智慧型税收治理体系。

2. 实现路径

一是推动跨部门协作共治。通过部门间数据的互联互通，加强公共服务部门的数据集中和共享，形成覆盖全国、统一接入的重点税源企业数据资源共享体系，实现跨层级、跨地域、跨系统、跨业务的联合服务、协同监管、联合惩戒，建立内外一体的税收共治格局。

二是推动社会协同共治。加强税务部门和行业协会、社会中介等组织机构的协同共治，强化信用约束，充分发挥纳税信用在社会信用体系中的基础性作用，着力解决诚信纳税意识不强的问题。

三是强化国际合作。基于重点税源企业跨境经营的特点，强化国际合作，持续深化跨境利润水平监控，逐步推进我国 CRS（Common Reporting Standard，共同申报准则）交换机制，履行金融账户涉税信息自动交换国际义务，精准推进反避税调查。

（六）理顺管理职能，推动纵横联动，打造智慧组织

1. 基本思路

重点税源企业一般采用集团化运作，呈现总部控制力强、跨行业跨地域经营等特点。这些特点决定了税务机关必须完善协作配合机制、重构业务流程和岗责体系，实现专业化管理与属地基础管理、同级职能管理之间的纵合横连，进而提升税收治理成效。

2. 实现路径

一是厘清各级重点税源企业管理部门职责。将事先裁定、引导遵从、税务审计等复杂业务事项统一归口到省、市级重点税源企业管理部门，区县级税务机关负责日常管理、风险应对以及企业信息采集。进一步明确重点税源企业管理部门与风险管理部门、国际税收管理部门及稽查部门的关系，避免出现交叉管理，为业务重组、岗位重塑提供保障。

二是打造集中决策的智慧"大脑"。进一步整合征管资源、集约征管力量，在实现重点税源数据大集中的基础上，由总局成立专业管理团队，对企业集团全部数据进行多维剖析、深层挖掘、全链条分析，综合性判断企业存在的涉税风险，集中研究风险应对措施，从根本上解决税务机关对重点税源企业"单兵对团队"的矛盾。

三是重塑征管流程和岗责体系。充分利用互联网的共享思维，打造纵横联动的重点税源企业管理指挥系统，用以统筹协调全国重点税源企业管理资源，融指挥、管理、调度、控制、评价、沟通于一体，形成总部统一指挥、属地分头把关、横向交流借鉴的新征管模式。同时要注重培养既懂业务又懂技术的复合型人才、丰富人才培养方式、拓宽人才引进渠道，将人力资源从日常管理向数据应用、风险管理、税费分析等岗位倾斜，不断推动重点税源企业管理人才队伍素质提升。

参考文献

戴文忠:《大数据背景下智慧税务建设的探索与思考》,《中国税务报》2018年6月5日。

刘炳荣:《探索大数据时代的"四不"税收理念助推税收治理现代化》,《国家税务总局税收科学研究所研究报告》2020年第24期。

刘诚宏、王坤:《"一带一路"倡议高质量发展阶段"走出去"企业税收争议解决机制的借鉴研究》,《国际税收》2019年第2期。

缪慧频:《抓好关键少数 谱写大企业税收服务与管理改革新篇章》,《中国税务》2017年第3期。

谭荣华:《从诺兰模型和米歇模型看我国税务信息化的发展阶段》,《涉外税务》2003年第2期。

王文清、姚巧燕:《大数据技术对税收风险管理的影响与国际借鉴》,《国际税收》2019年第9期。

王元卓:《智慧税务进入新阶段》,《中国税务报》2021年5月19日。

杨磊:《强化数据要素驱动推进智慧税务建设的思考》,《税务研究》2020年第11期。

张二平:《智慧税务的发展趋势和路径选择》,《中国税务报》2021年3月17日。

执　笔　人：牛　丽　祁恩霞　任广慧

我国"智慧税务"的目标与实现路径研究

国家税务总局河南省税务局课题组

内容提要 从信息化税收征管到数字化的新一代税务云平台，从便利化纳税服务到新一代电子税务局，从信息互通、共享到新一代税务大数据以税资政，我国智慧税务建设正在向全数据、全业务、全流程的"云化"方向发展。但智慧税务建设还面临管理效能亟待提升、平台资源功能未能充分发挥、服务能力亟待提高和大数据应用范围亟待扩展等难题；以建成税费服务新体系、税务执法新体系、税务监管新体系和税收大数据共享应用体系为主要目标的智慧税务建设，应通过构建新一代税务云平台、新一代电子税务局和税务大数据信息共享平台等路径实现。

关键词： 智慧税务　以数治税　税收共治　税收服务

一　问题的提出

以 1994 年"金税"工程试点为标志，我国税务信息化已走过 27 年的建设历程，国家税务总局已建成了基于"金税三期"七大子系统 35 个主模块的税收数据库系统，将发票管理功能与整个涉税管理功能紧密融合，实现了 15 类税收数据的全国集中，同时满足市局、省局和总局各级管理层的监控、分析、查询和辅助决策需求；随着"金税四期"构想的实施，未来将进一步实现建成全新的、更加完善的、适用于全体纳税人的纳税服务平台。2020 年 11 月，"智慧税务"被写入《中华人民共和国国民经济和社会发展第十四个五年规划和 2035 年远景目标纲要》，中共中央办公厅、国务院办公厅 2021 年 3 月印发的《关于进一步深化税收征管改革的意见》（以下简称《意见》），进一步明确了我国"智慧税务"系统2022年、2023年和2025年的建设目标。在此背景下，国家税务总局启动了智慧税务建设工程，依照《意见》总体要求推进税收征管数字化升级和智能化改造、完善税务执法制度和机制、推行优质高效智能税费服务、实施税务监管、深化拓展税收共治格局、强化税务组织保障等。随着税务机关越来越多地利用互联网及人工智能技术为纳税人提供更便捷高效的基础服务，财税理论学界也将研究重心转移到税务信息化、数字化问题，以大数据思维提高税收治理能力，以智慧税务方式完善税收治理体系，推进税收治理现代化税务信息系统升级转型成为共识。但现有文献对我国智慧税务的目标设计与实现路径研究尚不够全面和深入。

本研究从税收治理效能、税收服务能力和税收信息共享与应用等视角设计智慧税务的建设目标，提出可供选择的智慧税务发展路径，旨在充分发挥大数据、人工智能的优势与潜力，形成数字驱动、人机协同、跨界融合的智能化税收治理新模式，推进税收精准服务的"信息化""智能化"，推进税收大数据的共享和高质量使用，提高税收大数据分析对经济社会发展的预警能力，降低税收经济风险，推进税收治理现代化。

二 我国"智慧税务"建设的实践与问题

（一）国家税务总局的智慧税务建设实践

2015年9月《"互联网+税务"行动计划》发布以来，国家税务总局及各地方税务机关结合"金税三期"工程建设，积极推进人工智能、大数据技术与现代税收征管和服务的融合，探索智慧税务建设的理论与实践创新。

1. 从信息化税收征管到数字化的新一代税务云平台

根据《国家税务总局关于进一步加强国税系统政府采购工作的指导意见》，2015年11月25日，政府采购国税系统电子平台上线运行，税务系统税收征管信息化、电子化快速推进，全国基层税务机关不断推出税收征管数字化创新举措。2016年，江苏省国税系统推出"纳税人大数据画像"产品，整合税务系统及第三方数据资源，对辖区内纳税人的涉税情况、行为特征、潜在风险进行"大数据画像"；2017年，北京市税务局与阿里云计算有限公司共同打造北京"智慧税务"信息化平台,各地方税务机关积极开展"智慧税务"的社会化协作;2019年,国家税务总局北京市税务局和山东省税务局等推出"一户式"智慧税务风险管理模式,基于大数据进行非接触式智慧税务风险管理;还有河北省沧州市运河区税务局"3+3"模式,山东省青岛市税务局的发票管理"5G"模式等。各地的实践为《意见》提出全面推进税收征管数字化升级和智能化改造提供了丰富的实践案例,国家税务总局新一代税务云平台建设进入快车道。

2. 从便利化纳税服务到新一代电子税务局

对纳税人采取便利化精准服务是国家税务总局制度创新和业务变革的一个主要方向。2014年,《国家税务总局关于创新税收服务和管理的意见》颁布,推进税务登记便利化、后续监管精细化和税收风险管理常态化;2013年,国内开出第一张电子发票,其后电子发票发展迅速;2019年11月,国务院常务会议要求全面实现增值税发票电子化;2020年12月21日起,国家税务总局在新办纳税人中实行增值税专用发票电子化,税务监管的信息化、智能化进程加速。2018年8月,国家税务总局要求在年底前推出全国范围内统一规范的电子税务局,提供功能更加强大、办税更加便捷的网上办税服务厅。各地税务机关也积极进行税收监管、服务的数字化创新,例如2019年7月国家税务总局广东省税务局与华为公司开展深度合作,推进新一代电子税务局解决方案,实现办税业务100%线上、全流程电子税务局办结目标;深圳市税务机关推出"智能导税 人机交互"办税新模式,这是一种征纳互动的"智"联便捷化创新;张家港税务部门拓展"非接触式"办税服务,进行"最多跑一次"改革。此外,国家税务总局及各地方税务机关开发了多种多样的应用于智慧税务领域的App,为纳税人提供便利,为纳税人和社会公众提供智慧税务课堂等。在此基础上,建立功能更加强大、办税更加便捷的新一代电子税务局被纳入国家税务总局的议事日程。

3. 从信息互通、共享到新一代税务大数据以税资政

基于税收大数据的信息互通、共享是国家税务总局服务国家治理体系和治理能力现代化的一个重要目标,各地税务部门为此进行了行之有效的改革。例如河南省税务部门从纳税人、第三方部门、互联网等渠道获取有价值的涉税数据,按照统一标准进行整理后建立互联互通、兼容共享的"税收数据超市";2015年,广东省税务机关与省内多家银行建立"征信互认、税银联动"

机制；2017年，已形成"大数据+互联网+金融科技"大数据治税链条等。2020年，国家税务总局在全国推行大企业"天气预报式"分析试点，这是在税收大数据信息共享的基础上，充分发挥税收经济分析以税资政作用的重要举措等。

（二）"智慧税务"建设实践中亟待解决的主要问题

当前智慧税务建设还不能适应税收治理现代化的需要，主要表现在以下几个方面。

1. 税收治理效能亟待提升

主要表现在省级以下税务部门税收云平台资源功能未能充分发挥，与"系统完备、科学规范、运行有效"的要求有较大差距；税收风险防控效果不明显；系统运维力量不足等方面。

2. 税收服务能力亟待提高

主要表现为电子税务局业务局限较大，难以做到办税事项全覆盖，机构和人力资源配置不合理等。

3. 税收大数据应用范围亟待扩展，信息共享面临非技术性障碍

主要表现在以税资政的试点范围亟待扩大；税收数字资源的社会化服务水平亟待提升；大数据运用法律体系尚不成熟；大数据运用组织体系错位；部门之间信息共享存在问题等。

此外，我国智慧税务还存在技术更新急速，主要表现在部分地区的税务部门电子数据收集、处理能力与审计能力相对薄弱，有些税务门户平台应用还停留在公示宣传的初级阶段；部分地方税务机构未能就智慧税务系统作整体规划；适应智慧税务发展的复合型人才稀缺等问题。

三 "智慧税务"建设的目标设计

根据《意见》，"智慧税务"建设总目标是建成功能强大的智慧税务，形成国内一流的智能化行政应用系统，全方位提高税务执法、服务、监管能力。可分解为建成便捷低成本的税收服务新体系、规范的税务执法新体系、精准的税务监管新体系和税收大数据共享应用体系4个一级目标（主要目标），以及精细服务、精确执法、精准监管和精诚共治等16个二级目标。

（一）构建税收服务新体系

（1）便捷化办税：基本建成"线下服务无死角、线上服务不打烊、定制服务广覆盖"的税费服务新体系；

（2）低成本办税：实现全领域、全环节、全要素的发票电子化等；

（3）智能化服务：实现法人税费信息"一户式"、自然人税费信息"一人式"智能归集。

（4）精细化服务：按照纳税人的不同情况量身打造最适合的服务等。

（二）构建税务执法新体系

（1）数字化执法：充分运用现代信息技术驱动税务执法数字化；

（2）规范化执法：无风险不打扰、有违法要追究；

（3）精确化执法：从经验式执法向科学精确执法转变；

（4）法治化执法：用法治思维和法治方式提升税收执法法治化水平等。

（三）构建税务监管新体系

（1）以人为本：设计以服务纳税人缴费人为中心的监管方式和工作模式；

（2）以数治税：从"以票管税"向"以数治税"分类精准监管转变；

（3）精准监管：实现税务机关信息"一局式"、税务人员信息"一员式"智能归集，深入推进对纳税人缴费人行为的自动分析管理；

（4）全过程监管：对税务人员履责的全过程自控考核考评、对税务决策信息和任务的自主分类推送。

（四）构建税收大数据共享应用体系

（1）精诚共治：与国家及有关部门信息系统互联互通；

（2）以税资政：税收大数据为各级政府决策服务；

（3）以税资商：税收大数据为工商业经济活动服务；

（4）数据安全：建立常态化数据安全风险评估和检查、监测预警和应急处置机制等。

四 我国"智慧税务"的建设路径

基于上述目标,智慧税务建设应当在顶层一体化设计的基础上,树立智慧税务理念,全面推进税收征管数字化升级和智能化改造,促进现代信息技术创新成果与税收工作的深度融合,不断完善税务执法制度和机制,打造以纳税人需求为中心、具备先进组织体系的智慧税务新生态。具体而言,就是要构建新一代税务云平台、新一代电子税务局和税务大数据,实现税务系统"信息化""智能化"。

(一)构建新一代税务云平台

新一代税务云平台聚焦于税收征管,目标是推动税收管理水平与时俱进,实现精准监管、精确执法和数据安全。

(1)精准化纳税评估。利用大数据技术对企业财务核算和纳税申报质量做出精准纳税评估监管。

(2)提高税收征收效率。形成以数据质量为基础的管理体系,以减少涉税风险可能,提高税收征收效率。

(3)精确执法与治理效能。实现平台系统对企业业务流程的全面监控,做到运行有效,保证精确执法。

(4)系统及时更新维护。云平台系统要及时维护更新,确保税收数据流转平稳高效。

(二)建立新一代电子税务局

新一代电子税务局以干部专业化作为基础保障,聚焦于一体化综合服务的目标,重视纳税人的用户体验,推进运维流程优化升级,提高风控能级。

(1)强化纳税服务的人力保障。加强有大数据思维、信息化服务能力人才的培养和引进等。

(2)构建一体化综合服务平台。实现全部办税业务、全流程线上办理的目标等。

(3)提高纳税人的用户体验。推进纳税人用户体验感的提高途径包括业务流程闭环与办税链条缩短、界面设计和操作简单高效、智能服务优化和税费信息认定自动化等。

（4）运维流程优化。主要包括建立分级运维体系的目标、云平台层实现总省实时数据交换、全并行构架、分布式实时/离线动态办管税系统，实现税务应用、公共服务、数据资产互通共享和快速集成等。

（5）提高风控能级。主要包括建立基于互联网的"数据—管理—数据"的税收风险管理新模式。

（三）推进新一代税务大数据

新一代税务大数据打破"信息封闭""信息孤岛"困境，形成共建共享的税务治理格局，聚焦数据的收集、利用、共享，利用数据资源支撑政策制定和经济决策。

（1）数据收集。建立创新、高效的"数据超市"，实现覆盖全国、统一接入的数据资源有效整合。

（2）数据分析。建立大数据分析平台，形成数据积聚、智能加工、结构分析的数据综合利用机制。

（3）数据共享。搭建各部门、社会组织和企业之间的"信息桥梁"，形成大整合、大联通、大数据的工作格局。

（4）数据安全。建立涉税数据收集、存储、管理、使用过程中管理漏洞的快速预警机制，以及安全、绿色、高效的大数据存储系统。

参考文献

刘剑文：《深化税收征管改革 服务国家治理大局》，《中国税务报》2021年5月17日。

施正文：《推进税收征管现代化的里程碑改革》，《中国税务报》2021年5月12日。

课题组组长：秦应记
副　组　长：徐全红
成　　　员：刘剑斌　牛　涛　刘文凯　张　新　张子龙　刘晓霖
　　　　　　李春雷　刘汴伟

新时期我国智慧税务建设路径的探索与研究

国家税务总局税收科学研究所河南翻译基地

内容提要

在新时期实现国家治理体系和治理能力现代化的时代要求下,作为进一步深化税收征管改革、推进税收治理能力现代化的重要路径,智慧税务应运而生。2021年3月,中共中央办公厅、国务院办公厅印发了《关于进一步深化税收征管改革的意见》,明确提出全面推进税收征管数字化升级和智能化改造,着力建设具有高集成功能、高安全性能、高应用效能的智慧税务。本文以我国智慧税务建设的探索为依托,对智慧税务未来的深度应用进行展望,详细介绍了河南省各地市智慧税务建设实践,并对智慧税务建设进程中存在的问题与挑战进行深度解读,力求探索出新时期我国智慧税务的建设路径。

关键词: 智慧税务　大数据　税收征管改革

一　智慧税务的提出及概念

(一) 智慧税务的提出

2015年,《国家税务总局关于印发〈"互联网+税务"行动计划〉的通知》(税总发〔2015〕113号)中首次提出了"智慧税务"的概念。2021年3月,中共中央办公厅、国务院办公厅印发了《关于进一步深化税收征管改革的意见》(以下简称《意见》),提出智慧税务的具体建设路径,进一步明确了我国税收征管的改革方向。《意见》提出："加快推进智慧税务建设。充分运用大数据、云计算、人工智能、移动互联网等现代信息技术，着力推进内外部涉税数据汇聚联通、线上线下有机贯通，驱动税务执法、服务、监管制度创新和业务变革，进一步优化组织体系和资源配置。2022年基本实现法人税费信息'一户式'、自然人税费信息'一人式'智能归集，2023年基本实现税务机关信息'一局式'、税务人员信息'一员式'智能归集，深入推进对纳税人缴费人行为的自动分析管理、对税务人员履责的全过程自控考核考评、对税务决策信息和任务的自主分类推送。2025年实现税务执法、服务、监管与大数据智能化应用深度融合、高效联动、全面升级。"《意见》进一步对智慧税务建设目标提出要求，"全面推进税收征管数字化升级和智能化改造，着力建设具有高集成功能、高安全性能、高应用效能的智慧税务"。可以说，作为高质量推进新发展阶段税收现代化的总体规划，《意见》既总结汲取了近年来税收征管改革的实践经验，又借鉴引入了大数据、云计算、人工智能、移动互联网等时代要素，为智慧税务提供了理论支撑与建设依据。

（二）智慧税务的概念及内涵

2021年9月15日，在金砖国家税务局长视频会议中，国家税务总局局长王军在会议上指出："我国正向'以数治税'时期迈进，税务工作将进入一个新的时代，金税工程四期建设已正式启动实施。"同年11月16日，国家税务总局局长王军再次表示："我们提出建设'金税四期'的设想，开启了依托'金税四期'推进税收征管数字化之路，就是围绕构建智慧税务这一目标，着力推进'两化、三端、四融合'。"

所谓"两化"，就是指构建智慧税务，有赖于推进数字化升级和智能化改造。在数字化升级方面，以数字化电子发票改革为突破口，将各类业务标准化、数据化，实现可归集、可比较、可连接、可聚合。在智能化改造方面，基于大数据、云计算、人工智能、区块链等新一代信息技术，实现数字化升级后的税费征管信息归集，并通过其反映现状、揭示问题、预测未来，更好地服务纳税人缴费人，更好地防范化解征管风险，更好地服务国家治理。

所谓"三端"，就是指智慧税务建成后，将形成以纳税人端、税务人端和决策人端为主体的智能应用平台体系。"金税四期"将基于全局视角建成覆盖税收征管全部环节、全部流程、全部主体的一体化应用平台。在纳税人端，通过打造"一户式"和"一人式"税务数字账户,实现每一户法人和每一个自然人税费信息的智能归集和智敏监控。在税务人端,通过打造"一局式"和"一员式"应用平台,实现总局、省局、市局、县局、分局五级税务机关和60多万税务工作人员信息归集,可分别按每一个单位和每一名员工进行智能归集和智效管理,智能推送工作任务。在决策人端,通过打造"一览式"应用平台,实现对征纳双方、内外部门数据归集,可按权限在不同层级税务机关管理者的应用系统中进行智能归集和展现,为管理指挥提供一览可知的信息。

所谓"四融合",就是指智慧税务建成后,将实现从"算量、算法、算力"到"技术功能、制度效能、组织机能",从"税务、财务、业务"到"治税、治队、治理"的一体化深度融合。

二 智慧税务的深度应用及展望

(一) 全流程无死角智慧办税

当前,随着以电子税务局和"12366"为代表的互联网纳税服务平台持续优化完善,以及智能办税终端的进一步普及,纳税人办税方式和办税渠道不断拓宽,涉税服务体验持续提升。而在推进智慧税务建设、构建税收服务新体系、依托税收大数据驱动、对纳税人缴费人涉税数据实现深度分析解读的同时,通过纳税人缴费人所涉及的行业、税种、税率、纳税遵从度等数据指标,编织出清晰明确的纳税人标签,并为各类纳税人精准画像,明确纳税人所需的涉税业务,实现纳税人个性化特征和一体化管理的协同兼顾,实现法人税费信息"一户式"、自然人税费信息"一人式"的智能归集,打造一站式、一网式智慧办税平台,基本建成"线下服务无死角、线上服务不打烊、定制服务广覆盖"的税费服务新体系。

(二) 更高效更严密监管模式

当前,税务部门已基本形成较为完备的内部风险评价和外部数据共享监管体系,"以数治税"的税务监管与治理环境日臻成熟。推进智慧税务建设,构建税务监管新体系,实现从"以票管税"到"以数治税"的监管模式的转变。在税源监管方面，依托税收大数据所构建的纳税人画像库，实现税务机关信息"一局式"、税务人员信息"一员式"智能归集，让税务人员既可从宏观方面掌握每种特征的纳税人分布情况，又可从微观方面了解纳税人的具体情况，使税源管理更为科学化、精细化。在风险监管方面，通过构建税收风险指标库、纳税人涉税行为监控体系，同时比对分析纳税人历史数据，实现针对各类涉税风险的集中高效筛查甄选。通过对涉税风险的筛查及甄选分析找到对应的风险疑点纳税人，自动触发系统监控，并采取相应措施，高效打击涉税违规违法行为。

（三）更公平更合规执法方式

当前，税务部门深入推进精准执法，税务执法方式不断优化、持续创新，"首违不罚"清单制度在全国实现普及推广，税务执法方式实现由理念到制度的转变。推进智慧税务建设，构建税收执法新体系，建设高效集成的智慧税务，将进一步推动税收执法的数字化和智能化升级，不断提升税务执法的规范性、精准性。通过建立税务执法决策支持库，对以往税收执法案件甄选分析，形成大量税务执法数据，并将其录入税务执法决策支持库中，以便于税务执法人员根据决策支持库数据分析税收案件，实现全流程引导执法，对每项操作、每个岗责以及需遵循的全部规则进行设定，通过流程管理、过程控制，可实现对执法错误的即时干预、强制阻断，实现从经验式执法向科学精确执法转变。

三 智慧税务建设中的河南模式

（一）郑州："以数治税"提升征管效能

国家税务总局郑州市税务局主动适应数字时代发展要求，顺势而动，抢抓建设城市大脑契机，大力实施"数字税务"建设，主动掘取"数据资产"，发展"数据生产力"，在智税领域创造、实现、增值数据价值，推进税收征管数字化升级和智能化改造，逐步形成高效行动、精确执法、精细服务、精准监管、精诚共治的税收治理新格局。

郑州市税务局主动对标郑州国家中心城市发展定位，在赴杭州、深圳、广州等地考察学习、反复论证基础上，制定了《国家税务总局郑州市税务局数字税务建设规划V1.0（2021—2023年）》，聚焦以数便民、以数治税、以数咨政、以数共治，高标准启动智慧税务建设，加快推进税收治理体系和治理能力现代化进程。

1. 聚焦"以数便民"

一是实现业务办理"无差别、不见面"。2020年底，建成并启用网上办税业务处理中心，变原来的"县区级分散处理"为"市级集中受理、统一办理"，推进"无差别、不见面"服务切实落地。2021年6月3日得到国家税务总局王军局长和郑州市委书记批示肯定，工作经验被总局征科司在全国进行推广。

二是发票领用"智能审、规范办"。上线全链条发票核定智能辅助系统，用"自动审""给建议""精准核"代替"人工审"，大幅提升发票领用的规范化、智能化水平，有效规避税务人员执法风险和廉政风险。得到总局王军局长和市委书记批示肯定，被总局纳为"两库"大数据应用全国六个展示项目之一。

三是实现不动产交易"一网通办"。依托电子税务局，在全国率先研发、上线不动产交易网上办税系统，实现"六税两费"的"网上报、线上审、多元缴、及时送"，让纳税人"足不出户"实时申报、网上办税、全城通办，契税业务日办理扩容到1万余户，先后被《人民日报内参》《中国税务报》宣传报道。

2. 聚焦"以数治税"

一是突出大数据增值应用。坚持以"大数据治税"为根本，积极争取郑州城市大脑三期建设项目资金支持，加强与市大数据局、财政局、工信局等部门的协同配合，推进数据集中共享，推动内外数据融会贯通，夯实大数据基础性、战略性资源作用，深度激发数据驱动、数据赋能优势，更好地服务经济社会发展大局。

二是团队开展风险分析。突出"数据智联+科技支撑"，强化税收数据深度挖掘和智能分析，在全省税务系统率先组建市县两级税务大数据分析团队38支，依托"金税三期"内部数据、政府部门共享数据、互联网公共数据和专业公司定制数据，先后对直播、电商、高收入高净值个人等高风险行业和领域纳税人，开展团队化、专业化的风险分析和应对。同时强化大数据团队和稽查联动,加强数字经济税收监管。

三是加强行业税收管理。针对房地产建筑业税收管理难点,以项目管理为主线,以增值税发票税控 2.0 为核心,以信息共享为依托,以税种联动为抓手,在全省率先实施房地产建筑业税收一体化管理,从项目登记、发票管理、纳税申报、税款征收、完工清算、后续管理"六环节"入手,将企业纳入"项目开发周期"和"一体化税收管理周期"双生命周期管理,管理质效大幅提升,得到国家税务总局、省税务局高度肯定。

3. 聚焦"以数咨政"

一是开展"天气预报式"分析。抽取全市千户集团成员企业、列名企业及重点税源企业作为样本,依托"卫星云图"开展"天气预报式"税收分析,撰写房地产、金融、能源、烟草等行业发展报告 13 期,受到市政府主要领导批示肯定。总局大企业司给予充分肯定。

二是运用"税比析"决策服务系统。选取同规模、可比较的城市,进行地区、城市、单位间的比较和分析,充分吸收信息化、大数据分析、人工智能等领域的现有成果,实现系统自动分析、自动判断并呈现结论,为郑州市乃至全省经济税收运行提供了有益参考。

三是打造"领导驾驶舱"。主动融入郑州市城市大脑(三期)建设,打造"领导驾驶舱",设置嵩山论税、税源监管、纳税服务、税收参谋板块,开展经济税收现状和趋势分析,助力地方政府主要领导科学决策,得到市委市政府主要领导肯定批示。

4. 聚焦"以数共治"

探索税费精诚共治,探索"区块链+不动产登记"等领域应用,运用数据调用行为存证,推动社保费征收、房屋交易和不动产登记等部门间数据上网入链和信息互认,加快上线 3 个方面(鉴证存证、证照上链和区块链+非税缴纳)6 个应用场景(居民医保、土地出让金缴纳等)。

(二)开封:积极推广引入"以数治税"

国家税务总局开封市税务局认真总结目前智慧税务建设实践的经验与教训,研究智慧税务建设的时代需求和任务,明确智慧税务建设的目标,进一步探索出智慧税务在税务机关日常工作实践中的应用途径。

1. 积极优化纳税服务

开封市税务局大力推进电子税务局应用,按照"进一步优化企业开办线下专区,构建线上'一网通办'、线下'一窗通办'的双优质服务模式"要求,2022年上半年,开封市税务局编写并发布新办纳税人办税指南,进一步减轻新办纳税人的办税负担;积极引导纳税人通过电子税务局办理涉税业务,实现办税"零门槛",确保纳税人办税零障碍;电子税务局相关业务均实现即时办结,让市场主体落地再加速。通过纳税人学堂、专项培训等多种方式发布电子税务局等高频业务操作手册,进一步强化远程宣传培训效果。

2. 提升数据治理能力

一方面,通过建立健全风险任务反馈、复核和复查机制,保障大批量风险应对规范达标;另一方面,着重加强对总局、省局重点批次任务的跟踪管理,从而保障风险任务应对质量和成效,促收增收。同时,充分发挥涉税大数据作用,加强风险分析,对采集到的各类涉税数据,通过分析,对其中涉税风险明显、涉税金额较大的纳税人,统一派发风险应对任务,提高数据应用服务水平。

3. 推行新型稽查模式

依托"金税三期"系统、电子底账系统、风险管理系统、稽查指挥应用系统等,稽查人员在选案环节利用纳税人申报数据等开展案头分析,识别有纳税疑点的企业;在检查环节,对被查企业的涉税数据进行挖掘分析比对,提高了案件查处的效率。

4. 提升精诚共治能力

开封市税务局积极筹划协同治税新方略,同地方政府建立协同治税机制,增强政府部门对税务信息的利用和互换重视程度,积极完善税收共治配套机制,促进共治水平提升。始终坚持问题导向,在共治框架内搞好对接,进一步丰富共治成果,拓展共治渠道,提炼共治数据信息质量,深度分析挖掘第三方数据与分管税种的关联性,打造共治税收智慧库,开创协同共治主动对接新格局。

(三)三门峡:大力推进智能税费服务体系建设

国家税务总局三门峡市税务局以智慧税务建设为依托,以为纳税人缴费人提供全天候,不受时间、空间、部门、区域限制的智能税费服务体系为目标，积极探索"互联网+"、大数据、云计算技术等应用，实现纳税服务从"线下"转到"线上"，从"被动提供"向"主动服务"转变，提升了纳税人缴费人的获得感和满意度。

1. 构建"互联网+智慧税务"办税新格局

一是规划"5分钟办税圈"。积极整合全市办税服务资源，按照办税服务厅、办税室、24小时自助办税厅、延伸点四个层级序列，对其分布情况及距离进行统一规划、分批建设，为纳税人缴费人打造"家门口的办税服务点"，构建"5分钟办税圈"；在城区设置6处24小时智慧自助办税厅，并与街道办、金融机构密切合作，利用街道便民服务中心、银行网格化服务优势，委托代收税费；在人流密集区域投放14个分布式自助办税网点"税E站"，投放自助办税终端，方便纳税人就近使用。"5分钟办税服务圈"，较好地解决了办税"最后一公里问题"，将纳税人、缴费人的涉税问题解决在基层一线，实现全域服务无死角。

二是创新"三窗分流"服务举措。设置"快办"专窗，实施办税缴费业务繁简分离，快速办理简易业务6类25项，实现即到即办、即办即走；设置"代办"专窗，利用大数据分析，甄别不同时段各服务窗口办税业务需求总量，通过增派人员专岗补位、合理引导分流群众；设置"会办"专窗，针对办税缴费中出现的疑难问题，派驻业务骨干集中"把脉会诊"，在严格审批标准的前提下，精简申请材料、压缩办理时间、降低办事成本，逐步实现从"能办"向"好办""易办"转化。

2. 建设"5G+智慧税务"税费服务新方式

一是打造云处理中心。探索落实"5G+智慧税务"创新税费服务方式工作方案。建立了市县两级协同的远程在线可视化问办平台，设置市局坐席2个，县区局坐席4个，实现网上可视化咨询、办税双向同屏互动以及授权控屏帮助办理。建设云税直播室，开展税收政策云直播，广泛宣传惠企助企税收政策。

二是探索开展"崤函云税"服务工作。具体包括云导税、云直播、云咨服、云管家、云帮办、云处理、云诉服、云救济、云监督、云税贷功能，逐步实现线上办税缴费服务的系统集成。在各县（区）税务局开设线上业务"云处理中心"，各职能科室坐席人员集中审核、集约核准，有效实现了"办税不见面，服务都在线"。

3. 建设"融合+智慧税务"精诚共治新机制

一是"银税互动"再升级,"贷"出新动力。瞄准小微企业融资难问题,联合银保监局、金融局成立"银税互动"工作领导小组,借助"银税智通车"平台,积极拓展"银税互动"产品和流程创新,实现"在线申请贷款、在线评估授信、在线发放贷款"服务一条线,帮助小微企业有效缓解融资难、融资贵问题,以诚信纳税换来"真金白银"。

二是聚焦"精诚共治",将税费共治工作融入日常业务。持续构建部门协同监管、信息共通共享的税收共治新格局,将"信息"变"税源",将"税源"变"税收"。

四 税务部门在智慧税务建设中存在的优势与挑战

在信息技术革命快速发展的浪潮中,税务部门紧跟潮流,围绕税收征管这一核心业务,着力加强信息化建设,有效发挥信息技术的支撑作用,推动了税务工作整体水平的提高,税务部门成为政府各部门中信息化建设起步早、发展快、成效显著的部门之一。1994年,启动"金税工程",即覆盖全国的税务系统建设;2016年,"金税三期"在全国税务系统上线,标志着我国税收管理步入"大数据"集成管理时代;同年,国家税务总局又启动了税收大数据平台建设,主要用于应对纳税人缴费人数不断增加、企业经营范围日益多元、涉税数据量急剧增长等带来的挑战;2020年以来,国家税务总局依托阿里云打造的智慧税务大数据平台已建设完成,受益于分布式海量计算技术,大数据平台的计算速度提高了2000倍,为建设智慧税务提供了有力的技术支撑。特别是在全国上下奋勇抗击新冠肺炎疫情"大考"中,各级税务机关用足用好智慧税务大数据平台,多维度多视角开展区域、行业和税种等分析,及时追踪经济运行态势,为全国经济平稳运行保驾护航。

(一)税务部门在建设智慧税务中存在的优势

1. 数据保有优势

税费收入是"真金白银",纳税人、缴费人申报数据与税收收入数据之间,存在着紧密的关系,且这部分数据主要由纳税人、缴费人自主申报形成,具有较高的可信度,为实施数据要素驱动建设智慧税务奠定了扎实的数据基础。

2. 部门职能优势

税务部门作为税费征缴的主责机关，与纳税人、缴费人具有天然融通优势，特别是基层税务机关长期与纳税人、缴费人"面对面"打交道，进行具体的税费征纳活动时，会通过税收调查、座谈研讨、办税资料填报辅导、纳税评估等多种途径，了解和掌握数以千万计市场微观主体的生产经营数据。这些数据直接来自微观市场主体，与其日常经营活动联系密切，直观且真实反映微观市场主体的经营状况。

3. 协同共治优势

近年来，"部门合作、社会协同、公众参与"的税收协同共治新格局加快构建，税务部门与其他部门不断加大涉税信息共享互换力度，逐渐形成了覆盖面更广、及时性更强、颗粒度更细、可挖掘价值更高的税收大数据。例如，征管环境保护税时，借助环保部门行政处罚信息，可及时清理或中止纳税人享受的相关税费优惠政策；征管涉地、涉房产税收时，借助住建部门商品房网签合同信息、自然资源规划部门不动产登记信息，有利于提高房产税乃至未来房地产税征管质效。税收征管体制改革到位后，基本养老保险费、基本医疗保险费、失业保险费、工伤保险费、生育保险费等各项社会保险费，以及依法保留、适宜划转的非税收入项目划转由税务部门统一征收。税务部门的职责范围进一步扩展，其服务的个人所得税纳税人、社会保险费缴费人总计达13亿之多，自然人纳税人、缴费人征管数据实现爆发性增长，获取的信息数据达到海量，税收介入社会治理的范围更广、层次更高、程度更深。以2019年1月1日起全面实施综合与分类相结合的个人所得税制改革为例，首次设立了覆盖教育、医疗、住房、养老四大领域的六项专项附加扣除，涉及自然人子女教育、继续教育、大病医疗、住房贷款利息或住房租金、赡养老人等方面，为构建种类齐全的自然人税费大数据库提供了重要信息来源，加快了智慧税务建设步伐。

4. 力量聚合优势

国税地税机构合并后，按照国家税务总局局长王军提出的"四合"要求，全国各级税务机关树立"一盘棋"思想，拧成"一股绳"，形成"一股劲"，努力营造机构改革"事合、人合、心合、力合"良好氛围，统一了执法管理服务标准，推动了税费种联动征收，不但降低了征纳成本，优化了服务效能，而且提高了涉税信息分析应用效率，实现了"1＋1＞2"的聚合效应。

（二）税务部门在建设智慧税务中存在的挑战

1. 智慧税务建设尚未形成社会合力

一是"自上而下"的建设模式抑制了纳税主体的参与热情。根据《意见》，智慧税务建设应直面纳税人、缴费人的痛点难点堵点问题。然而，当前我国智慧税务实践却存在较重的"政府本位"色彩，体现为相关制度文件颁布未广泛征求纳税人意见、具体建设形式与内容由税务机关单方主导等问题。因此，智慧税务能否有针对性地解决纳税人的现实需求有待实践验证。

二是"相对模糊"的建设内容抑制了参与主体的适用能力。智慧税务以现代信息技术为依托，深刻影响着税收征纳主体的行为模式与权利义务。理论上看，最好的智慧税务应当是"可解释的"，即纳税人应当对智慧税务的内涵、实施方式、具体目标、主要内容以及适用效果有清晰而完整的认知，并以此为据决定是否采用智慧税务技术或接受智慧税务服务。但由于我国智慧税务尚处于探索阶段且对智慧税务建设的宣传和解释力度过小，多数纳税人难以全面知晓智慧税务的应用场域、平台以及相关事项，实施效果也将大受影响。

三是"诚信守信"的智慧税务建设理念尚未有效弘扬。智慧税务建设包括"智慧征税"与"智慧纳税"两个层面，其能够运用大数据等新兴技术助推诚信文化建设。但由于智慧税务的技术规范尚不完备，实践中依然存在不诚信纳税等行为。一方面，从逃税主体看，越是富裕群体越有能力聘请专业人士实施逃税避税行为；另一方面，从"守信者获益"角度，我国的智能信用评估、信用奖惩制度不尽完善，影响了税收征纳诚信文化的形成。

2. 涉税数据共享与集成处理面临挑战

2016年，"金税三期"系统在全国范围上线使用，信息系统的集成跨出了重要一步。目前，税务系统在用的业务系统数量较多，需要进一步集成。同时，部门数据之间的底层构建不一致，各业务系统数据库接口类型不统一，数据存储繁杂，导致了业务取数口径存在差异，系统间及与第三方系统间的数据交换运行缓慢，容易出现数据丢失等问题，造成信息互联互通欠佳，信息数据的时效性、有用性大打折扣，税务机关想要的数据拿不到，外部门提供的数据用不上，税务部门单靠内部数据和互联网数据难以形成完善的"数字防线"。此外，目前税务系统与工商、公安、银行、电力等系统的相关信息还未实现实时共享，限制、阻碍了更高层次的智慧应用。

3. 涉税数据安全风险依然存在

一是数据安全形势日趋复杂。数字技术已成为大国博弈的重要筹码和全球竞争的关键赛场，全球数据主权竞争日趋激烈，数据收集、储存和使用中的安全风险加大；因平台数据相对集中统一，数据集之间密切关联，极易在遭受黑客攻击时产生严重危害，尤其是容易造成系统信息泄漏，数据传输量级的转变会提高这种危害程度。

二是数据存储压力倍增。多个涉税数据平台并存，在数据量指数级增长的情况下，极易造成数据存储的错位和管理的混乱，数据存储的技术和能力面临着极大的考验。

三是纳税人和缴费人的隐私安全风险增加。纳税印迹的数据化为推出智慧化纳税服务产品提供海量数据支撑，但对数据进行全面搜集、使用及存储的合法性和正当性缺乏监督，会给纳税人和缴费人的隐私带来安全风险。

四是涉税数据平台的稳定性有待升级。涉税数据平台的稳定性是数据安全的重要保障，但是目前存在许多尚待解决的问题。

4. "智慧税务"复合型人才短缺

人才是实现技术创新和业务发展的核心要素。尤其是近年来，随着大数据、物联网、区块链等现代信息技术的飞速发展，对该领域的人才需求不断增长。对税务机关而言，作为典型的业务部门，近年来随着改革的进一步深化，以及企业会计核算方式的复杂化，税收征管越来越依赖于专业化的业务人才。而智慧税务正是将以上二者合二为一，既要求税务干部掌握扎实的业务能力，又要求其具备相应的计算机基础，此类复合型人才在智慧税务的建设进程中尤其短缺，直接制约了我国智慧税务的探索以及进一步落地实施。究其原因，一是"偏科"人才普遍存在。智慧税务的建设需要既懂专业技术又懂税收业务，同时又有一定的项目化管理经验的骨干人才，但目前税务系统普遍存在的只是单一掌握税收业务技能或者只精通大数据应用开发的"偏科人才"。而如何进一步培养开发"偏科人才"，应当成为智慧税务建设过程中不可忽视的问题。二是未形成高效完善的任用选拔机制。一些精通核心技术、新技术的税务干部往往因各类主客观原因，如现行的选拔用人机制不健全等原因，未能充分发挥自己的所学所长，造成了"复合型"人才的能力浪费。此外，目前税务系统的不少税务干部对智慧税务的认知还停留在单一的"网上办税"阶段，对智慧税务的内涵及利用了解不全面，有误解等认知层面上的偏差，这也就造成人力物力的浪费。

五 推进我国智慧税务建设的路径

（一）推动全社会"业财法税"智慧融合进程

1. 明确智慧税务的战略使命

明确"纳税服务为主+适度的税收执法=自愿纳税合规遵从"的战略支柱目标。赋权所有纳税人，减轻纳税成本，以实现更轻松履行纳税义务的目标。社会组织和个人的活动均可拆解为业务（个人主要是生产和消费行为，社会组织主要是业务行为）、财务、法务、税务4项。以业务为内聚核心，财务、法务、税务作为三大支柱，建立相互关联、以信息交互为特征的内聚式耦合管理模式，达到相互印证、相互支撑的均衡状态。

2. 明确智慧税务的战略要点

必须做到准确把握税收契约思想，把握交易结构设计、财务规划、税务安排等法律界限；必须保证交易结构设计、财务规划、税务安排具有完整的"证据链"，且证据材料之间具备内在逻辑一致性，能够为"业财法税融合"提供有力的法律支撑。大数据、区块链、云计算驱动数据洪流，借用区块链中智能合约的概念，形成底层业务、财务、法务、税务等诸多层面各类证据链的支撑，从而驱动合规验证、事中监督、国际结算、绩效评价、业务挖掘等工作的开展，并使之趋于规范化、数字化、流程化、合规化。

3. 树立"以服务纳税人缴费人为中心"的理念

《意见》将"以服务纳税人缴费人为中心"作为税收征管工作的重要指导思想，充分体现了习近平总书记"以人民为中心"的发展思想，彰显了纳税人缴费人的主体地位，体现了公共服务型政府的建设目标。树立"以服务纳税人缴费人为中心"的理念，必须坚持为民便民，进一步完善利企便民服务措施，更好地满足纳税人缴费人合理需求。必须深入推进税务领域"放管服"改革，完善税务监管体系，打造市场化法治化国际化营商环境，更好地服务市场主体发展。必须强调服务寓于执法、监管寓于服务之中，把服务理念有机融入税收征管各个环节，大幅提高税法遵从度和社会满意度，明显降低征纳成本。

（二）搭建新一代税务大数据共享平台

新一代税务大数据共享平台的目标是打破"信息孤岛"困境，形成共建共享的税务治理格局，用税收大数据助力各级政府（部门）制定政策和经济决策，为市场主体使用数据提供便利。

1. 数据统一处理方面

数据标准化是涉税信息互通、处理、集中的基础，应进一步集成各业务系统，统一各业务系统数据库接口，对涉税数据处理加工全流程做出进一步规范与统一，建立数据标准化处理制度，从数据的采集、甄选，到数据分析、导出进行全流程的优化与完善。

2. 数据收集方面

目前，包括税务部门在内的各个政府部门和机构已拥有较为完善的信息化数据处理系统，但各部门系统之间尚未做到数据的及时互联互通。就涉税数据而言，目前税务部门仅与金融机构存在相关涉税数据的协助与共享机制，而检察机关、证券保险机构等部门单位存在着大量的纳税人涉税数据可以整合利用，如果能与税务部门做到及时收集共享，对提升税收征管效率、优化税收大数据治理将会产生极大的促进作用。因此，应当积极打破信息孤岛，整合多部门涉税数据，建立多部门联动联络机制，与各部门一道构建统一的大数据联合分析库。利用互联网大数据，实现数据分析和数据赋能，有效整合覆盖全国、统一接入的数据资源，建立创新、高效的"数据超市"。

3. 数据分析方面

与第三方企业建立新型合作关系，确保数据分析质量，消除信息安全隐患和技术障碍等；培育和引进一批具有税务大数据分析能力的专业人才队伍；严控信息渠道，精细筛选高质量信息，保障信息安全可靠。

4. 数据共享方面

建立市场主体经营信息、纳税信息、涉税信用信息安全共享；搭建各部门、社会组织和企业之间的"信息桥梁"，建立统一的信息共享平台；完善数据共享相关法律法规。

5. 数据安全方面

要加强税务工作人员的安全教育和技术教育，培养数据安全意识和维护数据安全的自觉性、主动性；建立健全数据安全保护的法律和规章；建立涉税数据收集、存储、管理、使用风险的快速预警机制。

（三）加大涉税数据保护力度

1. 明确涉税数据使用管理权责

应紧紧围绕《中华人民共和国数据安全法》的规定要求，进一步明确相关数据的提供、使用、管理、监管等各方的职责权限，实现社会治理数据共用、功能共享、系统共建的同时，共同保障数据安全，维护系统稳健可靠。

2. 制定专门法律制度维护数据安全

针对我国纳税人权益保护、涉税信息安全立法相对滞后的现状，应加速构建纳税人权益保护法制保障，制定"纳税人权利保护法"专门法，保护纳税人信息隐私权和信息安全权，防止纳税人涉税信息泄露，巩固征纳双方的互信机制。同时，充分利用外部监督机制，加强司法保障，设置完善的纳税人权利救济制度，及时解决纳税人诉求，对税务部门在税收治理中的越权、侵权行为及时有效治理，切实保护纳税人权益，彻底解决涉税公私权冲突问题。

3. 优化升级涉税数据平台

针对目前涉税数据平台存在的数据存储压力较大、纳税人缴费人隐私泄露风险存在、涉税数据平台稳定性有待提升的问题，应当进一步明确各类涉税数据平台及数据处理系统的统一使用管理标准，并出台相关涉税数据平台优化维护制度，定期对平台进行优化升级，进一步提高涉税数据的安全性。

（四）大力培养任用"复合型人才"

1. 培养吸收"复合型人才"

应首先针对"传统型人才"，即具备传统税收业务知识的业务骨干进行大力培养，对与智慧税务相关的大数据技术、统计核算技术、人工智能技术等新兴技术重点学习与辅导，培养出既懂税收又懂信息技术的复合型专业人才；同时，定期向高校、科研机构、社会组织等吸收招揽复合人才，通过基础培养、以老带新等模式使引进的复合人才快速适应环境，投入智慧税务的建设中。

2. 任用选拔"复合型人才"

依托税收人才库，选拔出一批既具备税收专业知识，又具备智慧税务思维的复合人才，并安排他们到与智慧税务相关的重要岗位轮岗锻炼，如税收大数据岗位、风险管理岗位、纳税服务岗位，在进一步优化干部培养机制的同时，还起到提升复合人才能力的目的。

3. 更新税务干部征管理念

各级税务部门和税务干部都应该清晰地认识到，智慧税务的探索与实践，不是一种选择，而是不可阻挡的时代潮流，因此，应大力倡导并引导税务干部更新其传统税收征管观念，树立智慧税务思维，并加强相关辅导与培训，使他们在理念跟得上"以数治税"时代发展的同时，也能够具备动手实操能力。

课题组组长：牛　涛
成　　　员：李　飞　李京成　董成才　张　涛　罗晓宏　刘承忠
　　　　　　张新宇　常明伟　马松伟　刘文凯　杨国营　张莉杰
　　　　　　李　振　赵拴牢　孙玉军　孙　健　张相利　郭春广
　　　　　　黄　锵　赵法民　王　勇　赵勇（南阳）　乔慧展
　　　　　　邢　军　李伟锋　陈　鑫　曹亚磊　周旭辉　孙淑奎
　　　　　　李世敏　段华骏　包　玲　马茂魁　赵德新　庞一滴
　　　　　　胡　伟　刘汴伟　张　喆　宋　昕　王　飞　李　勇
　　　　　　范可可　刘效琰　梁　瑾　赵美兰　王春林　李晶晶
　　　　　　程留俊　俞洛霈　张亚曦　孙政明　李克奇　白雪宁
　　　　　　张国胜　费　瑶　卢　航　王　静　曹贝贝　刘金雨
　　　　　　滕晓丹

"十四五"时期智慧税务建设路径探究

——以自然人税收征管为视角

国家税务总局天津市税务局课题组

内容提要

综合与分类相结合的个人所得税制的推进,开启了税务机关对大规模自然人直接征管的新模式。按照《关于进一步深化税收征管改革的意见》健全以"数据集成+优质服务+提醒纠错+依法查处"为主要内容的自然人税费服务与监管体系的目标要求,本文结合个人所得税年度汇算工作实践,在分析当前自然人税收征管存在问题的基础上,明确建立以"信息+信用+风险+共治"为核心的自然人税收征管机制的目标与原则,从法律支撑、征管服务、共治保障等层面探究自然人智慧税务建设的路径。

关键词: 自然人税收征管　智慧税务　个人所得税年度汇算

自2018年起,我国分三步成功建立了综合与分类相结合的个人所得税制,实现了税制与征管模式的两个重大转变,开启了税务机关对大规模自然人直接征管的新模式。随着自然人税制改革的逐渐深入,税务机关必将适应对自然人直接征管的新特点新需求。庞大的纳税人规模对自然人税收征管提出挑战,现行的政策制度、征管体系和纳税服务等已难以满足自然人的需求和期望,建设智能便捷、安全、高效的自然人智慧税收征管体系迫在眉睫。

一 自然人税收征管存在的问题

（一）自然人税源管控难度大

1. 自然人纳税人税收遵从度较低

个税改革前，我国自然人纳税申报扣缴主要通过扣缴义务人完成，自然人纳税人存在对扣缴义务人扣缴税款的路径依赖，因此，绝大部分自然人对税收法律和政策了解较少，缺乏自主申报意识。自然人税收为直接税，税负难以转嫁，且自然人税收涉及个人切身利益，因此，自然人纳税人受税收政策、社会环境等因素影响较大，"税痛"感受较为直观。

2. 税务机关与自然人交互难

自然人具有数量多、流动性大等特点，据2021年人口普查统计，我国总人口为141178万，随着个税改革和房地产税改革的不断推进，个税申报、汇算清缴方式发生转变以及居民住房纳入征税，全国14亿多人都可能成为税务机关直接服务的对象。由于税务机关不能随时掌握自然人最新的个人信息，与跨省市、跨国（境）流动的自然人难以取得联系，同时，受自然人税收遵从度较低的影响，税务机关主动与自然人联系过程中存在被拒接、不配合等问题，影响自然人税收征收管理质效。

3. 自然人收入构成复杂

我国自然人收入包括工资薪酬、经营、资本性及财政性等多种性质的收入，相关信息隐蔽且分散，特别是高收入、高净值人群收入来源多样，且流动性更强，目前税务机关对自然人纳税人经济活动的监控手段有限，现金交易、股权转让等收入无账可查，存在税收流失的风险。与此同时，受经济全球化影响，越来越多的跨省、跨国（境）收入情况涌现，相关的税收属地和国际税收利益分配等问题难以解决。

（二）自然人税收征管体系尚不健全

1. 法律制度存在滞后性

《中华人民共和国税收征收管理法》是2001年第二次修正的，法律内容及其实施细则以法人纳税人为主，适用自然人税收征管的规定较少。例如，现行《中华人民共和国税收征收管理法》没有对自然人涉税违法行为采取税收保全、强制执行等措施的明确规定，降低了税收征管的威慑力，制约自然人纳税信用体系建设。同时，随着经济社会发展，新业态不断涌现，自然人收入类型和交易方式越发多样化，由于缺少与之相适应的法律保障，对非从事生产经营的自然人涉税信息尚未进行统一归集，税务机关在征管过程中缺少有力抓手，难以对自然人交易行为实行有效监管，收入不实、虚开发票、委征代征等不合规定问题时有发生。

2. 业务功能智能化不足

自然人税收征管系统内功能建设与新技术的融合还不够，有待从无差别化到个性化管理的进一步转变。例如，自动预填报功能的精准度还不够高，预填报范围还有待拓展，智能引导、提醒和咨询功能有待提高。同时，由于缺乏健全的信息采集和使用机制，通过自然人个人所得税汇算清缴等税收业务掌握的大量自然人信息，不能得到有效管理和充分运用。

3. 组织架构尚不健全

我国主要以税种分类设置税收管理部门，尚未设置专门负责自然人税收管理机构，传统的"等级式"组织架构运转效率较低，难以适应快速变化的市场环境，不能满足自然人纳税人日益增长的对高质量高效率服务的需求。同时，现行的组织机构和人员岗位设置使得大部分税务干部仅接触单一税种的部分业务，缺少自然人税收征管领域的综合素质人才。

（三）社会协作有待加强

1. 信息共享有待强化

税务机关还未建立完善的跨部门、跨区域行政协助制度体系，《中华人民共和国税收征收管理法》和《中华人民共和国个人所得税法》中有自然人税收协助方面的内容，但在执行中缺少配套流程和保障措施，导致自然人税源信息采集不完整。例如税务部门难以取得自然人银行账户信息，不能及时掌握自然人房屋出租、二手房销售等情况，对自然人特别是高净值、高收入人群的收入监管存在不到位的情况。

2. 信用管理机制有待健全

税务机关尚未形成正式的、统一规范的自然人纳税人信用管理机制，信用等级标准、信用增减的认定条件和信用奖惩措施等没有明确规定。现有的税收"黑名单"制度涉及范围较小，威慑作用不强，税收违法联合惩戒制度尚不完善，不能充分发挥纳税信用管理对税收征管质效的积极作用。且由于自然人税收违法惩戒制度尚不健全，涉税违法和失信成本低，诚信纳税意识不强。

3. 税收共治格局尚未形成

一方面，税务部门与社会各界的协作互助缺少法律保障，协税护税的责任和主体义务缺少法律依据，影响了其他政府部门、社会团体组织、涉税专业服务机构等第三方参与税收治理的主动性和积极性。另一方面，税务部门缺少关于税收共治工作的具体指导机制，在真正推进和落实过程中难度较大，自然人涉税信息安全问题难以保障。

二　自然人智慧税务建设的目标与原则

（一）主要目标

依托大数据、云计算、人工智能、移动互联网等现代信息技术，建立以"信息+信用+风险+共治"为核心的自然人税收征管服务机制；打造一体化、智慧化自然人税收征管系统，实现管理模式从依托扣缴单位到税务部门与自然人高效对接的转变；推行智能化、个性化纳税服务举措，实现服务方式从无差别到精准化的转变；构建信息共享、部门合作、多方参与的社会共治格局，实现治理主体从税务部门"单枪匹马"到社会各方"精诚共治"的转变，自然人税收征管服务质效大幅提升，自然人自觉纳税的意识和税法遵从度有效提高，诚信纳税的社会环境进一步营造。

（二）工作原则

1. 权利保护原则

自然人纳税人具有自然生物属性，即具有独立性、私有性和生而为"人"的特性。作为国家机关的相对人，其较法人和非法人组织，处于更为弱势的地位，税负感更为明显，基本权利更需要保障。基于自然人税收不可避免地与个人收入、财产、职业，甚至婚姻家庭等私人生活密切相关，税务机关要充分尊重自然人的人性尊严，保护隐私权、名誉权、财产权，保障税收征管过程中的知情权、参与权。此外，自然人①在我们国家具有人民主体地位，②要坚持"以人民为中心"的税收治理思想，切实保障纳税人权益。

2. 刚柔并济原则

当前，涉及自然人的主要税种，如个人所得税、房地产税，正处于或将处于税制改革的进程中，自然人对税收的认知度较低，自主纳税的意识还相对较弱。在税制改革初期，一方面，要采取柔性执法方式，突出引导功能，通过税收宣传辅导、提示提醒和充分告知，帮助纳税人自觉遵守税法，不应有过于严苛以致有失公平合理的情形；另一方面，对于恶意违法、情节严重的，不应过于放纵，要穷尽一切合法手段追缴税款，并加以惩戒，以填补违法行为所造成的损害，达到预防再犯、警示他人的目的。

3. 便捷高效原则

便捷高效的征管服务方式会对纳税遵从产生一定的积极影响。面对数以亿计、缺乏税收知识、没有办税经验的自然人，税务机关要主动适应自然人税收征管的新特点新要求，通过推行简单便捷的办税方式和精细智能的纳税服务，帮助自然人清晰定位自己的税收义务，减少纳税时间成本、劳务成本以及其他费用，降低税收遵从的复杂性和不确定性，进而提高纳税遵从。同时，通过大数据自动比对分析，开展精准的税收监管，改变传统的"人盯人"征管模式，提升监管质效。

三 自然人智慧税务建设的路径

（一）完善自然人税收法律制度

建立健全的自然人税收法律制度，是自然人税收征管法治化和现代化的必然要求，也是深化税收征管制度改革，建设高集成功能、高安全性能、高应用效能智慧税务的重要前提和基础保障。

1. 加快《中华人民共和国税收征收管理法》的修订

一是增加自然人税收保全、强制执行规定。对自然人采取强制执行的条

---

① 此处仅指属于中国公民的自然人。
② 《中华人民共和国宪法》第2条规定："中华人民共和国的一切权力属于人民。"

件、主体、程序等事项以法律形式进行固化，以充分保障纳税人权利、维护税收权威为前提，对经充分提醒和告知后，仍不履行纳税义务、情节严重的，或故意偷逃税款的自然人，通过法律赋予税务机关可以采取税收保全、强制执行的权力。二是结合个人所得税改革对自然人、扣缴义务人新增义务，在新《中华人民共和国行政处罚法》的法律框架下，修改、完善行政处罚条款。明确行政处罚的主观归责要件，细化处罚标准，增设符合自然人特征的减免处罚规定，为纳税人提供较为确定的预期，充分保障纳税人提前预知违法行为法律后果的权利。三是建立第三方涉税信息报告制度。通过法律明确包括金融机构在内的第三方负有依法向税务机关报告收入、家庭、金融、社保、医疗、就业等相关信息的义务，提供信息应及时准确，若相关单位没有按照规定及时报送信息，将面临警告、罚款等多种处罚。

2. 建立健全自然人税收征管制度

一是建立自然人基础信息报告制度。税务机关与纳税人之间保持双方稳定、可持续的联系，是推动征纳双方和谐发展的前提和保障。为破解税务机关无法与部分自然人取得有效联系导致执法中断这一难题，建议建立自然人基础信息报告制度，明确自然人发生纳税义务办理首次申报（包括通过扣缴单位预扣预缴申报）及申报后个人基础信息发生变化时，应向税务机关报送姓名、身份证件号码、经常居住地址、通信地址、联系电话等个人基础信息。扣缴义务人扣缴税款时，应采集纳税人姓名、身份证件号码、联系电话等信息并报送税务机关，提醒纳税人向税务机关报送其他个人信息。同时，应明确纳税人及扣缴义务人未报送或未如实报送个人基础信息应承担的法律责任，对税务机关因无法联系纳税人造成执法中断的，税务机关有权依照相关法律规定进行税收核定。二是建立提示提醒制度。考虑到我国自然人对税收认知度较低的普遍现状及对自然人权益维护的需要，建议在总结个人所得税改革三年来实践经验的基础上，将税务机关对自然人的提示提醒给予制度化、规范化。明确实体上和程序上的相关规定，为税务干部提供包括谁来提醒、何时提醒、如何提醒、不提醒承担何种后果等事项在内的较为清晰具体的行为规范。制定税务机关事前提醒的服务措施及事中、事后提醒的法定义务，税务机关在进行税收核定、行政处罚等执法行为时，以对自然人进行必要的提示提醒为前提条件。

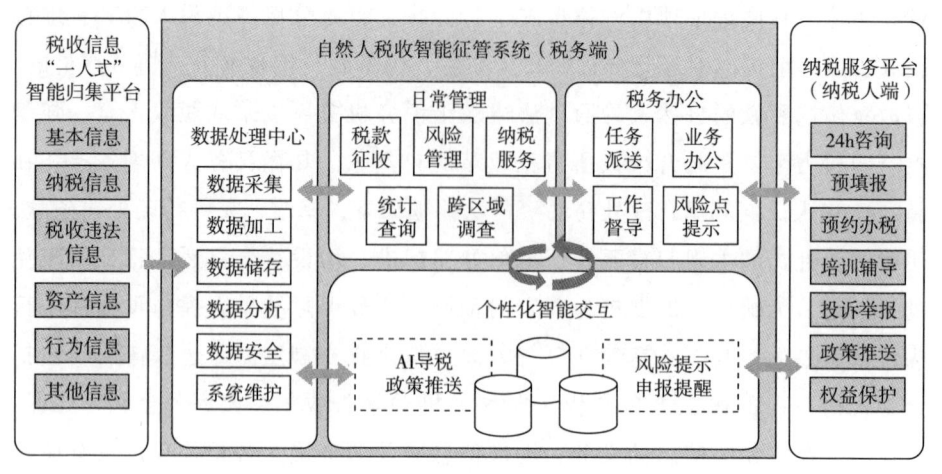

图1 自然人智慧税务征管服务系统功能交互示意

（二）推进自然人税收智能化管理

1. 建立自然人税收智能征管系统

打造一体化、智慧化自然人税收征管系统，实现业务办理和税收数据信息整合的协调联动。

一是整合自然人税收业务功能。在自然人电子税务局（税务端）基础上，进行补充、完善、升级，建立覆盖自然人税收各税种，融税款征收、风险管理、纳税服务、统计查询、税收分析、跨区域协助调查等多项功能为一体的现代化征管系统，实现自然人涉税数据高度统一、税收业务办理高度集成。

二是推动申报监控、预警提示自动化。系统通过数据扫描及智能分析，自动监控纳税申报、优惠备案、任务运行等情况，快速将申报异常数据、即将逾期办理任务、需重点关注信息推送至有关税务部门或具体人员，变传统的"人工查询比对"模式为"系统自动监测推送"，达到实时监控、快速处理的目的。系统自动对自然人应税行为、纳税申报、身份特点等各项信息进行综合研判，自动向纳税人以人工智能电话、短信、App 站内信等形式推送办税通知、风险提示等信息，自动带入纳税人姓氏或姓名，减少人工编辑，将人力资源从海量申报数据中解放出来。

三是推进业务办公系统化。将业务办公、工作督导等内容镶嵌于征管系统中，上级税务部门通过征管系统向下发送工作任务、工作通知和相关数据，下级部门通过系统报送工作完成情况,实现现代化办公,确保自然人数据的安全性。

2. 搭建自然人税收信息"一人式"智能归集平台

以纳税识别号为唯一代码,实现纳税人涉税数据的全国集中,搭建融数据全面归集、自动分析、智能检索于一体的自然人"一人式"智能归集平台(见表1)。通过对自然人申报(含扣缴申报)信息、税务机关自行采集信息、税务机关标志信息、第三方共享信息、互联网搜集信息等数据信息进行加工、整理、甄别,将分散、孤立的税收相关数据信息进行整合。

归集数据一要完整、准确,覆盖纳税人姓名、身份证件号码等基础信息,各税种申报、税收违法等税收信息,资产、行为等第三方信息。

二要清晰、连续,既覆盖历史数据,又展现时点信息,既包括身份特征等静态信息,又涵盖纳税波动、任职变化等动态信息。

三要实用、智能,避免信息的冗长、复杂和简单罗列,要注重数据汇总整合和加工分析,综合各项信息,通过数据算法、智能分析,形成包含身份特点、行为特征、风险等级等多项元素的纳税人"画像"。

四要安全、有效,要控制数据知悉、使用人员范围,根据岗责设置不同查询权限,充分保障数据安全,防止出现数据外传、泄漏的情况,同时要做到数据及时更新交互,体现数据的时效性。

表1 自然人"一人式"智能归集平台税收数据信息

信息类别		信息名称	信息来源
基础信息	基本信息	姓名、证件类型、证件号码、纳税识别号、性别、年龄、国籍、民族等	税务机关;第三方
	任职受雇信息	任职单位名称、纳税识别号、地址、任职时间、离职时间等	税务机关;第三方
	联系方式	联系电话、经常居住地、通信地址、邮政编码、电子邮箱等	税务机关;第三方
	身份标识	演员、运动员、教师、作家、自由职业者、企业家等职业,人大代表、政协委员等身份,担任企业法人、经理,行政事业单位处长、科长等职务,从事采购、编程、财务等工作岗位,公众人物、高薪员工、股东、独立董事、独立合伙人等标识	税务机关;第三方

续表

信息类别		信息名称	信息来源
纳税信息	申报缴税信息	各税种申报收入、扣除、适用税率、缴纳税款、加征滞纳金、申报方式、申报时间、主管税务机关等	税务机关
	纳税相关信息	子女教育、继续教育、住房贷款、住房租金、赡养老人、大病医疗等个人所得税专项附加扣除相关信息	税务机关；第三方
	执行特殊政策	享受税收优惠、执行特殊政策（如股权激励）等	税务机关
税收调查信息		税务机关对纳税人开展事后抽查、核查、稽查的时间、内容、结论等情况	税务机关
税收违法信息	违法信息	未申报、欠税，经事后抽查、核查、稽查确认的申报错误、少缴税款、偷逃税款等违法行为	税务机关
	改正情况	是否纠正违法行为，过失、故意、配合、不予配合等主观态度	税务机关
	惩戒情况	行政处罚、纳入"黑名单"等信用管理情况	税务机关
资产信息		股票、债券、存款、保险等流动性资产，房屋等固定性资产	第三方
行为信息		投资、出入境、购买及销售房屋、大额消费等行为记录	第三方
其他信息		委托代理人情况，个人征信情况	税务机关；第三方

3. 依托大数据对自然人实行分类分级管理和风险管理

在逐步实现税务机关内部自然人信息整合归集、第三方数据共享的基础上，一是以收入、资产、纳税风险为维度，对自然人进行科学分类，将自然人分为一般纳税人、高收入高净值纳税人，及低、中、高风险纳税人。对不同类别纳税人开展有针对性、差异化管理。明确高收入、高净值人群范围，对其实行重点监控，实行"专人负责+团队支持"的征管模式，由较为固定的业务骨干开展"一对一"纳税服务和风险监管，由专业化团队对重点、难点工作提供智囊支持。

二是基于数据仓库、数据挖掘和人工智能技术，通过对大数据的加工、处理、比对、分析，构建风险识别模型和风险指标，自动识别风险并据此确定税务审计或检查对象，通过建立计算机自主学习方法自主修正指标模型和画像，实现风险分析智能化，弥补人工数据分析识别可能带来的判断失误。

三是建立专业化的风险应对机制，对暂未发现风险的纳税人不干预；对低风险纳税人,通过事前、事中提示提醒推送纳税人自查自纠,引导纳税遵从;对中风险纳税人开展专门审计,依次采取书面告知、询问约谈、核定征收的执法方式,促进纳税遵从;对高风险纳税人,实施税务稽查,同时加大处罚惩戒力度,强制纳税遵从。

(三) 优化自然人现代化纳税服务

合理运用人工智能等现代化技术应用,拓展完善自助终端、手机 App、电子税务局办税服务功能,逐步建立起集自然人办税缴费办理、智能咨询、个性化服务于一体的,具有便利性、交互性、安全性、数字性的自然人办税服务体系。

1. 打造智能化纳税服务平台

一是建立一体化智能办税服务平台。在现有个人所得税手机 App、自然人电子税务局的基础上,建立覆盖自然人税收各税种申报缴纳、涉税信息查询、涉税问题咨询、办税服务预约、投诉举报受理、意见建议采集等功能于一体的综合性智能服务平台。实现自然人纳税服务平台与征管系统的交互对接,自动采集出现频率高、涉及热点问题等有价值的咨询内容,形成问题清单,通过征管系统反映至相关部门。二是优化智能咨询服务。开发系统自动回复功能,创新人工与机器"云"协作,系统通过自主学习构建完善咨询数据库,实现自动精准识别问题、快速回复问题、拓展咨询范围等功能,增强智能咨询的实效性和可靠性;引进语音自动识别功能,提升自然人的体验感。三是完善线上智能导税功能。利用 AI 技术实现场景化办税缴费,通过识别纳税人输入的关键词,提供可能相关的办税链接跳转、材料浏览和下载等功能,形成环环相扣的准确问答模式,与纳税服务平台各项功能和模块充分融合。

2. 拓展个性化涉税服务功能

一是完善预填申报功能。逐步将第三方提供的收入、财产、扣除等数据并入预填申报信息,并实现自动稽核,开发大病医疗等扣除信息自动写入功能,提高预填申报的准确性,帮助纳税人降低申报风险。二是加强自然人涉税信息推送服务。结合纳税人自身特点,及时掌握纳税人在不同时期的涉税需求,为其提供个性化政策宣传、操作辅导、办税提醒、风险提示、信用评级等服务,实现需求和服务的双向匹配,增强自然人自主纳税的意愿。三是畅通自然人诉求机制。加大自然人权益保护,完善自然人权利救济和税收争议解决机制，畅通纳税人诉求收集、响应、反馈渠道，自动整合处理分析相关数据，达到疏导征纳矛盾、挖掘办税难点、发现纳税服务不足的目的。

3. 技术驱动优化纳税服务

一是提高办税效率。通过优化逻辑校验关系，减少重复录入信息，降低纳税人办税时间成本，构建智能机器人，优化办理审核流程，实现自然人涉税事项网上流转、自动审批。二是优化办税场景。通过改进人工智能、大数据等技术应用，增加人脸识别精准度、速度和应用场景，确保预约办税和办税服务厅智能导航精准方便；优化实体智慧办税服务厅建设，强化办税指引功能，实现"无人"全自动高效办理。三是丰富自然人税收宣传渠道和形式。充分利用自然人偏好较多的主流新媒体，增加用户黏性，如通过微博、知乎、喜马拉雅等平台，加大宣传力度，创建税收专栏、推送税收宣传片、举办直播培训等，让税收渗透进自然人生活，优化纳税人体验感，提高税收遵从。

（四）加大自然人税收治理保障

1. 打造自然人税收专业化征管队伍

建立扁平化、专业化组织机构，在税务总局、省级及地市级税务局组建自然人税收管理局，专司自然人税收的基础管理、纳税服务、风险防控等工作，实现总局统一领导、省局统一调度、区域协同合作，做到征管标准区域一致、全国统一。按照纳税人收入规模、从事行业、身份特点等特征，选取在某一项特征较为集中的几个城市，如北京、上海、深圳、重庆，分别设立税收风险管理中心，该机构直接隶属于总局管理，负责对不同类型纳税人，尤其是不同类型高收入、高净值纳税人的纳税风险进行调研分析、风险指标建立、风险任务推送，提升自然人税收管理的专业化、精准化。加强自然人税收人才队伍建设，培养一批梯次明、业务精、技能强、素质高的专业团队人才，通过促进专业人才发挥作用、建立与发达国家定点交流学习等工作机制，着力打造一支高视野、国际化的高精尖引领队伍，为优化制度建设、提升征管质效奠定坚实基础。分类别设置风险应对人员岗位，"税务联络员"负责向纳税人发送信函、进行提示提醒等工作，"税收核查员"负责对经提示提醒和告知后仍存在风险的纳税人，开展实地核查、走访约谈、追缴欠税、加征处罚等工作，"特别调查员"负责对违法情节严重、涉嫌偷逃税纳税人的违法调查及税款追缴、行政处罚等工作。

2. 构建自然人税收社会共治格局

加强政府部门协同合作，深入与公安、人民银行、金融监督管理、市场监管、出入境管理等相关部门的数据共享和管理互助，推进自然人税收管理部门"精诚共治"，解决因信息不对称、管理滞后等造成的税收监管困难。建立自然人纳税信用管理机制，实现跨部门信用信息共享联动，推动联合激励、联合惩戒；完善自然人"黑名单"制度，对严重不遵从的纳税人，通过一定形式对外公布违法信息，借助社会公众舆论对纳税人的名誉及经济利益产生直接或间接影响。鼓励社会相关部门依法加强对纳税信息的应用，如个人申请抵押贷款、申请公租房、子女进入公立幼儿园时需提交纳税证明，通过推动纳税证明在社会经济生活中的广泛运用，来扩大纳税行为的影响力，形成纳税信息促进社会治理、社会治理推动纳税遵从的良性互动。加强税收文化建设，积极发挥政府、行业协会、涉税中介、学校、扣缴单位等多方的积极作用，营造良好的纳税环境；利用学校课堂、多媒体、图书馆、交通工具等多方媒介，加强对依法纳税的宣传教育，提高自然人对税收的认知度，拉近税务机关与自然人的距离，逐渐培养自然人自觉纳税、诚信纳税的意识。

参考文献

邓学飞、贺照耀：《个人所得税年度汇算制度国际比较与自然人税收治理现代化研究》，《国际税收》2020 年第 10 期。

方东霖、杨沛民：《高收入群体个人所得税征管问题研究》，《税务研究》2021 年第 7 期。

漆亮亮、王晔：《新时代推进我国自然人税收治理现代化的思考》，《税务研究》2021 年第 1 期。

漆亮亮、王晔、陈莹：《加强自然人税收治理的路径探析》，《国际税收》2020 年第 7 期。

杨磊：《强化数据要素驱动推进智慧税务建设的思考》，《税务研究》2020 年第 11 期。

课题组组长：付　强
成　　　员：邢汝霖　郭春涛　牛　丽　陈　娟　曲　晨

关于推进智慧税务建设的路径研究和实践探索

——基于重点税源企业视角

国家税务总局泰州市姜堰区税务局课题组

内容提要

本文以"数据日益成为推动我国经济发展的重要驱动力"为切入口提出"智慧税务"的重要意义和建设目标，对其"计算机初步应用、信息管税、互联网＋税务、智能化"四个阶段的历史发展进行分析。重点税源企业作为国民经济的重要支柱和税收收入的主要来源，其征收管理水平和质效将会影响智慧税务建设整体布局及推进路径，进而对税收现代化进程产生影响。本文以重点税源企业为视角，从微观、中观、宏观三个层面分别阐述"智慧税务"的意义和作用。最终总结归纳姜堰区"智慧税务"实践探索的初步成果与目前存在问题的几点建议，为进一步推动中共中央办公厅、国务院办公厅《关于进一步深化税收征管改革的意见》落实，持续深化推动协同共治，建立科学高效的智慧型税收治理体系提供基本遵循。

关键词：重点税源企业　智慧税务　税收征管改革

在"5G＋AICDE"技术融合赋能下，数据日益成为推动我国经济发展的重要驱动力，也对税收征管改革提出了新要求、赋予了新动能。2021年3月，中共中央办公厅、国务院办公厅印发《关于进一步深化税收征管改革的意见》（以下简称《意见》），提出"以税收大数据为驱动力的具有高集成功能、高安全性能、高应用效能的智慧税务"建设目标。同年7月，中共泰州市姜堰区第十三次代表大会召开,会议要求"主动拥抱数字时代,突出'数字产业化、产业数字化',以自动化、数字化、信息化、网联化为方向,加速推进'5G+工业互联网'"。因此,推进智慧税务建设,既是税收征管改革的核心要义,也是深化"三大战略"、提升"智造姜堰"的有力保障。本文以重点税源企业为切入点,探索智慧税务建设的基本思路和实现路径,充分发挥税收在国家治理中的基础性、支柱性、保障性作用,为奋力谱写现代化建设的姜堰篇章贡献税务力量。

一 "智慧税务"的提出与发展

我国税收领域的信息化建设始于20世纪90年代,历经"计算机初步应用、信息管税、互联网+税务"等阶段,"十三五"时期税务总局首次明确提出智慧税务概念,"十四五"时期随着《意见》得到贯彻落实,税务机关将全面推进税收征管数字化升级和智能化改造,税务建设将进入"智能化"阶段。

(一)"计算机初步应用"阶段

1994年,国家税务总局确立了"以申报纳税和优化服务为基础,以计算机网络为依托,集中征收、重点稽查"的新征管模式。为适应征管模式转变,税务机关依托单机或局域网模拟手工操作,对部分业务、部分环节实现了手工操作的计算机化,如税务登记、代开发票等。此阶段对重点税源企业的信息化管理尚未提上日程,相关数据孤立存在,对重点税源企业的管理主要依靠税管员经验。

(二)"信息管税"阶段

随着计算机普及和网络广泛应用,2009年"信息管税"首次在全国税收征管与科技工作会议上提出,我国税收信息化管理进入了新的历史阶段。税务机关依托广域网进行多点式开发,各种各样的应用系统快速发展,涉及税务应用操作、管理、分析等多个方面,如各省开发的征管系统、电子税务局、数据应用系统以及各类特色软件。与此同时,各地也开始了对重点税源企业信息化管理的探索,纷纷研究建立专门的管理系统,但由于缺乏整体规划,部门间、系统间存在壁垒,数据集中应用效果不明显。

(三)"互联网+税务"阶段

2015年,国家税务总局印发《"互联网+税务"行动计划》,提出以提升税收治理能力为目标,深化互联互通与信息资源整合利用。2016年,金三系统在全国范围上线使用,实现了系统集成和数据集中,在一定程度上解决了各应用系统之间不协调问题。这标志着税务机关开始按照系统工程的方法进行信息化建设规划。在此期间,重点税源企业信息化建设也得到了快速推进,税务机关从不同渠道、不同对象获取了大量涉税数据,初步建立了风险分析指标体系及风险分析模型,完成了税源监控平台建设。

(四)"智能化"阶段

近年来,大数据相关技术的深度应用,引发了数字化革命。2020年,国家税务总局依托阿里云打造的智慧税务大数据平台建设完成,探索通过对数据的分析研判,实现业务功能半自动化或自动化处理,不断推进"以数治税"精准治理。随着《意见》的贯彻落实,大数据、互联网、云计算等技术在税务领域的深入运用,未来税务建设将进入智能化阶段,实现税务执法、服务、监管、监督、管理、决策等各个方面与大数据智能化深度融合、全面升级,打造高集成化、高适应性的智慧税务新生态。

二 "智慧税务"的意义和作用

推进智慧税务建设,既能使税务工作人员从低效劳动、重复劳动中解脱出来,实现办公处理自动化,也能提高税收风险防控精准度,实现以数治税精准化;既能让内外部的各部门更顺畅地相互合作,实现协同工作高效化,也能使人民群众更加便捷高效地办理涉税事项,实现征收服务便利化。

(一)微观层面,税务数据的规模化、集约化应用能够有效提升税费征管的信息化水平

一是数据规模化。有研究者指出,治理现代化的前提是数据先行,数字化治理有赖于数据采集、输入与规则的相互匹配。作为智慧税务的基础性要

```
┌─────────────────────────────────────────────────────┐
│ 1994年，国家税务总局确立了"以申报纳税和优化服      │
│ 务为基础，以计算机网络为依托，集中征收、重点稽查"  │
│ 的新征管模式。1994年3月底，金税工程试点正式启动    │
└─────────────────────────────────────────────────────┘
                        ▼
┌─────────────────────────────────────────────────────┐
│ 1997年，国家税务总局开发了第一个税收征管信息系统   │
│ （简称TAIS）。1999年，"中国税收征管信息系统        │
│ （CTAIS）"开始推广应用                              │
└─────────────────────────────────────────────────────┘
                        ▼
┌─────────────────────────────────────────────────────┐
│ 2001年5月正式实施的《税收征收管理法》第六条明确    │
│ 指出：国家有计划地用现代信息技术装备各级税务机关， │
│ 加强税收征收管理信息系统的现代化建设，建立、健全   │
│ 税务机关与政府其他管理机关的信息共享制度。这是第   │
│ 一次把税务信息化写进法律                           │
└─────────────────────────────────────────────────────┘
                        ▼
┌─────────────────────────────────────────────────────┐
│ 2009年6月24日，"信息管税"首次在全国税收征管和科技 │
│ 工作会议上被提出                                    │
└─────────────────────────────────────────────────────┘
                        ▼
┌─────────────────────────────────────────────────────┐
│ 2015年，智慧税务在国家税务总局发布的《"互联网+税  │
│ 务"行动计划》中被首次提出：要推动互联网创新成果与 │
│ 税收工作深度融合，着力打造全天候、全方位、全覆盖、 │
│ 全流程、全联通的智慧税务生态系统                   │
└─────────────────────────────────────────────────────┘
                        ▼
┌─────────────────────────────────────────────────────┐
│ 2016年，金税三期系统在全国范围上线使用，信息系统  │
│ 的集成跨出了重要一步。同年，启动了税收大数据平台  │
│ 建设                                                │
└─────────────────────────────────────────────────────┘
                        ▼
┌─────────────────────────────────────────────────────┐
│ 2020年8月，国家税务总局依托阿里云打造的智慧税务   │
│ 大数据平台已建设完成                                │
└─────────────────────────────────────────────────────┘
                        ▼
┌─────────────────────────────────────────────────────┐
│ 2021年，《关于进一步深化税收征管改革的意见》提出， │
│ 以发票电子化改革为突破口、以税收大数据为驱动力，   │
│ 建成具有高集成功能、高安全性能、高应用效能的智慧   │
│ 税务，全面推进税收征管数字化升级和智能化改造       │
└─────────────────────────────────────────────────────┘
```

图 1　智慧税务建设时间发展示意

素，税务数据要素不仅打破了传统税务数据空间分散化、碎片化的藩篱，而且能够吸收其他空间的数据资源，并将社会发展中的金融、生态、社会等资源数据化，形成税务数据资源洼地，使得税务数据达到规模化，形成泛在联系、无限感知的状态。二是资源集约化。借助云计算，可以完成税费日常征管工作中的去人力化，把以往重复化、程序化、非创造性的日常工作通过数字技术快速完成，提升税费日常征管的精准化和工作效率，实现"人在干、数在转、云在算"，让税务机关把更多时间、精力和资源充实到风险管理等高层次工作之中，实现征管资源的优化配置。三是管理服务个性化。在新时代，社会思潮多元化、社会诉求多样化、社会治理复杂化的新形势对税务机关的征管手段、服务举措都提出了更新更高的要求。通过"数据+算法+工具"对税务数据要素进行赋能,可以输出个性化、自动化的供给,进而实现数据最小颗粒度的灵活组合,为税费征管活动的个性化夯实了基础。

(二)中观层面,税务数据要素价值的充分挖掘,能够促成决策质量、征管效能、执法质量的三重提升

一是决策质量的提升。数字经济时代,数据对政府决策起到关键性作用。税务数据要素高渗透、泛在使能的特性使得税费数据能够及时客观地反映企业生产经营情况和自然人的收支变动情况等,有利于政策制定者对社会经济发展运行态势做出预测,进而为宏观调控政策的出台提供有针对性的决策依据。二是征管效能的提升。一方面,税务数据要素与大数据、人工智能等新兴技术的融合可以使纳税人缴费人更加便利地履行纳税缴费义务,税务机关也可以不走访企业就能够精准发现违法失信的纳税人缴费人。另一方面,通过挖掘税务数据要素资源,能够及时发现和弥补税费征管漏洞,确保依法依规应收尽收。三是执法质量的提升。面对日益剧增的市场主体,书面审批、领导签字等传统控制执法质量的方式效率较低,通过税务执法人员的自身道德来约束其执法行为,税务执法质量也很难获得提升。在税务执法主要以电子化、信息化进行的当下,基于税务数据要素的机器执法将有效提升执法质量。

(三)宏观层面,税务数据要素驱动最终表现为"飞轮效应",它是税务数据要素发展到最后的自然功效

通过税务数据要素资源为征纳双方提供增值服务,个体、政府部门、企业等在享受增值服务的过程中,也会产生新的税务数据要素,而税务机关利用新的税务数据要素继续产生新的增值服务,周而复始,这就是一个"正向循环"。随着"正向循环"的不断增多,税收治理体系和治理能力现代化的水平也将呈现螺旋式上升的发展趋势。

三 重点税源企业"智慧税务"建设的总体思路和基本路径

推进智慧税务建设是一个系统性、集成性过程,要立足于智慧税务建设的顶层设计,以《意见》为引领,树立数据驱动、体系集成和协同共治理念,

着力夯实技术变革、业务变革、组织变革等关键基础，以重点税源企业智慧化服务与管理为切入点，全面提升税收征管的数字化升级和智能化改造，从而实现从经验式执法向科学精确执法转变，从无差别服务向精细化、智能化、个性化服务转变，从"以票管税"向"以数治税"精准监管转变。

(一) 强化数据联通，推进系统集成

打破"信息孤岛"和"数据烟囱"，强化数据联通，推进信息系统集成，实现对重点税源企业的智慧治理。一是夯实大数据治理基础。云计算技术为税收大数据的产生、归集、治理、应用提供了统一的基础架构和平台，坚持"云化"思维，加快"云化"布局，促进税收业务、信息系统和税收大数据加速"上云"，以更集约、更统一、更高效的方式部署和建设税务信息系统。二是搭建具有重点税源企业管理特色的数据应用平台。突破重点税源企业信息采集瓶颈，集成税务端、企业端、第三方数据及互联网获取信息，建立重点税源企业数据集市，实现重点税源企业数据"大集中"，为税收数据智能化应用打牢基础。同时应装载集团性、行业性、专题性等具有重点税源企业税收特色的指标模型，使数据产生生产力、数据产生税源。三是强化应用，实现智能分析。推动技术融合、业务融合和数据融合，建成基于大数据集成、信息共享和人工智能的税收信息综合分析体系，实现重点税源企业财务、税收、经济数据的全景式展现、穿透式显示、动态式跟踪、多维式挖掘、融合式分析，满足经济分析、宏观决策等特定应用需求。

(二) 优化执法方式，提高执法精度

加强制度融合、资源整合、信息聚合，进一步规范执法、突出依法施治，让执法既有力度又有温度，实现智慧执法。一是借助人工智能系统，提高执法精准性。在税务人员执法过程中，利用语音识别、文本影像资料分析等技术对执法案例信息资源进行系统识别、扫描和分析，有针对性地为税务人员推送相关法律法规信息和处理建议，提高执法精准性。二是借助现代信息技术手段，提升执法规范性。扩充金税系统和网上税务局的信息采集、查询等功能，推行执法文字音像等记录数字化管理，税务执法全过程网上流转，执法公示信息即时查询，执法决定等文书实时推送，进一步规范执法行为。三是发挥信息聚合优势，推进审计科学性。将现代网络信息技术与税务审计方法相融合,打破税收管理属地限制,在信息安全的前提下,按照权限管理要求为税务人员开放税收执法信息资源权限,综合企业相关线索实施现场审计,开展重点追踪、延伸审计,全面揭示企业各经营流程存在的税收风险。

(三) 坚持以人为本,满足个性化需求

紧盯重点税源企业需求,逐步改变以表单为载体的属地申报模式,让收集的数据更好地服务于纳税人。一是着力解决集中申报及管理诉求。基于重点税源企业分支机构众多且存在跨地区经营的特点,开发"税务集中申报系统",支持重点税源企业涉税信息自动报送和智能校对,并通过集中申报属地入库,解决跨省经营企业属地分散申报问题。二是着力解决政策确定性问题。重点税源企业经济业务活动复杂多变,许多新经济、新业态业务缺乏明确的适用性解释,建议在修订《中华人民共和国税收征收管理法》时考虑增加事先裁定相关内容,明确事先裁定内容的法律效力,为纳税人提供税收确定性。三是着力引导纳税人主动遵从。充分利用重点税源企业税收管理比较规范、纳税遵从度高、自我管理意识强的优势,着力开发能深入分析重点税源企业涉税特征的纳税识别工具,并主动打开风险指标"黑匣子",通过智能识别为其提供有针对性的涉税信息提醒,提高税收遵从能力。

(四) 实施实时监测,提升精准预警

充分发挥大数据作用,对重点税源企业实施以事前、事中监管为主的监管模式,通过风险预判,实现实时监测和精准预警,突破监管方式不精准、重点领域监管不到位问题。一是实行实时在线监控。对于税收遵从度高、具备较完备内部信息处理规范的重点税源企业,实行实时在线税收监控,即以实时交互方式,直接访问企业的财务系统,实现征纳信息的无缝对接与充分整合。二是实现重点监管。利用行业、集团以及重大事项年度分析计划等重要数据,按照"一户一策"的管理思路,以集团为对象,对重点税源企业集团架构全景展现、税收数据实时监控、经济业务全流程追溯,指引重点税源企业重视和防范集团层面的结构性、体制性税收风险,实现税务风险管理从事后管理向事前预警和事中提醒转变。三是建立高效智能的风险管理体系。充分利用大数据平台,提高对风险因素的感知、预测和防范能力。建立风险信息来源识别和多维度、全天候的实时数据库,通过自动化风险预警系统、风险疑点网上全程跟踪处理，精准识别税收风险，形成税收风险防火墙。

（五）推动群治联动，汇聚社会合力

智慧税务是智慧政府和智慧社会建设整体规划的重要组成部分，要持续深化推动协同共治，建立科学高效的智慧型税收治理体系。一方面，推动跨部门协作共治。通过部门间数据的互联互通，加强公共服务部门的数据集中和共享，实现跨层级、跨地域、跨系统、跨业务的联合服务、协同监管、联合惩戒，建立内外一体的税收共治格局。另一方面，推动社会协同共治。加强税务部门和行业协会、社会中介等组织机构的协同共治，强化信用约束，充分发挥纳税信用在社会信用体系中的基础性作用，着力解决诚信纳税意识不强的问题。

四 姜堰区"智慧税务"的实践探索、存在问题及发展建议

近年来，姜堰区税务局紧紧围绕国家税务总局、省局关于大力推进综合治税工作部署及开展"智慧税务"建设的有关要求，在姜堰区政府的统一指导下，联合财政、工商等部门着力推动全域综合治税平台筹建工作，建立以解决征纳信息不对称为重点，以大量涉税数据的采集、分析、应用为主线，以金税三期为保障，以第三方涉税信息应用为核心的综合治税网络体系。

（一）姜堰"智慧税务"建设的初步成果

一是树立现代税收管理大数据理念。紧紧依托"互联网＋"技术，运用大数据的思维和手段，把财政、税务、工商、国土、住建、房产、发展改革、科技、民政、人力资源和社会保障、公安、卫生、银行、烟草、供水供电等若干主管部门以及社会各界的税源有关数据汇聚起来，不断拓展社会综合治税平台，强化对数据分析人才的培养使用，促使税收数据监控、应用能力显著提高。

二是充分发挥税收共治效能。借助各经济税收管理部门、社会中介机构等多种力量，深入挖掘数据潜在的合作价值，充分利用第三方涉税信息挖掘出企业纳税行为中的可疑情报，重点解决征纳信息不对称、税源监控不到位等现存征管难题，堵塞征管漏洞，打破涉税信息行业壁垒。

三是畅通和拓展涉税数据信息获取渠道。在推进综合治税信息采集期间，依托平台融合税务应用等模块功能，明确涉税信息提供的格式标准、传递方式和时限要求，构建起集数据采集、数据分析、数据管理、数据应用于一体的综合治税体系。

四是综合运用智能应对模式分析平台。根据改革后新征管体系要求和新形势下风险管理的需要，将整合后的920个风险指标和模型重新归类，形成综合类755个、专项类104个、管理类61个的风险分析识别库。围绕风险管理工作主要环节和重点事项，运用相关指标进行事前、事中和事后的全过程监控评价，有效落实统一管理、分类分级要求，保证了税收风险管理工作规范的实施落地。

自平台搭建以来，实现了数据采集零差错、数据交换零壁垒、数据分析零死角、数据应用零障碍、纳税服务零距离，税收预测准确率均达90%以上。2020年姜堰区各部门涉税数据提取和应用情况见表1。

表1　2020年姜堰区涉税数据提取和应用情况统计

单位：个

序号	单位	报送数据	匹配数据	识别疑点
1	市场监督管理局	3781	3212	785
2	发改委	491	418	20
3	科技局	581	420	0
4	国土局	114	114	12
5	公安局	132703	85652	502
6	商务局	56	36	0
7	人社局	58449	45625	1102
8	住建局	65	39	9
9	财政局	257	167	22
10	人民银行	541	32	3
11	地方海事处	13	9	0
12	审计局	309	309	27
13	水利局	8	7	0
14	民政局	624	600	68
15	文广新局	24	21	0
16	卫计委	489	456	17

续表

序号	单位	报送数据	匹配数据	识别疑点
17	残联	23180	18652	562
18	供电公司	7845	5565	714
19	教育局	728	163	62
20	供水公司	39561	32565	652
21	交通局	22	22	0
22	规划局	39	39	0
23	农委	10	2	0
24	环保局	21	21	6
25	燃气公司	22736	18565	819
26	统计局	13	13	0
27	房管局	16159	11562	102
28	运管处	1735	1056	77
29	招标局	195	105	0
30	建工局	65	55	13

(二) 姜堰区当前"智慧税务"建设面临的主要困难

一是数据感知和获取能力不强。对需求数据缺乏"敏感度",缺乏对全税种、全流程的业务理解能力,导致税务数据中存在的问题(比如数据逻辑错误)不能及时被发现;数据获取存在"信息壁垒",目前《中华人民共和国税收征收管理法》对税务系统跨部门获取数据仅作原则性规定,在税务部门获取数据仅依靠地方政府层面制定的数据共享机制的情况下,各部门的重视程度、配合度、主动性各有不同;数据联通缺乏"时效性",纳税人缴费人管理过程中形成的数据资料分散在各个系统模块中,没有实现统一整合,加之部分系统数据更新时间为"T+N",极大地阻碍了更高层次的智慧应用。

二是数据处理和存储能力不高。税务的特殊性决定涉税数据必定是多主体的,但不同部门、行业由于各自背景职能不同,对同一涉税事项的描述可能存在差异,所用指标名称、标准大相径庭,或可能名称相同,而实际意义不同,也可能名称不同,实际意义却差不多,导致面对海量的口径异常数据,人工处理存在时间长、效率低等特点,通过算法模型处理则存在识别不精准,影响数据预处理成效的可能。

三是数据挖掘和分析能力不足。对于税务数据要素的分析而言，建模人员需要对数据分析的方法和算法有总体上的了解，熟悉常见的模型及每种模型的应用场景以及优缺点，通过反复比较模型的效果以此构造最优模型，同时，模型的构建要落到具体的指标上，才有利于最终的结果解读，这就需要建模人员对税收业务知识有全面深入的了解。就现状而言，懂技术的人员对税收业务知识了解不多，懂税收业务知识的人员对数据建模、大数据等计算机知识了解不多，而具有业务和技术能力的综合性人才较少。

（三）对于姜堰区"智慧税务"建设的相关意见建议

1. 税务局角度

加强组织内部的协同管理。在现有垂直管理和分部门工作职责范围内，突破功能分割、部门边界的管理和服务方式，实现组织结构扁平化、组织结构网络状化的转变。

（1）建立统一的内部办公平台。为基层单位提供各种小应用程序，推动组织内部沟通方式扁平化、办公场景虚拟化、各层级税务部门联动一体化，逐步实现办公自动化，减少人工操作，在人工处理部分要实现全程电子化、派单智能化、任务清单化、工作留痕化。

（2）建立组织内部沟通渠道。让系统开发者、任务制发者和具体使用者之间建立沟通渠道，以"人工+智能"的方式不断优化系统智能功能，集合智慧，让税务人员能够形成"向上管理，向下负责"的协同理念。

（3）全面整合内部管理系统。探索数字人事系统与业务系统、办公系统的协同关系，形成业务办理、公事处理的实时自动化记录、将人才档案管理与工作事项记录、业务效能分析、绩效考核等充分结合，实现对税务工作的自动化考评，打造一体化的数字人事系统。

2. 企业角度

加强税企交流的端口连接。坚持以纳税人为中心的理念，打造高效统一、协同互动的纳税人端服务平台和"无风险不打扰、有违法要追究、全过程强智控"的监控平台。

（1）开展纳税人行为偏好分析。梳理纳税人的共性和个性需求，对不同纳税人进行纳税服务场景化设计，全面简化和整合各税种的业务、流程和表单，最大限度地为纳税人提供便捷化服务。

（2）优化税费办理流程。对网上审核审批事项，要进行流程化、可视化的进度展示，让纳税人实时了解涉税事项办理进度；要注重纳税人问题收集，结合纳税人画像、纳税人问题搜索等大数据特征，通过人工智能学习，构建智能化推送系统。

（3）探索智能税源分级分类管理。建设风险管理模型，通过算法自动优化、风险自动识别、机器自动决策、任务自动生成、系统自动派单、绩效自动评价等自动化流程实现模型辅助管理。要增设回归分析环节形成管理闭环，并通过典型调查环节、AI智能学习和人工辅助，获取更加完善的管理模型。

3. 政府角度

加强综合治税平台的深度运用。坚持"税收大数据共享应用，拓展税收共治格局"的理念，进一步发挥税收在经济分析、决策参考上的辅助作用。

（1）进一步衔接政府政务服务平台。通过智慧中台，将原来分系统、网状对接模式，转变为中心式、一体化对接模式，推动涉税业务的"一网"通办，实现事项互联互通、数据实时共享、涉税业务跨部门协同办理。

（2）进一步对接政务数据共享平台。整理对外数据共享清单，分层级、分场景、分权限，以需求为导向，以应用为驱动衔接各级各类政务数据平台，实现信息数据跨部门、跨层级、跨区域交换共享。

（3）进一步加大共治协作力度。通过数据共享、信用融合、执法协同，充分发挥政府各部门管理优势，形成强大的综合治税能力，有效提升税收监管效能，精准锁定税收风险疑点企业，并采取有效措施帮助企业化解税收风险，更好地维护公平公正的税收法治环境，同时建立信用联动合作机制，加强纳税信用和其他社会信用的联动管理，实现更多政府部门之间信息互享、信用互认、奖惩互助。

课题组组长：张　钧
成　　　员：黄彩锋　陈　志　全小兵
执　笔　人：王梓凌

关于智慧税务建设的探索与思考

——以生态系统为落脚点

国家税务总局潍坊高新技术产业开发区税务局课题组

内容提要

中共中央办公厅、国务院办公厅印发的《关于进一步深化税收征管改革的意见》明确了"十四五"时期智慧税务建设的蓝图。本文将智慧税务建设落脚到生态系统，运用数据治理的理念进行了初步的探索实践，并结合当前基层实际工作推进中遇到的问题和不足，思考提出推进智慧税务建设的意见和建议。

关键词： 智慧税务　生态系统　大数据

一　对智慧税务建设的理解和认知

（一）什么是智慧税务

中共中央办公厅、国务院办公厅印发的《关于进一步深化税收征管改革的意见》（以下简称《意见》）提出，要"着力建设以服务纳税人缴费人为中心、以发票电子化改革为突破口、以税收大数据为驱动力的具有高集成功能、高安全性能、高应用效能的智慧税务"。

"智慧"的本义是指，对事物能认识、辨析、判断处理和发明创造的能力，是高级生命特征的体现。因此，智慧税务也可理解为一种如同拥有数据生命的税收生态系统，是税收管理向税收治理转变、新一代人工智能等先进技术在税收领域的应用升级，是通过智能化数据分析应用实现执法服务监管的智慧关联，并自动灵敏做出反应的先进的复杂的系统工程。

（二）智慧税务建设的实现路径

《意见》中提出："充分运用大数据、云计算、人工智能、移动互联网等现代信息技术，着力推进内外部涉税数据汇聚联通、线上线下有机贯通，驱动税务执法、服务、监管制度创新和业务变革，进一步优化组织体系和资源配置。"推进智慧税务建设的实现路径，其核心是通过技术变革驱动业务变革、倒逼组织变革。技术变革的关键是信息平台的统一建设、各方数据的汇聚共享、税收大数据的智能化分析应用；业务变革的关键是深入推进精确执法、精细服务、精准监管、精诚共治的"四个新体系"建设；组织变革的关键是调整适应智慧税务建设倒逼下的业务流程重构，对组织、流程、岗责进行优化调整再造。

（三）智慧税务建设应落脚在生态系统

这是一个万物互联的时代，智慧税务建设不应是孤立的、单向的，应是包含各相关涉税主体和多种角色定位于一体，融合政治、经济、科技等领域的生态系统。简言之，智慧税务建设应落脚在以税费为基点、连接所有主体的生态系统，生态是考验智慧税务成熟度的最终标准。对于这个生态系统，数据是基础、技术是保障、平台是载体、应用是方向、监管是手段、服务是目的，最终实现对纳税人缴费人的智能化服务、对税务人员履责的自动推送和考评、对决策者经济运行的研判和分析，达到税收治理数字化、智能化、智慧化的突破。

二　在智慧税务建设方面的探索和实践

基于智慧税务建设的相关理念和思考，潍坊高新区税务局自 2020 年 2 月提出了打造"智慧税务生态系统潍坊高新版"的奋斗目标，这同《意见》精神是吻合的。同时，将智慧税务建设落脚到生态系统上，是迭代升级的，关键是处理好内与外的关系，发挥数据治理效能。

（一）框架设计

"智慧税务生态系统潍坊高新版"是按照推进税收治理体系和治理能力现代化的要求，为有效解决内部运转不顺、外部协同不畅等问题而提出，目的是打造一个实现税务机关内部运转有序、内外互通顺畅的税收协同共治系统，最终实现税务工作的整体性重塑、螺旋式上升。

该系统的初步构想呈"6+1"布局，"6"指六大主体，即党委政府、职能部门、纳税人、缴费人、第三方机构和税务部门；"1"指环境，即税收营商环境。各主体之间主要通过信息技术和数据实现智慧交互，相互影响、相互制约、相互促进，并作用和反作用于税收营商环境，最终形成短期动态平衡、长期稳中有升的生态格局。

"智慧税务生态系统潍坊高新版"建设，在税务部门内部，通过管理资源的集约整合和工作流程的优化再造，进一步理顺内部各单位之间的党务、政务、业务工作关系；在税务部门外部，通过税收协同共治平台的搭建，在党委政府主导下，逐步打通与外部职能部门以及纳税人、缴费人和第三方机构的信息共享、服务协同、联动管理，实现涉税数据应用最大化。

（二）应用架构

智慧税务生态系统的核心是应用，该生态系统设想的承载架构为"一个平台，三个门户"。"一个平台"即大数据平台，其是基础支撑。这同国家税务总局计划搭建税收大数据云平台的思路是一致的。对区局而言，目前主要是用好全省税收大数据平台，充分整合系统内外的各类有效数据，释放大数据下的税收管理服务效能。"三个门户"，即税费服务门户、税务工作门户、税收共治门户，其是面向不同主体的应用入口。税费服务门户，主要是面向纳税人缴费人，通过运用税收大数据的挖掘应用，深入推进对纳税人缴费人行为的自动分析管理，实现对纳税人缴费人涉税问题的自动化解决和精细化服务。对区局而言，主要是用好电子税务局等各类线上平台，细化服务颗粒度，提升服务便利化、个性化、精准化和经济化水平。税务工作门户，主要是面向税务工作内部，核心是把党务、政务、业务工作的相关系统平台进一步优化集成，通过系统数据之间的智能交互，实现对税务决策信息和任务的自主分类推送、对税务人员工作的自动督导考评，为科学施策提供参考。对区局而言，主要是应用好"税务全流程智慧管理平台"，提升党务、业务、政务运转效能。税收共治门户，面向党委政府、税务部门、职能部门、第三方机构，通过不断健全"党政领导、税务主责、部门协作、社会协同、公众参与"税收共治新体系，打造税收共治新格局。对区局而言，就是在党委政府主导下，在保障数据安全的前提下，依托全省税收大数据平台，结合地方"税费保障平台"应用，实现各共享主体的互联互通、互助共赢，通过税收看经济结构、看产业结构、看发展趋势，为以税咨政提供参考。

（三）具体实践

结合基层实际，在智慧税务建设方面潍坊高新区局也进行了具体实践。如，结合潍坊高新区内龙头企业业绩突出、产业园区多的特点，探索实施了"链条式"服务监管模式，通过税收大数据将各环节、各主体串联成"链"，调动各方资源，助推企业"供应链""产业链"升级，提升服务监管"治理链"，实现服务管理效能最大化；在出口退税领域，与海关部门联合并有效共享数据，创新实施了"征退联办、关税联动"服务管理，在进一步提升了歌尔等出口企业退税效率的同时，联合防范出口骗税风险；在智能化个性服务方面，全面落实山东省局推出的税收专家顾问制度，为重点企业提供了智能化的"一户一策"税费解决方案；与公安部门合作，成立税警联合办公室，及时获取疑点信息，严防假企业、假出口、假申报行为；与检察院、纪委监委等部门合作，联合开展廉政教育，打造了大数据下的一体"三不"智慧监督模式等。

三 智慧税务建设存在的问题和不足

智慧税务建设是一个不断探索推进的渐进式过程，受制于理念思维、技术水平、数据应用等多方面因素，工作推进中还存在不少问题和不足。结合基层工作实际，问题和不足突出体现在以下几方面。

（一）数据采集应用方面

一是数据采集难。税务部门和纳税人缴费人信息不对称，税务机关对纳税人缴费人生产经营状况等信息的采集不全面，基础数据缺乏系统性、真实性和准确性；第三方数据的真实性、完整性等数据质量不佳；外部门数据共享积极性不高，数据通道没有有效打通；基层数据获取权限不够。二是数据应用难。当前在用的信息系统整合不够，多系统之间的数据标准不一致，数据与业务融合不深，懂数据、会应用的数据分析专业人才较少，通过税收数据"反哺"业务管理、以税资政的作用发挥欠佳。三是数据集中难。很多部门如住建、国土、教育等数据，尚未实现省级甚至是市级集中，需借助外部门大数据平台才能获取，且时效性、真实性无法保证。

（二）办税缴费服务方面

近年来，"非接触式"办税缴费比例不断提升，但受制于电子税务局功能不够完备、自助办税功能不够齐全、特殊事项很难线上受理等因素的影响，到厅办税还存在一定比例，如税种认定、代开发票作废等；运用大数据精准推送税费优惠政策还未实现全覆盖；目前申报模式还主要是以表单为载体的传统模式，通过电子税务局线上直连申报、确认申报、更正申报的智能化、便捷化还不够；部门之间的线上协同联办还不够，部分存在线上线下同步走的问题。

（三）税务精准监管方面

《意见》中明确要建立健全以"信用+风险"为基础的新型监管机制。关于纳税信用，目前信用等级评价主要依靠税务内部系统数据，财政、工商、银行等外部门的相关信用信息没有融合进来，对纳税人全面信用情况判断存在不准的隐患；随着社保、非税等业务的拓展，自然人的信用管理尚未拓展到缴费领域；税务守信激励和失信惩戒制度还不够健全完善，没有深度融入整个社会信用体系。在风险应用方面，利用大数据提升风险识别和应对的水平不高，税收分析更多停留在简单查询和比对层面，信用评价、风险应对动态融合机制缺乏，监管针对性不足；自然人尤其是高收入高净值人群（如文娱领域从业人员）税费监管问题受关注度高，风险问题不断显现。另外，当前的风险识别以事后分析为主，缺乏对风险的预判，造成工作中监管前瞻性不足。

四 推进智慧税务建设的意见和建议

智慧税务建设是一项需要顶层主导和多级多部门联动的系统工程，需要通过理念的更新、资源的整合、技术的升级、流程的再造等，全方位提升税收治理现代化水平。

（一）聚焦数据赋能

智慧税务建设的驱动力是"税收大数据"，党的十九届四中全会首次把数据作为生产要素。税收征管改革将全面推进税收征管数字化升级和智能化改造，数据将是最重要的创新引擎。

一是建好并用好大数据平台。破除部门之间、系统之间的数据壁垒，建成数据全量汇集、标准统一、互联互通的数据资源库，尤其是推进县域数据标准建设，为基层获取和应用数据提供数据规则和获取流程。目前国家税务总局正在打造智慧税务大数据平台，山东省局也正在建设全省税收大数据平台，基层部门应全面做好数据需求的梳理和提供，规范用好这些数据平台，为基层智税服务。

二是注重数据归集质量。税费信息"一户式""一人式""一局式""一员式"的智能归集，是实施数字化、智能化转型升级的关键，《山东省关于进一步深化税收征管改革的实施方案》中将此"四个一"的完成时限均提前1年。应进一步明确数据采集的标准、口径、格式，以及不同数据表格之间的勾稽自动校验关系，自动筛选不合格数据，保证数据归集质量，为智慧监管、智慧办税提供高质量数据基础。

三是优化数据应用方法。发挥数据要素的驱动作用，推进税务大算法建设，将传统的经验分析向数据挖掘算法和模型化分析转变，通过构建税收算法模型库、多个税收数据应用场景等方式，形成强大的"税务脑核"，建立数据"自动分析—智能决策—行动追踪—成效评价"的一体化运行机制，为数字化治理提供技术支撑。

四是保障数据安全。高安全性能是智慧税务的三大特点之一，应尽快健全数据安全的法律保障，强化税收征收管理法与数据安全法、网络安全法、个人信息保护法的立法联动，建立涉税数据产权制度，完善纳税人缴费人信息的收集、使用、保密等制度，保障数据安全流动、合法使用。

（二）坚持整体智治

智慧税务建设是一个系统化的整体工程，在技术变革、业务变革、组织变革的共同作用下，为税收现代化建设插上"金色翅膀"。

一是技术变革中，重点解决好信息系统整合问题。建立全国统一且功能完备的金四系统和电子税务局，以解决当前存在的问题为导向，着力破解诸如"非接触式"办税存在的堵点、难点等问题，达到体验一体化、业务标准化、服务智能化、运营数据化，技术实现上可借鉴分布式架构设计，具有可扩展的架构和良好的兼容性，便于灵活扩展和分散运营。

二是业务变革中，应以业务需求驱动为指引。如纳税人缴费人服务需求、风险管理监管需求、地方党委政府决策需求等，从用户体验的角度出发，基于场景和要素，设计业务模式和工作流程，通过"算法"准确识别各方需求并精准提供优质服务，最终实现智能化的"数据＋规则＋流程＋算力"的业务处理模式。

三是组织变革中，关键是解决体制机制、工作理念和人员配备问题。建立适应智慧税务推进的组织架构、制度规范、岗责体系，形成以自动化为基础、以数据驱动力为决策支撑的税务共享组织体系，实现智税转型。重点靠人才推动，一方面，要着重培养一批懂技术、懂数据、懂业务的精英骨干队伍，加大外部人才引进，为智慧税务建设提供强有力的智力支持和人才保障；另一方面，要加强智慧税务相关知识培训，如智能学习模型、人机交互等，更新传统理念，增强税务人员的互联网思维。

（三）拓展共治格局

遵循智慧税务生态系统治理理念，拓展在党委政府领导下与外部相关部门的共治格局。《意见》指出推进精诚共治，健全"党政领导、税务主责、部门协作、社会协同、公众参与、国际合作"的税收共治新体系。在精诚共治中，应进一步明确几个关键点。

一是共治的重点是数据。智慧税务建设时代，税收共治的重点应是以数据交换为基础的协同联动，应进一步拓宽涉税涉费信息来源，建立不同部门之间涉税信息交换和协助查验机制，明确哪些部门应提供哪些数据、数据之间如何交换、数据安全如何保证等。如，可参考四川省税务局与中国人民银行签署数据交换合作备忘录的做法，打通与银行合作，将发票流信息和资金流信息进行结合比对，将有助于核验经济活动真实性。

二是共治的保障是法律。首先应从法律层面明确税收共治各参与主体及其职责、分工，完善地方性税收保障办法，保障税收共治相关措施落地。目前，个别税法对具体部门的职责进行了明确，如《中华人民共和国环境保护税法》《中华人民共和国契税法》等，国家税务总局也制定了《关于进一步加强和规范税务系统与外部门数据共享的意见》，山东省也制定《山东省税收保障条例》，这些都为税收共治提供了刚性执行依据。下一步应进一步拓展保障范围，尤其是明确如果不履行协作义务时应承担的责任。

三是共治的方向是共赢。税收共治必须达到互助共赢才能真正调动部门参与积极性，应主动融入数字政府建设，通过多部门"一窗式""一链办""并联办"等方式提升整体营商服务效能，服务经济转型发展；通过联合数据交换、信息通报、执法联动等方式，联合打击诸如"阴阳合同""三假企业"等社会治理问题。通过各部门数据信息共享，持续完善税收指数体系，不断强化税收大数据在经济运行研判和社会管理等领域的深层次应用，更好地服务政府宏观经济决策和社会管理，进而构建全方位、全流程、全覆盖的税收保障格局。

参考文献

方志鹏：《迎接智慧税务基层应该怎么干》，《中国税务报》2021年7月23日。

王元卓：《智慧税务进入新阶段》，《中国税务报》2021年5月19日。

袁岳：《中国智慧税务：从税务大数据走向税务大算法》，《人民网》2021年9月13日。

重庆市国家税务局课题组、袁立炫、邓永勤、张洋源：《"智慧税务"的基本特征及基层的实践探索》，《税务研究》2017年第8期。

课题组组长：李　达
成　　　员：徐秀玲　宋炎炎
执　笔　人：李　达　徐秀玲　宋炎炎

运用"税务助手"驱动智慧税务建设的思考

国家税务总局重庆市税务局课题组

内容提要

新一轮税收征管改革以"税收大数据为驱动力的具有高集成功能、高安全性能、高应用效能的智慧税务"为目标导向,揭示了税务数据要素在智慧税务建设中的基础性、引领性作用。本文基于税务数据要素与智慧税务的密切联系,分析了智慧税务建设的内在逻辑,提出了税务部门运用"税务助手"驱动智慧税务建设的思路。针对基层税务机关推进智慧税务建设存在的问题,设计了"税务助手"的系统架构,对"税务助手"在智慧税务实践中的应用场景进行了探讨。

关键词: 智慧税务　税务数据要素　税务助手　纳税服务

自 2014 年政府工作报告首次提出"在新一代移动通信、集成电路、大数据、先进制造、新能源、新材料等方面赶超先进,引领未来产业发展"以来,"5G + AICDE"技术已成为我国经济发展的重要驱动力,对税收征管改革提出了新要求、赋予了新动能。2021 年 3 月,中共中央办公厅、国务院办公厅印发《关于进一步深化税收征管改革的意见》(以下简称《意见》),提出建立"以税收大数据为驱动力的具有高集成功能、高安全性能、高应用效能(以下简称'三高特征')的智慧税务",阐明了智慧税务建设的内在逻辑、发展目标,为税务部门进一步深化税收征管改革、推进智慧税务建设指明了方向。

一 智慧税务研究综述

《意见》关于税收大数据驱动"三高特征"智慧税务建设的阐述，揭示了税务数据要素与智慧税务的密切联系，即税务数据要素在智慧税务建设中具有基础性、引领性作用，智慧税务是税务数据要素应用于税收实践的发展目标和必然结果。税务数据要素是研究智慧税务和推进智慧税务建设的逻辑起点。

（一）税务数据要素的概念及特征

2020年政府工作报告提出"培育技术和数据市场，激活各类要素潜能"，明确了数据要素具有市场特性，表明数据资产的概念日益得到广泛认同，正在从理论进入实践。[①] 我们认为，税务数据要素作为一项重要的数据资产，包括政府、企事业组织和个人参与税费收入征纳全过程所产生的原始数据和基于原始数据挖掘分析所产生的衍生数据。税务数据要素可按以下三种情形确定权属：一是纳税人缴费人依法向税务机关申报和税务机关在依法履职过程中采集的未经加工、可识别数据主体的原始数据，其所有权归税务机关和数据主体共有，但税务机关除了公共用途外，不能随意披露、推送和使用；二是基于特定目的和数据技术对海量原始数据进行处理形成的衍生数据，其所有权归数据处理的主体，以体现"谁采集、谁投入、谁受益"原则；三是其他具有个体识别性，能够识别数据主体的原始税务数据，以及经过处理但仍可识别原始数据主体的"假衍生数据"，其所有权归原始数据主体所有。

税务数据要素具有高渗透性、有限流动性、泛在使能性、通用目的性四个基本特征。高渗透性是指随着税务机关职责范围不断拓宽，税务数据已经渗透到企业、个人、政府等全部经济活动主体，成为重要的生产要素。有限流动性是指税务数据要素以在特定平台架构内、同一主体内流动为主或优先在不同平台、不同主体内流动。泛在使能性是指税务数据要素覆盖了社会生产—流通—分配—消费各个领域，通过挖掘税务数据要素潜力，能够赋能社

[①] 王桦宇和连宸弘（2020）较早对税务数据资产进行了比较系统的阐述，指出资产的权属与数据形成来源、参与创造主体和数据时效价值等要素紧密相关。王桦宇、连宸弘：《税务数据资产的概念、定位及其法律完善》，《税务研究》2020年第12期。

会生产生活各个方面。通用目的性是指税务数据要素具有普遍适用的性质和潜力，能够对经济社会转型产生深远影响。

(二) 智慧税务的概念及内在逻辑

"智慧税务"作为税收改革和创新的目标之一，正逐步进入理论界和实务部门的视野，形成一批初步的研究成果。重庆市国家税务局课题组[1]较早从感知全面、识别准确、应对及时、持续创新四个方面概括了智慧税务的基本特征，并从基层税务机关角度对智慧税务实现路径进行了探索。孙存一和谭荣华[2]较早阐述了数据资产与智慧税务的关系，指出智慧税务是以数据资产为核心的全流程、全要素管理，强调盘活、用好数据资产对形成税务数据治理应用新格局具有重要作用。樊勇和杜涵[3]也强调税务大数据与税收征管全过程都具有密切的联系。杨志勇[4]指出，人工智能技术的广泛应用将有力促进智慧税务建设，同时对税收理论和政策创新也会带来不可忽视的挑战。谢波峰[5]也关注到智慧税务与人工智能的关系，指出将二者关系界定清楚，是探讨技术与业务在高应用效能业务系统中融会贯通的基础。根据《意见》关于税收大数据驱动"三高特征"智慧税务建设的阐述，我们认为，智慧税务可理解为以税务数据要素为基础，以涉税信息智能归集、纳税人缴费人行为精准管理、税务人员履责自动考核、税务决策信息和任务自主分类推送为基本内容，集技术之大成，具有安全高效、便利友好特性的税务生态。

智慧税务建设的内在逻辑就是利用税务数据要素夯实税收管理体系数据基础，通过数字化升级和智能化改造，引发税务数据要素流动路径、制度规范和征管思维的改革创新，继而创造出适应新兴信息技术和经济社会发展、具有"三高特征"的智慧税务体系，推动实现更加和谐的税费征纳关系。

---

[1] 重庆市国家税务局课题组、袁立炫、邓永勤、张洋源：《"智慧税务"的基本特征及基层的实践探索》，《税务研究》2017年第8期。

[2] 孙存一、谭荣华：《简析大数据支撑下的"互联网+智慧税务"》，《税务研究》2018年第4期。

[3] 樊勇、杜涵：《税收大数据：理论、应用与局限》，《税务研究》2021年第9期。

[4] 杨志勇：《人工智能、税收政策与税收理论》，《税务研究》2018年第6期。

[5] 谢波峰：《智慧税务建设的若干理论问题——兼谈对深化税收征管改革的认识》，《税务研究》2021年第9期。

二 "税务助手"的概念和作用

"税务助手"是我们对基于全国税务系统信息化主体架构建立的新型税收大数据系统的形象称谓。税务部门对智慧税务建设进行了一系列探索和实践,通过金税一期到金税三期的迭代完善,结束了数据分散,实现了数据整合。通过建设全国统一规范的电子税务局,全国纳税人80%以上的业务可以在线上办理。[①] 通过运用大数据和税收规则进行自动算税与申报表信息预填,当前已经有多个税种实现了"简并申报表,一表报多税"。结合智慧税务概念和内在逻辑辨析,基层税务机关智慧税务建设的思路是:以大数据和人工智能技术为依托,以数据感知和获取、处理和存储、分析和挖掘"三大能力"提升为切入点,以精确执法、精细服务、精准监管、精诚共治为目标,重塑征管模式和流程。基于这一思路,对电子税务局和税收大数据平台进行补充和完善,构建的具有安全高效、便利友好特性的新型税收大数据系统就是"税务助手"。通过"税务助手"在税务机关的部署,可以从微观、中观、宏观三个层面,提升税收征管质效。

在微观层面,税务助手通过对税务数据的规模化、集约化应用有效提升税费征管信息化水平。一是数据规模化。税务助手融合来自金融、生态、社会各领域的数据资源,打破传统税务数据空间分散化、碎片化状态,达到泛在联系和无限感知,从而有利于实现规模效应。二是资源集约化。借助云计算,可以提升数据运用效率,把以往重复化、程序化、非创造性的日常工作通过信息技术快速完成,促进日常税费征管去人力化,从而有条件优化税收征管资源配置,充实风险管理等关键环节。三是管理服务个性化。纳税人缴费人诉求多样化、社会治理复杂化的新形势对税务机关的征管和服务提出了更新更高的要求。通过税务助手实现数据最小颗粒度的灵活组合,可以输出个性化、自动化服务供给,为税费征管活动个性化夯实基础。

在中观层面,税务助手通过分析挖掘税务数据要素价值,促成决策质量、征管效能、执法质量的三重提升。一是决策质量的提升。税务数据要素高渗

---

① 王军:《深化金砖税收合作共拓金色发展之路——在金砖国家税务局长会议上的发言》,2021年9月17日,http://www.chinatax.gov.cn/chinatax/n810219/n810724/c5169150/content.html,最后访问日期:2021年10月29日。

透、泛在使能的特性使得税费数据能够及时客观反映企业生产经营情况和自然人收支变动情况等,通过分析挖掘,税务助手可以对社会经济发展运行态势做出预测,进而为宏观调控政策出台提供有针对性的决策依据。二是征管效能的提升。一方面,税务助手可以使纳税人缴费人履行义务更加便利,税务机关也可以精准识别失信违法信息。另一方面,通过挖掘税务数据要素,税务助手能够及时发现和弥补税费征管漏洞,确保依法依规应收尽收。三是执法质量的提升。面对数量日益增长的市场主体,税务机关面临更加充满不确定性的执法环境,基于税务助手的"人工+智能执法",更有利于规范执法行为和提升执法质量。

在宏观层面,税务助手驱动智慧税务建设最终表现为"飞轮效应",[①]这是税务助手驱动智慧税务建设的必然结果。税收助手为征纳双方提供增值服务,政府部门和市场主体在享受增值服务过程中,也会产生新的税务数据,而税务机关利用新的税务数据继续产生新的增值服务,周而复始,这就是一个"正向循环"。随着"正向循环"不断演化,税收治理体系和治理能力现代化水平也将呈现螺旋式上升发展趋势。

三 基层税务机关智慧税务建设存在的主要问题

近年来,税务机关数据采集和处理能力显著提升,"数据驱动、风险导向"税费征管格局初具雏形。但由于在数据感知和获取、处理和存储、分析和挖掘等方面还存在不足,基层税务机关智慧税务建设仍存在较大的现实差距。

(一) 数据获取存在"壁垒"

数据需求缺乏"理解力"。税务部门对数据需求缺乏理解力主要体现在以下三个方面:一是缺乏对全税种、全流程的业务理解能力,导致税务数据中存在的一些深层次问题(比如数据逻辑错误)不能及时发现;二是缺乏对纳

[①] 飞轮效应(Flywheel Effect)最早由美国管理专家吉姆·柯林斯(Jim Collins)2002年在《从优秀到卓越》一书中提出,用来形容一件事情刚开始做比较吃力,成效不彰,但只要持之以恒地坚持,在后期会很顺利,成效也会愈加明显。"飞轮效应"能够较好地从宏观层面描述税务数据要素驱动智慧税务建设的客观效果。

税人缴费人需求的理解能力，导致推出的服务举措常常与纳税人缴费人需求存在较大差距；三是缺乏将数据转变成生产力的能力，具体表现在日常工作中缺乏数据思维，简单的数据采集和堆砌较多，运用数据思维发现和解决问题不足。

数据获取缺乏"及时性"。近年来，税收共治虽然已成为全社会的共识，但出于数据安全、技术等方面考量，基层税务机关与各部门之间的数据共享仍然不够及时。部门之间的数据接口尚待建立和完善，信息共享交换多以移动存储设备、电子邮箱等传统方式进行，安全性、保密性难以保证，时效性、有用性大打折扣。同时，税务部门对纳税人缴费人管理过程中形成的数据分散在各系统模块中，没有实现统一整合，加之部分数据更新时间为"T+N"，阻碍了税务数据更高层次的及时应用。

（二）税务数据处理和存储存在"障碍"

数据口径存在差异。税务活动的特殊性决定涉税数据必定是多主体的。不同部门、行业由于各自背景职能不同，对同一涉税事项的描述可能存在差异，所用指标名称、标准甚至实际意义大相径庭。面对海量的口径异常数据，人工处理存在时间长、效率低等特点，通过算法模型处理则存在识别不精准、影响数据挖掘分析成效的可能。

数据存储能力不强。税务部门当前数据存储主要方式是关系型数据库。关系型数据库一般适用于结构性数据的存储，当数据规模达到一定量级后，就会出现文件不能有效管理、海量数据读写速度急剧下降等一系列问题。面对涉税数据规模大、半结构和非结构化数据快速增加的现状，显然传统的关系型数据库已经不能满足海量税务数据存储需要。

（三）数据分析存在"瓶颈"

自然语言处理还有阻碍。自然语言是指伴随文化和思想演变所产生的人类相互交流的语言。税收实践结果显示，让算法充分理解自然语言还任重而道远，具体表现为：自然语言灵活度高，同一语义可用多种形式来表达，对算法而言容易产生歧义；处理自然语言过程中，遇到错别字，算法不能准确理解这些错别字所表达的真正含义；在各行各业每天都会产生新词的当下，让算法及时发现新词并将其准确运用在税收征管中也是一个难点。

模型可解释性仍需加强。传统的统计机器学习模型如Logistic回归、线性回归等具有较高的可解释性，可以针对模型进行归因分析，确保决策的正确性。新的模型如随机森林（Random forest）、支持矢量机器学习（SVM）等，其应用逻辑较传统模型而言由因果关系转变为相关关系，虽然更容易得出对改进纳税服务、识别税费风险有价值的结果，但由于无法准确归因，模型结果合理性不能判别。对于应用到税务数据上的模型而言，预测结果缺乏详细的解释和依据，会影响结果的应用性、可执行性。

四 以"税务助手"驱动"智慧税务"建设的创新和实践

从当前基层税费征管的痛点、堵点出发，结合理论思考和典型案例，我们认为，合理设计便于基层税务机关实施的税务助手架构，可以有效地将纳税人、缴费人、税务人从重复机械的工作中解放出来，变"纳税人缴费人围着税务转"为"税务资源围着纳税人缴费人转"，解决办税痛点和堵点。

（一）"税务助手"系统架构

税务助手的系统架构分为感知、数据、服务三个依次递进的层面（见图1）。

第一，感知层面。感知层是"税务助手"的起点，如果感知能力弱，那么"税务助手"就将成为"无源之水"。感知层按照真实性、全面性、多元化、时效性要求，在优化整合内部数据感知和联通的基础上，打通数据获取壁垒，构建起囊括金三系统、电子税务局、"12366"系统及第三方数据等多数据源的多渠道、多维度数据感知体系。比如，将银行、证券交易所产生的金融数据，抖音、快手等平台所产生的交易信息等纳入感知范围，数据交换时间从"T+1"变为"T+0"甚至实时交换等。

第二，数据层面。数据层是"税务助手"按照业务原则、分析原则、效率原则和冗余原则建立的"知识图谱+传统数据库"的数据整合平台，其由结构化数据、半结构化数据和非结构化数据整合而成。税务数据存储到数据层之前需要按照数据标准化要求进行"预处理"，达到统一定义、统一口径、统一标准后方可存入。同时，参照操作系统的局部性原理，将常用数据放在知识图谱中，而将访问频率不高、重复性强、对关系分析影响

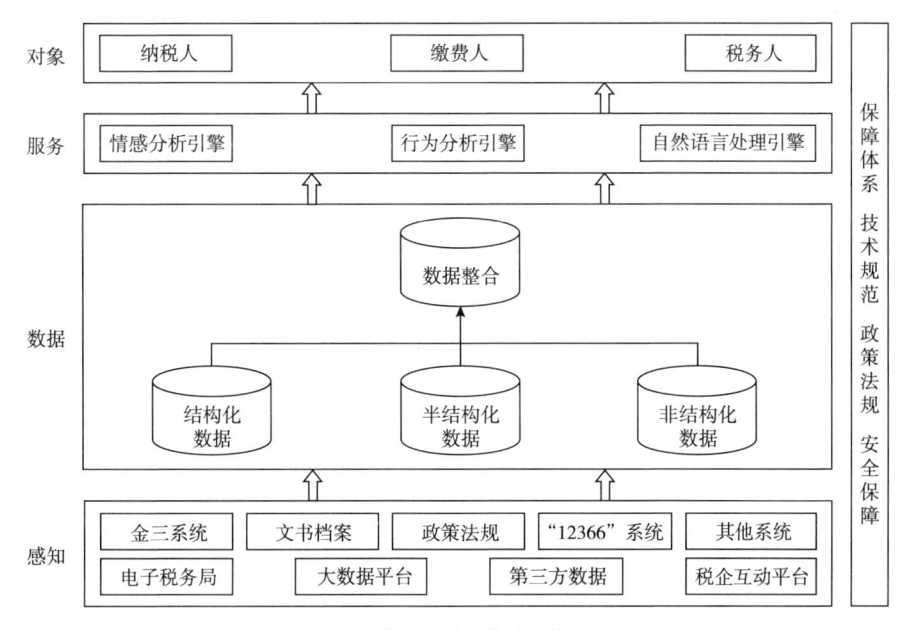

```
对象      [纳税人]           [缴费人]           [税务人]        保
                      ⇧        ⇧        ⇧                障
服务    [情感分析引擎]  [行为分析引擎]  [自然语言处理引擎]   体
                               ⇧                              系
                          (数据整合)                         技
数据                          ↑                              术规范
              (结构化数据)  (半结构化数据)  (非结构化数据)    政策
                    ⇧          ⇧          ⇧                法规
感知    [金三系统][文书档案][政策法规]["12366"系统][其他系统]  安
        [电子税务局][大数据平台][第三方数据][税企互动平台]    全保障
```

图1 "税务助手"系统架构

微乎其微的数据放在传统关系型数据库中，使得数据存储和访问时的性能更优。

第三，服务层面。服务层是"税务助手"利用新兴信息技术对税务数据要素资源进行分析和挖掘的平台，对改进纳税服务、识别税费风险起到决定性作用。结合基层实践，我们为"税务助手"在服务层设计出了情感分析引擎、行为分析引擎、自然语言处理引擎。情感分析引擎根据纳税人缴费人的面部特征，利用多模态数据分别计算愤怒、厌恶、轻蔑、害怕、悲伤、惊讶、愉悦和中性等8种基本情绪概率值，并根据不同情绪的权重计算出纳税人缴费人的情感状态，同时，将情感状态映射在1分至100分区间内，以便后期比对处理。行为分析引擎是"税务助手"的核心引擎，综合运用社会工程学、社会关系网络分析、机器学习、工作经验、专家意见及数据可视化等方法，通过税务机关确定的行为特征对纳税人缴费人行为进行识别。自然语言处理引擎主要通过自然语言交流的方式接收、处理和应答纳税人、缴费人、税务人提出的问题（文字、语音、视频等形式均可），同时也可帮助税务人员自动识别纳税人提交资料中的信息要点，并将其上传到信息库中，优化和节省信息搜索时间，提高工作效率。

(二)"税务助手"应用场景

基于数字经济时代纳税人经营模式复杂、交易主体隐匿、交易资产流动性强的特点,税务助手提出了服务评测、风险预警、智能坐席等三个具有现实可行性的典型应用场景。

第一,服务评测是指将纳税人缴费人的满意度与对应的税务机关工作人员进行实时关联和反馈。税务助手根据纳税人缴费人业务办理完成度设置不同节点并赋予权重,利用情感分析引擎对纳税人缴费人业务办理节点的音频(视频)实时分析加权得到情感状态生成相应的满意度。如果发现某一工作人员经常性出现较低满意度,则重点关注该工作人员;如果发现某一纳税人缴费人经常性出现低满意度,则通知对应税收管理员进行核查处理。同时,利用情感分析引擎可对互联网上的涉税评价进行监测评判,以便税务部门及时有效识别和应对。

第二,风险预警包括风险点预测、利益关联风险测算、风险可视化、人工验证4个阶段。风险点预测是税务机关通过专家意见、工作经验和机器学习成果将税费不遵从行为特征化,并将其存储在知识图谱中,"税务助手"根据知识图谱中生成的纳税人缴费人社会关系网络,通过行为分析引擎与图形特征库进行比对预测出风险点。利益关联风险测算是基于风险点利益关联的结构特征和关联交易的业务特征,通过行为分析引擎计算出该税费风险在其社会关系网络传播过程中各个节点的税务风险评分。风险可视化是将社会网络关系上各个节点的税务风险评分输入可视化界面,构建交互式可视化环境。人工验证是将税务风险评分大于阈值的风险点推送给税收管理员,由其做出进一步应对。同时,将在人工验证阶段发现的税费不遵从行为新特征补充至知识图谱,实现风险预警的全流程闭环。

第三,智能坐席是拥有独立主张、丰富专业知识、类人的机器坐席,分为呼叫、接听、反馈三个阶段。呼叫阶段中,"税务助手"接到呼叫后,迅速调取该纳税人缴费人相关税务数据,利用行为分析引擎进行分析,初步得到可能咨询的问题及应答清单,采取个性化导航方式,回应问题。如纳税人缴费人对导航问答不满意则进入接听模式,由机器坐席利用自然语言处理引擎对提出的问题进行处理后在知识图谱中检索答案并以自然语言的方式回应纳税人缴费人,同时,在问答过程中,辅以情感分析引擎使得交流"人性化"。

反馈阶段分为两部分，一部分是将纳税人缴费人咨询问题利用行为分析引擎预测出涉及此类问题的纳税人缴费人清单，推送至对应税收管理员，由税收管理员依据纳税宣传辅导情况决定是否将此类问题及解决方案推送至相关纳税人缴费人；另一部分则是将纳税人缴费人咨询问题补充至知识图谱，实现知识图谱的持续改进和创新。

五 结语

在云计算、大数据、人工智能等新兴技术融合赋能下，以税收大数据为驱动的智慧税务发展前景可期，税收征管和服务流程也随之加速变革。基于智慧税务建设的内在逻辑，我们把数据思维引入数据感知和获取、处理和存储、分析和挖掘全过程，提出了税务部门运用"税务助手"驱动"智慧税务"建设的思路。"税务助手"利用税务数据要素夯实税收管理体系数据基础，通过提升税费征管信息化水平，促成决策质量、征管效能、执法质量的三重提升，把税务数据优势向税收治理优势和治理效能转化，推动税收治理体系和治理能力现代化水平提高，赋能智慧税务创新发展。"税务助手"是基层税务机关智慧税务建设的思考和探索，对驱动智慧建设更好更快发展、贯彻"以服务纳税人缴费人为中心"的现代税收征管理念、构建"规范性、便捷性、精准性"现代税收征管业务体系、引导纳税人从"被动遵从"向"主动遵从"转变，具有促进作用。

课题组组长：郑甫华
成　　　员：邓永勤　周　超
执　笔　人：周　超

智慧税务治理篇

智慧税务在市域税收治理现代化中的实践与思考

——以嘉兴市税务局为例

国家税务总局嘉兴市税务局课题组

内容提要

　　智慧税务是伴随着互联网的快速发展，尤其是大数据、云计算等新技术的运用而深入推进的，是新时代进一步深化税收征管改革的技术支撑和保障。本文从智慧税务对新发展阶段税收现代化的意义出发，以嘉兴市税务局为例，探讨嘉兴市税务局在智慧税务建设领域的最新成果及其在市域税收治理现代化中的实践，分析存在的问题难点，对下一步智慧税务建设提出相关意见。

关键词： 智慧税务　市域税收治理　税收现代化　嘉兴税务

一　智慧税务对新发展阶段税收现代化的意义

"十四五"规划纲要明确提出"加快数字化发展 建设数字中国"，这意味着提高数字政府建设水平即政务服务数字化转型是实现国家治理体系和治理能力现代化的必然要求。税收现代化是国家治理能力现代化的重要组成部分，国家税务总局在2021年初的全国税务工作会议上强调，要以智慧税务建设高质量推进新发展阶段税收现代化取得新成效。

（一）智慧税务是新发展阶段税收现代化的一方基石

当前，新一轮科技革命和产业变革前所未有，数字经济发展已驶入快车道，以人工智能、大数据、云计算、物联网、5G 等现代信息技术为核心的科技进步，为税收现代化提供了可靠的技术支撑。以此为基础，总局紧紧抓住新技术发展机遇，积极推进智慧税务建设，特别是从打造"智慧"服务平台、建设"智慧"税收平台、实施"智慧"数据平台三个方面入手，取得了一定成效，有力促进了税收的改革发展[①]。2021 年 3 月，中共中央办公厅、国务院办公厅印发的《关于进一步深化税收征管改革的意见》（以下简称《意见》）则进一步指出，要"着力建设以服务纳税人缴费人为中心、以发票电子化改革为突破口、以税收大数据为驱动力的具有高集成功能、高安全性能、高应用效能的智慧税务"。作为党中央、国务院关于"十四五"时期税收征管改革的重要制度安排，《意见》对智慧税务作了十分精准的解释，明确了智慧税务建设是我国"十四五"时期高质量推进新发展阶段税收现代化的重要内容。

（二）智慧税务是深化税收数字化改革的一大抓手

在新发展阶段，税收现代化总目标是"带好队伍、干好税务"，具体目标内容是"六大体系"。在党的领导制度体系引领下，以队伍组织体系建设为保障，税收法治体系、税费服务体系、税费征管体系、国际税收体系建设有机融合、协同共进，是进一步深化税收征管改革的主要内容，并以税收数字化为突破口和驱动力，具有将信息技术创新成果与税收工作深度融合的强烈需求。实际上，《意见》提出到 2025 年"基本建成功能强大的智慧税务，形成国内一流的智能化行政应用系统"的目标，与"十四五"规划纲要中"提高数字化政务服务效能"无缝对接。深化税收数字化改革要求全面推进税收征管数字化升级和智能化改造，将数字技术运用于税收征管，实现征管流程再造，以高度的数字化智能化税收治理水平提高决策的科学性和服务效率，推动"整体智治"在税务部门落地生根，其中以现代信息技术为载体的智慧税务起到了桥梁和纽带的作用，是全方位提高税务执法、服务、监管能力的重要着力点。

（三）智慧税务是贯穿税收治理各个领域的一个生态

《"互联网+税务"行动计划》首次以文件的形式正式提出"智慧税务生

[①] 任荣发在 2019 年 10 月第六届世界互联网大会中外部长高峰论坛上发言。

态系统"概念,这一生态的特点是"全天候、全方位、全覆盖、全流程、全联通",目标是"纳税服务进一步便捷普惠、税收征管进一步提质增效、税收执法进一步规范透明、协作发展进一步开放包容"。随着税收领域"放管服"改革深入推进和数字化驱动,税收大数据的潜力逐渐被挖掘并加以利用,由此形成了智慧税务三大业务领域,即服务、征管、数据。"互联网+税务"新业态以现代化电子税务局为依托逐步显现,"非接触式"办税缴费服务,如"网上办""掌上办",提升了服务的便捷性、精细性。征管改革与智慧税务是相辅相成的,逐渐形成"需求—引入—应用—发展"的良性循环,进一步推动服务与管理的融合,不断将征管推向全面自动化和智能化。在从以票管税向以数治税转变中,数据的价值充分体现,税收大数据共享应用是未来税收征管的一大核心,发票电子化改革和金税四期建设成为智慧税务建设的重点。从便民利民、智能征管到数据赋能,智慧税务涵盖了决策、管理、服务等税收治理生态的各个方面。

二 嘉兴市税务局在推进智慧税务建设上的实践

2018年7月国税地税征管体制改革以来,嘉兴市税务局围绕总局"六大体系"和省局"六大工程",努力推进市域税收治理现代化,着力构建系统完备、科学规范、运行有效的市域税收治理体系,通过推进智慧税务建设,夯实市域税收治理基础,实现智慧税务建设与市域税收治理的一体推进融合,不断增强市域税收治理能力,在深化税务数字化转型、发挥税收大数据作用、构建智慧生态等方面形成了一些经验,取得了一些成果。

(一)探索布局,积极构建市域税收治理新模式

市级税务局具有承上启下的枢纽作用,对上承担落实税务总局、省级税务局决策部署的重要责任,对下指导县级税务局、税务分局(所)基层一线工作。与省域相比,市域税收治理直接面向基层一线,可实施更有操作性的解决方案;与县域相比,市域税收治理遇到的问题矛盾典型多样,涵盖税收服务、征收、管理、稽查等方方面面。

嘉兴市税务局以税务党建为抓手,把准市域税收治理的政治方向,进一步落实"纵合横通强党建"制度机制体系,扎实推进党支部标准化规范化建

设,探索完善税务党建与市域税收治理融合机制,构建以网格化服务为基础的市域税收治理新模式,创新服务、征管、稽查,深入推进精确执法、精细服务、精准监管、精诚共治。

1. 网格化服务

以基层网格为税费服务实施单元,发挥网格税务服务专员综合服务、兜底服务功能,构建优质便捷的税费服务体系。结合行业特点、纳税人规模和纳税人集中度等因素,科学划分基层税源管理部门服务网格,形成"税务机关—网格—纳税人"多层立体架构。压实责任链条,推动领导干部走访服务、协税护税联合服务、税务干部驻点服务常态化。建立健全问题收集、筛选交办、协调反馈等机制,形成服务闭环。统筹全市税务系统内部服务协作机制,提升服务质效。

2. 组团式管理

以多元组团为税费管理组织形式,发挥市税务局、县(市、区)税务局、税务分局(税务所、税源管理部门)三级纵向组团和各层级内部各部门间横向组团效能,构建严密规范的税费征管体系。按照"简单事项一人做,专业事项专人做,复杂工作团队做"的原则,统筹配置征管资源。各基层税源管理机构按照业务需求科学组建综合管理、纳税服务、税源管理和风险管理四类基础管理服务工作团队。着重加强税费基础管理,建立健全全流程"信用+风险"管理的新型税收管理体系,规范全市税收征管方式,实现转变征管方式与"放管服"改革的融合统一。

3. 精准型稽查

以市级统筹为稽查运行机制,发挥风险分析识别指引功能,构建精准打击的税务稽查体系。建立税收违法风险管理机制,建设税收违法行为特征库,打造稽查选案"风险池",将分析识别的高风险纳税人作为稽查选案的主要定向推送对象。深入实施"阳光智慧税务稽查"工程,依托稽查指挥平台,升级信息化战法,应用税收大数据分析开展虚开骗税等犯罪甄别,提升打击精准度。发挥跨区域稽查体制优势,落实随机抽查制度和案源管理制度,加大重点违法风险的专项整治力度,增强税务稽查的影响力、威慑力,有效遏制重大涉税违法行为。

"网格化服务、组团式管理、精准型稽查"是市域税收治理新模式的核心。一方面,该模式实现了税源专业化管理和分类分级管理与"网格化"社会治理的深度融合,将税收共治提升到新高度,构建起集成高效、便捷开放、协同联动、智慧精准的高品质税收治理体系,成为高效推进智慧税务建设的"铺路机"。另一方面,在推进市域税收治理现代化中,面对税收数字化改革和大数据价值新风口,智慧税务建设无疑是完善落实该模式的"夯土机",通过数据共享、流程再造和业务协同,全面提升全市税务系统科学感知、智慧决策、高效执行、精准服务能力。

基于此,以市域税收治理新模式为载体,嘉兴市税务局的数字税务建设主要从三方面开展。一是深化税务数字化转型。遵循"整体智治"的现代治理理念,对接融入智慧政府和智慧社会,优化升级全市税务系统基础网络架构,统筹开展区域设置,构筑新型网络与信息安全防护体系。二是发挥税收大数据作用。建立全市税收数据集中管理和数据质量闭环管理机制,实施对数据资源的全过程治理。发挥税收大数据作为生产要素的乘数效应,实现新技术向税务生产力的高效转化。三是构建智慧生态。积极扩大"网上办",持续推进"线上办",深化应用"码上办",不断拓展"掌上办"。开展税费数据分析和增值应用,打造全天候、全方位、全覆盖、全流程、全联通的智慧税务生态环境。

经过一年多探索,市域税收治理新模式基本构建。"网格化服务"方面,在浙江省率先出台《网格化服务工作导则》,建立市局、县(市、区)局、基层税务分局(税务所、税源管理股)三级网格化服务组织架构,布建税务网格265个,细化微网格1619个,实现全市税务网格设置全覆盖;坚持"线上为主、线下为辅""无事不扰、有求必应""分级负责、分片服务"三原则,在浙江省首创重大投资项目和重点税源企业税务服务专员制度,2020年为全市1051个重大投资项目配备税务服务专员385名。"组团式管理"方面,以纵合、横通、外联为指引,统筹配置全市税务管理资源,基层税源管理分局(所、股)根据需要组建管理团队152个,组团效能在税费基础管理、重难点工作攻关中得到体现。"精准型稽查"方面,建立健全嘉兴税务稽查制度机制体系,以"精准"要求挈领稽查工作全流程,出台嘉兴税务稽查制度39个,建成启用新稽查指挥中心,做实税警协作机制,组建税务稽查业务团队,实施稽查执法能力提升工程。

（二）实践当先，率先制定智慧税务建设标准体系

为进一步完善并充分发挥市域税收治理新模式机制优势，嘉兴市税务局于 2020 年初创新打造 3 个"无窗式"办税大厅，开创性构建"云服务"办税模式并启用无人值守的"云上办税厅"2 个。"无窗式"办税大厅是迈出智慧税务建设的第一步，通过撤去实体办税窗口，增扩网上、掌上办税区域，增设数据处理中心，强化区域整体协同、运行高效，实现"无窗口、全功能、少等候"的"非接触式"税费服务；"云服务"办税模式初显智慧税务服务新雏形，通过重构服务空间、再造服务流程、重整服务要素，布建线上网格，实行"云值班"，创新远程音频和桌面协同等方式，实现业务常态化"云办理"，宣传专业化"云直播"，咨询精准化"云辅导"，需求普遍化"云沟通"。2020 年，全市网上综合办税率达 97.63%，居全省第一，"12366"服务热线质效全省领先。

先期实践为智慧税务建设积累了宝贵经验，但一个重要的问题逐渐显现：当前，总局税收现代化六大体系、省局六大工程虽然为智慧税务建设进行了顶层设计，但是在实践中还存在智慧税务建设标准体系缺乏，具体内容无据可依，建设要求不统一、不规范，复制推广的可行性欠缺等不足。为此，嘉兴市税务局找准"智能化"问题差距，以编制标准、构建体系、实施标准为主线，于 2021 年 2 月在全省率先出台《智慧税务建设标准体系》，为打造现代化的办税缴费服务体系、构建"整体智治"服务模式提供了全面系统的标准支撑。

该标准体系聚焦精准精细，以"三高"为基本遵循。

1. 高起点制定，倡导新理念、新思路

站在市域税收现代化高度，紧扣普惠性与精准性、前瞻性与实用性、创新性与科学性、规范性与高效性多维融合的要求制定标准。标准涵盖总体目标、标准概要、重点任务、实施步骤、保障措施等内容，提出构建智慧办税缴费服务和智能智联智控管理两大体系，并制定环境建设、区域设置、业务内容、服务制度、技术应用、运维保障、队伍建设等 7 类 20 项规范。

2. 高标准实施，彰显新特色、新内涵

致力于打造智慧宣传、智慧办税、智慧沟通"三位一体"的智慧办税缴费服务体系，推动智慧服务跨越发展。提升以融媒体中心和智慧数据大屏运营为核心的宣传辅导能级，提高以云上办税中心、数据处理中心、办税体验

中心、引导分流中心、疑难处理中心为主体的办税质效,提高以云上沟通中心、纳税人学堂、咨询中心为整体的咨询能效,实现"非接触"向"无接触"服务模式转变。

3. 高要求打造,再创新策略、新速度

致力于打造智慧管理、智慧运维、智慧风控"三治协同"的智能智联智控管理体系,推动智慧管理突破发展。坚持大系统、大平台、大数据的思维叠加,通过业务清单化管理、流程智能化处理、队伍标准化培养、人员专业化配备、服务全流程监控、数据精准化分析、资源自动化调度、风险全链条管控等,推进制度、技术、业务、数据相融合,实现管理的智能化转型。

关于具体实施推进,该标准体系从三方面加以规范。

1. 分级分类实施

标准明确"三级联动"实施,市局负责总体设计、示范推广,以融媒体中心统领全市智慧宣传。县(市、区)局强化系统和业务有机集成,着力云上办税和呼叫中心建设,打造智能智联智控管理的示范运作。基层分局(所)强化与微网格对接融合,加快社会化站点线上平台建设,打造云上办税圈。

2. 分步分时推进

标准明确区域化突破、全域化提升、一体化推进。提出建立试点地区率先突破、以点带面提升、持续推动迭代升级、全域实施全面覆盖的推进机制,逐步建立智慧税务生态圈。确保在建党百年时,第一批试点厅建成运行;到2022年底,智慧办税厅占50%以上;到"十四五"末,全面建成智慧税务嘉兴样板。

3. 三个保障到位

标准明确要求建立健全组织保障机制、人财物要素保障机制和多方协同保障机制,确保智慧办税服务厅高效运转,全力服务智慧税务建设大局,有效推动市域税收治理现代化进程。

(三)创新示范,数字赋能市域税收治理现代化

市局层面"无窗式"办税大厅、"云服务"办税模式、无人值守的"云上办税厅"是市域税收治理新模式与智慧税务建设相融合的成功实践。在嘉兴市税务局部署指导下,县一级层面智慧税务建设呈现多点开花的良好局面,为全市智慧税务生态的建立奠定了坚实基础。

海宁市税务局在"无窗式"办税厅运行基础上,创新集"数据处理中心"与"咨询辅导中心"于一体的"潮税云"数智处理中心,集成受理全市电子税务局业务及涉税咨询,实现了"服务数据高度集成、服务触角充分延伸""线上非接触式办税为主,线下疑难办税兜底"的办税模式;嘉善县税务局设立掌上办体验专区,配备 pad、手机投屏设备等相关设备,现场辅导掌上办理涉税事项,确保纳税人掌握操作流程,引导纳税人逐渐养成掌上办税的习惯,从而为掌上办税"开渠引流"。

在智慧税务建设的制度规范、技术保障、运行实践等方面,桐乡市税务局依托桐乡乌镇世界互联网大会永久举办地优势,积极争取各方支援,不断探索前沿科技在涉税领域的实践,其智慧税务项目已涵盖服务、征管、数据三大领域,智慧税务生态初成体系。该局于 2020 年制定智慧税务三年规划(2020—2022),围绕市域税收治理新模式和政务服务数字化改革,加大力度推进以金三、电子税务局为代表的电子化进程,深挖各类系统潜能,着力打造"e 税同享"智慧税务品牌。

2020 年,完成智慧税务 1.0。一是征纳沟通自动化。搭建智能呼叫中心,建设多媒体工作站,实现在线培训直播、远程纳税辅导等。二是征管数据集成化。依托电子税务局实现业务集中处理;实现数据驾驶舱,直观展示各类涉税大数据;建立税企互动的动态监控预警风险防控;三是办税服务智能化,在乌镇税务所试点建成"无窗式"智慧税务大厅,实现无人自助办税、涉税服务远程辅导;联合桐乡农商银行,面向乡镇(街道)建立社会化自助办税中心,为纳税人打造"15 分钟最优自助办税服务圈",把"最多跑一次"升级为"就近最多跑一次"。

2021 年,推进智慧税务 2.0。在智慧税务 1.0 基础上,持续优化提升各模块,以"咨询服务集中、远程办税集中、数据处理集中"为抓手,推动电子税务局后台处理、咨询电话、涉税业务审批、风险防控等功能整合。

1. 咨询服务集中

完善"云"呼叫平台,升级"1 个号码 + N 个坐席 + N 种业务"的服务模式,咨询电话人员配置办税服务厅受理岗权限,咨询岗从只能解答问题到解答、解决问题二合一,实现"咨询 + 办税"一体化;打造"云"沟通平台,依托征纳沟通平台,建立"云上网格"和服务群,开展"云宣传""云辅导"等"云服务",提供"网格员 + 税小蜜 + 纳税服务志愿者"个性化服务，提高咨询受理速度和应对质量。

2. 远程办税集中

以乌镇税务所席行路办公区的无人值守的互联网办税服务厅为样板。该大厅于 2021 年 7 月 8 日正式对外开放，具有远程视频呼叫、远程纸质资料读取、远程打印、远程身份证验证、远程全业务办税、随动式辅导、远程纳服课堂等功能，运行完善后将逐步推广至辖区其他有条件实现地区，进一步实现远程办税集中。下一步将拓展远程办税广度，在嘉湖一体化事项、长三角一体化事项办理上取得突破。

3. 数据处理集中

一是建立数据中心。集中管理、处置、分析各类涉税数据，以大数据分析为工具，为业务部门提供数据加工、清洗、脱敏等数据服务。二是实现集中处理。抽调既懂税收业务知识又熟练掌握信息化技术的复合型人才，集中统一处理后台业务，目前集中处理业务有 21 项，兼顾数据处理、加工、分析。三是深化数据运用。为日常征管、风险控制、信息共享、征信建设提供数据保障。由数据处理中心集中处置基层事务性事项，基层工作重心逐步转向信息采集和风险应对。

数据处理集中模块中，还特别优化完善了风险数据处理中心。一是风险数据集中归集。依托内外部涉税数据共享交换，集成涉税数据汇聚，借助公共数据仓，有序推进涉税数据加工存储和集中管理。二是实时开展动态监控。归集各业务条线日常税收监控风险事项，加强涉税数据资源的智能分析和融合共享。三是风险数据集中处理。运用税收大数据、云平台等现代信息技术，精准开展风险监控预警分析。

此外，还配套成立了融媒体人才团队。智慧税务建设中一些新的办税模式和工具使用，只有在纳税人会用、用好、用精情况下才能真正实现智慧税务建设的价值。因此，需要一支懂得宣传推广、符合互联网时代的专业队伍。融媒体人才团队主要分为文案创意类、平面设计类、摄影摄像类、微信公众号制作类，有助于提高新形势下税收宣传辅导工作的高效性和可接受性，助力智慧税务运行及宣传提质增效。

智慧税务建设，以发票电子化改革为突破口、以税收大数据为驱动力，电子发票报销、入账、归档是影响发票电子化改革进程的重要环节。桐乡市税务局深入落实税收数字化改革，稳步推进电子发票企业端无纸化试点，在省局统一部署下,将桐昆集团和新凤鸣集团下属各一家子公司纳入电子发票报销、入账、归档试点范围。桐昆集团和新凤鸣集团有产业数字化内生改革需求,集团内部系统正全面升级改造,电子发票报销、入账、归档是其中改造的一部分。试点成功后,企业电子发票将最终实现"四个一",即"一键入账""一键抵扣""一键报销""一键核销",内部管理监控实现有效融合,工作量大幅降低。目前两家企业系统改造基本完成,后续将联合档案部门、财政部门、商务部门对试点企业开展发票报销、入账、归档测试工作。

2022年,智慧办税生态和征管模式初步实现。分局(所)的日常税收管理事务性工作占比大幅减少到1/3以下,从原来的事前、事中管控,转为事后监管,日常业务工作以信息采集、风险应对和重点核查为主。

三 嘉兴市税务局在推进智慧税务建设上的难点

数据始终是智慧税务建设各项工作的中心,以数治税工作的进一步深化需要在税收大数据处理上获得突破。与此同时,市域税收治理新模式的进一步完善,特别是"组团式管理"运行机制的完善,需要在智慧办税厅建设规范提速、"整体智治"有机融入、税收共治拓展扩围等各方面下大力气攻坚克难。因此,在推进智慧税务建设上的一些难点必须引起重视。

(一) 数据共享共治水平不高

涉税资料来源渠道不够广,对纳税人涉税信息的掌握,主要通过自行申报、事前采集和事后管理获得。跨部门间未就信息采集、存储、加工、交换等建立长效制度,数据流动自由度不够高,"数据孤岛"现象仍存在,加之数据标准不统一、数据口径和格式不一致,导致数据资源整合难度较大,现有大量数据资源难以高效盘活。由此导致第三方数据获取效率不高,特别是县市级层面第三方数据获取和加工利用还较为零碎,未形成系统性计划方案。如自然人涉及灵活就业社保和城乡两费、股权转让、二手房交易等业务,需与政府多部门信息交互,在当前信息共享水平不高的情况下,智慧化水平难以提高。

(二) 系统风险分析工具应用不够丰富

现阶段推行使用省局大数据平台和决策辅助系统,在日常风险分析方面,主要运用自行设置的通用指标开展综合性分析,存在较大局限性。特别是对税种类、发票类、优惠类或专项性、专题性等数据信息运用程度与范围较窄,有针对性指标集成库的有效性、针对性还不够强。另外,近几年来对已成熟固化的风险分析监控模型尚未建立统一的运用发布机制,一定程度上限制了提升大数据的应用能力和推动风险监管。

(三) 征纳双方办税惯性有待引导

目前电子税务局平台业务覆盖有限,税务系统内部的工作流程还未完全按照信息化的规律和要求进行调整和再造,有些流程还停留在过去纸质资料流转的管理方式中。部分纳税人对电子税务的安全便利性心存疑虑。在新型智慧办税模式下,由于纳税人规模不一、业务范围不一、认知水平不一,即使绝大多数纳税人能够操作使用终端设备,但是在面对较为复杂的网上涉税事项时,仍会因担心操作失误可能带来的一系列后续麻烦而更愿意亲自到窗口去人工申报。

(四) 复合型税务干部有待增加

智慧税务建设需要具有税收业务知识、计算机专业知识、数据分析应用知识等复合型知识结构的税务干部。税务系统长期以来新招聘公务员时在专业设定上偏重税收、会计、财政、经济管理等直接相关专业,导致信息技术等专业储备人才资源不足。以桐乡市税务局为例,目前已全面升级7个大厅、建成数据处理中心、e直播间,但全局可参与设备管理维护工作的人员不足10人,且当前能深挖数据分析和风险数据再分析的人少之又少,基层税务人员对大数据等技术较为陌生,从而制约智慧税务发展。

四 深入推进智慧税务建设的意见建议

以数字赋能为主要特征的智慧税务,是夯实新发展阶段市域税收现代化的重要技术支撑。深入推进智慧税务建设,就是要坚持数字赋能、系统思维原则,提高云计算、大数据、人工智能等现代化信息技术应用能力,加速构建网络化、数字化、智能化、扁平化、协同化的税务新场景,加快工作理念思维、组织流程、方式方法上的一体变革,发挥税收大数据优势,加大税费数据分析和增值应用力度，突出纳税人画像、企业基因图谱、行为特征分析等自动化智能化应用。

根据现有实践经验，智慧税务建设应充分贯彻"三无"理念。所谓"三无"是指"无形""无感""无界"，也就是以"无形""无感""无界"理念为指导，充分利用现有的数字技术和人工智能技术，突破现有办税模式，打造以规范高效的应用集成体系、应用支撑体系、资源共享体系、风险防控体系、基础设施体系、安全防护体系为特征的一体化智能化办公平台，其中业务协同与数据共享贯穿全领域。同时还应当从制度层面建立智慧税务保障体系。

（一）聚焦虚拟化，充分贯彻"无形"理念

"无形"，是指实体大厅"无形化"，弱化办税大厅"有形"办税场所的概念，转变为打造"无窗口、全协同、智慧办"的"无形"办税体验厅，引导纳税人缴费人网上办、掌上办。

"无形"理念从本质上看，就是从实体到虚拟、从线下到线上、从无窗到无人，是纳税人缴费人对智慧税务最直观的感受。一方面，应继续依托"互联网+"推进办税缴费便利化改革。线上办不受时间和空间限制，纳税人缴费人随时随地能通过互联网接入虚拟空间内的办税大厅办理各类事项。这就要求深化拓展电子税务局应用，在线上线下统一标准前提下，进一步放大线上办的优势，重构流程以推进办税智能化，改变以往以单个事项、单个流程为主的线上办税方式，从纳税人缴费人角度切入，对新办、发票、申报、注销等各个办税场景的业务进行梳理、归类、整合、集成，推行套餐式服务，并注重关联业务的协同性，打造线上办税体验升级版。另一方面，线上办税还应当坚持以纳税人需求为导向。根据纳税人缴费人的不同需求，提供更加精准化、精细化、智能化、个性化的服务，即除了推送传统的全体性信息服务外，还可以根据纳税人缴费人需求推送群体性服务和个性化服务，纳税人缴费人可以享受"点单式"服务。同时更加重视纳税人缴费人的切实感受，提高系统整合度，从纳税人缴费人便利性角度简化各项操作、减少不同应用间切换，只需通过简单引导即可使其熟练掌握使用。

（二）聚焦智能化，充分贯彻"无感"理念

"无感"，是指智慧税务下再造办税流程、优化功能、简化程序、便捷操作，实现业务流程智能化处理，如自动填写、自动核验、自动享受，打造"非接触式"办税缴费升级版，使纳税人缴费人办税体验线上线下"无感"切换，并且线上个性化、线下智能化。

"无感"应注重自动化带来的智能高效。一方面，税务部门需更加强调精细服务和精准监管。通过动态"信用+风险"体系的支撑，推进税收大数据的智慧化应用，进一步推广自助办、自动办，推动满足一定条件的流转事项向即办事项升级转变、人工审核办理向计算机算法验证办结迭代更新，最大限度呈现服务的无感式和响应的迅捷化。在"双自"（自助办、自动办）支撑下，通过差异化（从传统的同质化服务转变为高效的差异化服务）措施实现税收征管的精准化协同化，从主要依靠事前审核向事前信用评价、事中监控预警、事后风险应对的全流程风险防控转变，运用大数据智能分析决策，对不同信用和风险状况纳税人实施分类分级管理，纳税人也将获得以便利化、快捷化为特征的办税体验，如"双减"（减材料、减环节）、发票结存自动按需推送提醒确认等。另一方面，需要大幅提升系统自动化操作能力。在现有自动校验、预填写等已实现功能基础上，推进开发征管系统的智能判断、智能操作、智能审批、税务文书智能出具等功能。同时，进一步构建动态业务模型，优化各类算法和流程，通过自主学习，实现对新兴业务模型和业务知识的自动化、半自动化构建，进而实现部分业务能力的全面自动化和智能化。此外，有必要建立全国统一公用的电子税务局，便于跨区域办税，并将电子税务局操作作为财会类税务类专业必修课，提高学生实操技能，一定程度上降低实际运用时的征纳成本。

（三）聚焦数字化，充分贯彻"无界"理念

"无界"，是指打破信息孤岛，实现部门间信息"无界"共享，推动涉税政务服务数字化转型。

"无界"应致力于提高数据共享共治水平。数据共享共治就是实现数据从孤立到集成，核心是税务系统内部和外部之间数据互联互通。数字化的重点在于解决两方面问题。一方面是数据的广泛获取。可以分三个层次：一是数据集成，财务软件与电子税务局的数据连通；二是数据共享，外部门涉税信息数据充分共享；三是突破界限，消除物理边界（包括跨地域通办、与地方平台对接）融入智慧城市，这可能至少需要省局层面协调，推进数据共享标

准建设，统一数据采集标准、口径、格式，搭建形成覆盖面广、辐射力强、信息量大的智慧税务数据资源共享体系。数据共享共治是跨部门精诚共治的重要组成部分，需以场景化业务视角建立"一件事"思维，扩展信息共享范围和质量，为精细服务和精准监管提供丰富、可靠的基础数据源，更有助于精确执法。另一方面是数据的质量管控。税务部门对数据清洗、加工、整理后才能开展以税收大数据为基础的智能分析，真正实现"信用+风险"动态监控等行为。因此，还需建立完善的数据质量管理机制，规范采集操作，加强采集前端的审核校验和纠错，做好源头管控，定期开展数据质量分析评价，加大系统数据清理力度，提升系统数据质量。可以借助数据质量管理平台和5C评价机制，强化税收与经济的关联分析，科学合理评判征管质量，倒逼提高数据相关性和有效性。

（四）聚焦制度化，建立智慧税务保障体系

一是强化人才保障体系。智慧税务建设不仅需要硬件保障，还需要软实力作为依托。建设智慧税务应进一步加强对信息化尤其是对善于大数据运用人才的培养，制订科学人才培养、激励计划，着力打造一支税收业务功底扎实又精通信息化技术的人才队伍。二是巩固技术与安全保障体系。借助市级以上层面相对完备的人、组织、物和网等基本要素，推动大数据、人工智能、区块链等现代科技与市域税收治理深度融合；强化信息安全管理制度建设，与之配套制定一系列可操作、可验证、可追责的安全规范标准和制度，平衡好安全与效率的关系，维护涉税核心数据安全。三是创新服务提供保障体系。探索打破现有做法，即税务部门提供系统开发需求、税务部门招标服务商，税务部门重点在于掌握后台核心数据库管理，前端服务系统可通过商业化方式邀请社会科技力量参与共建，以多头竞争来优化服务。

课题组组长：王　启
副　组　长：王建生
成　　　员：吴黎鸿　陈晓曙　钱　斌　金润冬　薛华平
执　笔　人：薛华平

构建"税务全流程智慧管理平台"

——在加快实现税收管理现代化中的思考与实践

国家税务总局山东省税务局课题组

内容提要

  如何科学建立智能化全流程监督体系，促进党建统领更有力、监管服务更给力、行政保障更便利、辅助决策更得力，是当前税收管理的热点问题。本文结合构建"税务全流程智慧管理平台"，通过搭建全集成、全领域、全流程、全数据、全场景智慧管理平台，进一步提升税收工作治理效能，对加快实现税收管理现代化目标具有一定的现实指导意义。

关键词： 智慧税务　税收管理　山东税务

  面对错综复杂的国际形势、艰巨繁重的国内改革发展稳定任务，特别是新冠肺炎疫情对经济的严重冲击，税务系统怎样才能进一步推动税收治理体系和治理能力现代化，更好地发挥税收在国家治理中的基础性、支柱性、保障性作用，是当前税收工作的重中之重。国家税务总局王军局长指出，要积极探索构建税务系统一体化综合监督体系，使上级监督更有力、同级监督更直接、下级监督更广泛、各方监督更协同、运行机制更顺畅。山东省税务局王献玲书记指出，建立健全税务监管体系工作，要求高、难度大、影响深远，各单位要在深入调研基础上，研究制定符合本地实际的实施方案，探索新型税收监管体系，抓好重点项目的研究推进，为全国税务系统税收监管体系建设提供有益借鉴。

  山东省税务局按照税务总局税收监管体系建设要求，研发"税务全流程智慧管理平台"，聚焦破解基层税收监管中面临的关键性"痛点""难点"问题，在打造智能高效的信息化平台基础上，依托流程管理理念深度实施管理和服务流程再造，创新并依靠高效能事项管理机制，在推进党建统领更有力、监管服务更给力、行政保障更便利、辅助决策更得力等方面进行了探索和实践，在推进税收管理现代化方面取得了初步成效。

一 当前税收工作面临新的更高需求

（一）满足实现税收管理现代化需要

党中央对坚持和完善中国特色社会主义制度、推进国家治理体系和治理能力现代化做出全面部署，税务总局规划了税收现代化的目标任务。山东省税务局紧紧围绕加快实现税收管理现代化，构建智慧管理平台，全面提升税务工作信息化水平，促进干部思维方式和工作模式的转变。

（二）满足制度创新和流程再造需要

制度创新、流程再造是山东省委"九大改革攻坚任务"的重要内容，也是山东省税务局党委确定的税务工作总抓手，通过一系列制度创新、流程再造，并将成果固化于智慧管理平台，推动制度流程实体化运转，将制度和流程优势转化为实实在在的治理效能。

（三）满足破解税务管理难点堵点需要

当前，税收发展仍面临一些突出难点堵点，如税收监管各环节协同衔接不紧密，各税费种间的联动分析和综合管理有待加强；软件缺乏集成整合；数据应用分散化、碎片化，数据分析功能不完善，智能化程度不高，影响了管理质效。通过坚持问题导向，构建智慧管理平台，破解税收发展难题，推动税务机关减负提能增效。

二 智慧管理平台的研发理念

智慧管理平台的主要特点，可概括为一个"全"字，体现在全集成、全领域、全流程、全数据、全场景5个方面。

（一）全集成融合

一是实现数据集成。搭建"数据中台"，实现税费政策信息库、纳税人信息库、第三方涉税信息库的"三库融合"，系统归集党建统领、监管服务、行政保障和第三方涉税等各方面数据，建设系统完整强大的数据库，基本实现数据"应有尽有"，为智慧赋能奠定坚实基础。"数据中台"创造性地实现了从传统税费政策文本向具体条款数据化分解的转换，建立起支持大数据分析的税费政策信息库。积极推动综合治税工作全面落地，突破性地实现了与政府大数据平台的全方位互联互通，所有政务信息资源都能为税收服务。目前，"数据中台"可常态化实时获取37个部门、118类涉税信息用于智慧分析。二是实现软件集成。智慧管理平台集成融合"旗帜在线"党建管理平台、金税三期、电子税务局、数字人事、综合办公信息系统等常用软件系统。干部职工可通过平台直接单点登录各系统，不必来回切换网址、不必重复录入账号密码。同时，以每名干部为中心，自动汇集各系统待办任务，形成任务清单，提供"一站式"提醒，实现跨软件系统待办任务的集成管理。

（二）全领域覆盖

一是全税务工作覆盖。将党建、监管服务、行政保障等几乎所有税务工作纳入智慧管理平台。二是全税费种覆盖。平台不仅满足各税费种内部的专项分析应用，而且实现了全税费种联动分析管理。三是全层级应用覆盖。平台打通横向各部门间、纵向各级税务机关间的联系，实现了对各类任务在不同部门、不同层级间的"一网通办"。

（三）全流程管理

智慧管理平台遵循BPM流程管理理念，搭建"业务中台"，采取"岗责定点—流程连线—任务驱动"的方式，设立1412个运转流程，对所有事项实施全流程管理，明晰固化职责，促进机关实体化，提高落实执行力。一是岗责定点。以"一个组织体系、多套岗责融合、一人多个岗位"的形式，在智慧管理平台中对党建、监管服务、行政保障岗责体系进行一体化设置。二是流程连线。以岗责为端点，将端点与端点之间用流程相连，密切衔接协同。三是任务驱动。以任务驱动流程运转，对任务实施发起、关注、提醒、办理、督办、评价、考核等全过程监督管理，建立起"任务部署—落实执行—监督问效"的工作闭环，推动干部"限时办结、主动办好"。

（四）全数据赋能

一是"智慧驱动"。设置704个"体检"指标，对税务工作自动"体检"，智慧分析识别风险并智能推送提醒预警和管理任务。如纳税人在前台办理业务后，智慧管理平台自动识别需加强后续监管的事项，自动向后台的税源管理部门推送任务，驱动"事后被动管控风险"向"事前主动防范风险"转变。二是"智慧分析"。实施全税费种综合管理与分析，针对重点政策、重点行业、重点企业、专项管理等不同需求，打造多维度的税收分析产品，自动形成辅助管理决策建议，为服务大局、以税咨政、数据管税提供数据支持。如在智慧分析纳税人方面，对单户企业所有税费以及税收风险进行全面分析和集成展现，纳税人"画像"更加精准，并据此向企业提供"一户一策"税收解决方案。三是"智慧推送"。根据数据分析结果和设定的任务触发条件，可自动推送"两个责任"落实、联动管理、预警管理等任务；每天精准高效聚焦重要讯息和重点工作，"一站式"聚合主要税收数据，形成"每日税讯"，发至每名干部。

（五）全场景联通

智慧管理平台在严格遵守安全保密要求的前提下，实现各终端、各场景应用的互联互通，方便干部应用。一是电脑端场景应用。提供全部工作流程化运行和智慧化管理的主应用载体，满足线上办公需要。二是移动端场景应用。依托内外网安全交互通道，搭建"移动中台"，将应用场景从税务专网电脑端向移动端拓展，上线钉钉端"税务云办公"，可移动发送、接收、办理任务。三是监控大屏端场景应用。用于全局性智能化综合分析指挥，多维度分析税收收入、税收监管等情况，服务决策。

三 智慧管理平台的实践探索

智慧管理平台通过党建统领、监管服务、行政保障、智慧赋能四大功能建立智能化全流程监督体系。

（一）党建统领功能

包括全面从严治党"两个责任"账式管理、统领运行、党建"一本通"、党建工作站、党建督查督办等模块。建立党建统领运行流程，实现信息化支撑下的党建统领税收工作。实施"两个责任"账式管理，实现对党委、党的建设工作领导小组和党风廉政建设领导小组、党委纪检组、机关党委和机关纪委、党支部（党总支）、党建职能部门 6 大类 31 个责任主体 375 项责任事项履行情况的线上监督。设立党委、机关党委、党支部 3 个线上工作站，网上运转"建账—记账—对账—督账"流程，推动"两个责任"落地。

（二）监管服务功能

包括政策服务、基础管理、风险管理、内控监督等模块。在税收监管体系框架内，设置 372 项税收监管事项和 263 项联动协同事项，实现"征、管、评、查、督、责"各部门"屋子间"的紧密衔接配合，强化事中事后监管；应用 6 大类 315 个预警指标，对纳税人全税费种信息进行全方位扫描分析，发现应对风险；自动分析纳税人、缴费人特点，集合并推送其适用的税费政策，并将"一户一策"、税收专家顾问制度嵌入平台，向纳税人提供个性化服务。

（三）行政保障功能

包括政务管理、财务管理、机关事务管理、请休假管理等模块。实现值班、会议管理、财务审批、公务用车等 52 项常用行政业务的线上办公、流程管理、移动办理，保障税务机关行政事务规范、高效运行。

（四）智慧赋能功能

智慧管理平台一体化内置"智慧税务大脑"，包括"慧"联动、"慧"提醒、"慧"分析、"慧"决策 4 个模块，根据不同对象的需求，广度归集整合数据，深度挖掘分析数据，智能化生成数据、图表、报告和发送任务指令，用数据决策、用数据管理、用数据服务，推动税务管理模式向智慧化变革升级。面向税务机关，按税源管理单位和税户归集分析纳税人税收收入、风险预警、各税费种等信息，实施"一局式""一户式"管理；面向纳税人、缴费人，通过智慧赋能，提供更加全面、准确的政策服务；面向党委政府，通过全面分析地区税收、税费管理、政策效应等数据，透过税收看经济，使服务管理更精准、服务大局更到位。

智慧管理平台自2020年5月25日在山东省税务系统全面上线运行以来，对全省税务系统方方面面都产生了积极变革，取得明显成效：既促使税务干部养成"有工作，用平台"的习惯，形成流程管理、线上办公等思维理念和工作模式，又强化了党建统领，规范了税务行为，促进了税务工作，增强了治理能力，为加快实现税收管理现代化注入强劲动力。

四　持续加强税收监管体系建设的努力方向

山东省税务局将在国家税务总局党委的正确领导下，抓住创新这一核心，以智慧税务为主攻方向，抓好"数据、指标、流程、场景、应用"五个环节，持续优化和应用智慧管理平台，巩固拓展制度创新成果，积极打造"智慧党建、智慧服务、智慧监管、智慧内控、智慧行政、智慧绩效"六大智慧工作场景，不断提升税收治理能力，在税收管理现代化的征程上逐梦前行、走在前列。

课题组组长：祝洪溪　徐夫田　冉照坤
成　　　员：姜　琳　董　旸　姜远苏　黄云峰　王树成　张　震
　　　　　　张明军　王德才　胡月玫　陈　浩　谭培胜
执　笔　人：安　帅　胡月玫　许海军

基层税务机关推进税收协同共治的思考

国家税务总局沈抚改革创新示范区税务局课题组

内容提要

在落实中共中央办公厅、国务院办公厅《关于进一步深化税收征管改革的意见》工作中,"持续深化拓展税收共治格局"是重要组成部分。基层税务机关实际工作面临的部门衔接不畅、获取信息质量不高、社会参与度不足等现状和问题,使得基层税务机关必须在争取地方政府支持、丰富数据共享范围和标准、拓展协同共治的部门和事项等方面积极努力,持续推进税收共治新体系的建立。

关键词: 协同共治　部门衔接　数据共享　标准

中共中央办公厅、国务院办公厅印发的《关于进一步深化税收征管改革的意见》(以下简称《意见》)中明确要求,"持续深化拓展税收共治格局"。国家税务总局也提出了推进"精诚共治",建成"部门协作齐抓共管、社会协同凝心聚力、司法保障保驾护航、国际合作互惠共赢"的税收共治新体系,实现从"单兵作战"向"内外协同"转变的总体要求。这些都充分证明"税收共治"是进一步深化税收改革的重要组成部分,是各级税务机关必须面对的重要课题。

一　实际工作的现状和问题

社会各部门综合治税早在十几年前就已经被提出,但是各地工作开展情况千差万别。以笔者所在的沈抚改革创新示范区为例。沈抚改革创新示范区成立于 2018 年，是横跨沈阳、抚顺两个大型城市的国家级经济新区。自成立以来，百业待兴，发展迅速，也面临着很多特殊的问题，税收治理问题就是其中之一。

（一）部门衔接不畅

沈抚改革创新示范区各职能部门都是初建，部门之间缺乏有效衔接，涉税信息共享的广度和深度不足。部分政府职能部门对税收的关注度不够，协税护税意识不强，尚未形成相关制度机制。税务部门提出第三方涉税信息需求、联合治理需求后，出现对接无门、部门配合度差的情况。

（二）获取信息质量不高

部分外部门虽然能够共享涉税信息，但是存在共享信息内容不全面、传递不及时、数据不精确的情况，导致税务机关需要对相关信息进行二次处理，严重影响数据的分析使用效率。

（三）社会参与度不足

社会大众对税收的关注度不高、税法遵从意识不强，税收违法案件屡有发生，尚未形成"依法诚信纳税"的良好社会氛围。外界对涉税服务参与度不足，尚未树立涉税部门联合服务的意识。

二 为什么要构建税收共治新体系

（一）解决税收实际问题的需要

例如：笔者所在的沈抚改革创新示范区内产业园区布局、招商引资大项目开复工情况、招商引资储备项目内容、投资额度等等信息都需要相关部门共享，才能便于税务部门开展事前服务、辅导，精准施为，为沈抚改革创新示范区高质量发展提供助力。

还有外埠施工企业在沈抚改革创新示范区内开展施工，未按税法规定进行跨区域涉税事项报验登记，并预缴税款。需要建立部门联动机制，共享涉税信息，从源头把控税源，防患于未然。同时也需要全社会各方面联合惩戒，让违法企业或失信行为付出代价，从而维护税法尊严，提高纳税遵从度。

（二）优化税收营商环境的需要

首先，税收协同共治，可以打破部门局限，有利于为市场主体打造办税便利化的营商环境。其次，税收协同共治，推动第三方数据共享共用，有利于为市场主体提供精准服务。最后，税收协同共治，推动税收执法水平和税收监管能力持续提升，有利于为市场主体打造公平法治的营商环境。

（三）提升税收治理能力的需要

随着税收改革的不断深入，新的税制要素、征管方式、信息系统等会涉及不同主体和环节，面临的堵点难点也更加复杂多元，就更需要合力而为、协同共治推动税收治理能力提升，从而实现税收现代化。

三 什么是税收共治新体系

总局对税收共治新体系做出了"部门协作齐抓共管、社会协同凝心聚力、司法保障保驾护航、国际合作互惠共赢"的详细描绘，并提出三项具体举措。一是以法人"一户式"数据库建设为核心，强化部门协作，优化多维数据采集。二是依托税收大数据，以发票电子化为重点，推动以服务换取数据。三是通过"税警合作""税检合作"，强化税收司法保障。

四 基层税务机关如何推进税收共治新体系建立

任何宏伟蓝图的实现，都离不开落实者的具体实践。基层税务机关作为深化税收征管改革的落实者、践行者，也应该积极探索、推进税收共治的举措，加速税收共治新体系建立步伐。从地方实际出发，笔者认为基层税务机关在贯彻落实中央顶层设计和总局规划部署的基础上，还应从以下几个方面积极推进税收共治新体系建立。

（一）积极沟通，争取地方政府支持

税收治理是政府治理的重要组成部分。税收共治新体系的建立从根本上是服务于地方经济建设发展的，中央顶层设计和税务总局的规划部署，必然要与各地的实际情况相结合，必然与地方政府的支持密不可分。

基层税务机关应积极与地方政府沟通，宣讲税收共治新体系建立的必要性，提高地方政府对税收共治工作的重视程度。同时提出推进税收共治的合理化建议和具体可行性措施，积极争取地方政府的支持。从领导和政策层面为税收共治新体系建立打下坚实基础。

以沈抚改革创新示范区为例。2021年初，国家税务总局沈抚改革创新示范税务局积极贯彻落实中共中央办公厅、国务院办公厅《意见》要求，积极启动税收共治新体系建设。示范区税务局一把手在沈抚改革创新示范区管理委员会常务会议上，专题汇报了中共中央办公厅、国务院办公厅《意见》有关要求，并多次向沈抚改革创新示范区建言献策，推动税收共治工作开展，并提交相关汇报材料。通过基层税务机关的努力，2021年6月促成沈抚改革创新示范区管委会税收协同共治工作专题会议召开。会议同意从政府层面成立由示范区主要领导挂帅的沈抚改革创新示范区税收协同共治工作领导小组，并同意建立地区税收协同共治相关机制，为地区税收共治新体系建立保驾护航。

（二）因地制宜，丰富数据共享范围和标准

伴随数字经济快速发展，数据这个巨大"宝藏"正显示出前所未有的使用价值和发展潜力。疫情防控期间，交通、通信、消费、税收、金融等众多领域的数据有机整合，为疫情监测、防控救治、资源调配等提供有效指引，成为大数据促进经济社会发展的一次成功实践，也彰显了大数据作为基础性战略资源的重要意义。

用好大数据，数据开放共享是基础。因此，部门间"数据"共享成为税收共治的基础。也正因此，总局为推动税收共治格局的建立，提出"2025年建成税务部门与相关部门常态化、制度化数据共享协调机制，依法保障涉税涉费必要信息获取"的工作任务。

但我们也必须看到，虽然有总局、省局的顶层设计，但各地区职能部门职责划分略有差异，且各部门信息化程度不同、底层数据标准也不同。在实际工作中，依然面临着数据获取随机性大、数据质量不高、分析处理困难等问题。这些问题都需要基层税务机关因地制宜，积极主动推进与相关部门数

据共享工作，不断丰富数据共享的范围和标准。

沈抚改革创新示范区税务局在与相关部门数据共享工作中，积极探索出一套适合本地实际的做法。

一是逐一对接，分析研究数据需求。沈抚改革创新示范区是国家级示范区，采取扁平化管理模式，政府各职能部门进行了合并，例如：发展改革局担负发展改革部门和统计部门的职能，产业发展和科技创新局担负产业发展和科技部门的职能，等等。税务部门根据这种情况，与政府各部门逐一对接，分析落实具体数据需求，确定数据共享范围。

二是逐项落实，确认共享数据内容和标准。沈抚改革创新示范区刚刚成立，各部门信息化水平参差不齐。为确保数据共享工作有效开展，税务部门主动作为，与各部门逐项落实共享数据信息项的内容和标准，统一数据口径和格式，确保各部门共享数据的可集成、可分析、可使用。

三是分级分类，常态化推进数据共享频度。数据的及时性是大数据发挥效能的保障。目前，实时传递只在沈抚改革创新示范区个别部门间可以实现，例如市场监督局、行政审批局、税务局等。基层税务机关根据辖区内主体产业和经济发展特点，以及各项共享数据内容和性质的差异，对各项数据归集频次进行了科学分类。例如，城乡规划、土地规划信息按半月共享，重点建设项目信息（项目名称、项目单位、建设单位信息、建设地点、总投资等）按月共享，国有资产权属变动、国有企业改组改制信息按季共享……科学的分级分类减轻了需要介质传递共享信息部门的工作量，保障了数据共享常态化推进。

在实际工作中，沈抚改革创新示范区税务局与规划建设和生态环境局积极合作，确定了共享的建筑工程施工合同备案、施工许可等信息的标准。并在此基础上对集中共享的数据进行归集分析，筛选排查出30户并未在沈抚改革创新示范区办理相关登记的漏征漏管企业，并进行了后续处理。

（三）大胆尝试，拓展协同共治的部门和事项

随着税收改革的进一步深化，仅靠税务部门"单兵作战"税务治理是举步维艰的，必须广泛凝聚多方共识，不断扩大税收治理"朋友圈"，才能发挥合力做好税收服务和监管。

基层税务机关可以应用熟悉本地实际的优势，从问题导向出发，积极探

索联合执法的措施,积极推进跨部门协同监管。

沈抚改革创新示范区税务局横跨沈阳和抚顺两个千万人口城市,在税务机构设定时,并无稽查部门,稽查职能由省税务稽查局履行,是名副其实的"特区"。为加大对辖区内税务违法行为的打击力度,示范区税务局积极与辖区公安部门沟通,派驻专人,负责对接省稽查局、辖区公安局,建立符合示范区实际的省、市两级税警联络协作机制。

沈抚改革创新示范区税务局根据辖区地处两城之交、产业园区分布不均、管理基础薄弱的实际情况,探索出多部门联合监管的工作模式。联合示范区行政审批局、市场监管局、产业发展和科技创新局、各街道(乡、经济区)等多部门开展市场主体经营情况摸底排查工作。通过联合监管,摸清了辖区内市场主体数量、户籍登记数量、实际经营状态、税款缴纳情况等管理基数。厘清了锦联、闽商、鞋园、太平洋等多个产业园区的管理情况。共清理辖区内异常户148户。

税收共治新体系的建立道阻且长。既需要总局、省局层面尽快出台文件措施,加强部门协同,自上而下推动工作开展;也需要基层税务局积极探索方法措施,以工作实际反推问题解决。只有上下联动,才能保证构建税收共治新体系有效推进。

课题组组长:刘启星
成　　员:刘伟刚　李　川　唐艳晶　王鸿君
执 笔 人:李　川　唐艳晶

大数据驱动下智慧税务绩效管理模型的构建与思考

国家税务总局平顶山市税务局课题组

内容提要

加强数据驱动方式智能评估税务部门内部管理和社会输出效益,是建设智慧税务的重要组成部分,也是在深入推进税收治理现代化中实现绩效管理机制作用进一步提升的重要路径。本文从提出智慧绩效管理的定义,阐述其内涵、意义与特征。然后基于此,从数据采集、数据分析、信息服务、绩效评估 4 个方面构建税务系统智慧绩效管理模型。最后,从加强以大数据为驱动构建智慧绩效管理的战略规划布局、增强智慧技术的敏感性和支撑水平、增加个性化的绩效信息服务能力三个方面,提出智慧绩效管理的发展策略。

关键词: 大数据 智慧税务 绩效管理

在大数据发展战略下,互联网、云计算、人工智能等前沿信息科学技术大量应用于税务管理领域,促使税务管理信息服务更加自动化、高效化、实时化、智能化。然而,发轫于西方企业绩效管理的税务绩效管理实践,还存在着制度本土化改造和技术适配等问题,进而造成绩效激励机制作用不明显,法治化建设相对落后,考评评价真实性、客观性存疑等现象。因此,作为税务部门绩效考核和评优依据的绩效管理向着自动化、智慧化方向发展,成为适应数据驱动智慧税务管理变革的必经之路。

一 智慧税务绩效管理的定义与特征

(一) 智慧税务绩效管理的定义

根据《辞海》解释：智慧是生命的产物，生命系统和它的存在环境组成交互作用的复合系统，生命系统在这种交互作用过程中不断识别环境、影响环境、记忆信息，进而改变自身行为。智慧税务，可理解为一种像生命一样拥有智慧特征的税务生态。

大数据、工业4.0、人工智能时代发展下，智慧税务管理的提出与兴起，为有效评价税务绩效工作注入了新的理念。在此背景下，笔者提出智慧税务绩效管理的定义：智慧税务绩效管理是指充分利用互联网、大数据、云计算等信息技术，通过有效整合税收征管资源，提供即时、客观、规范的绩效信息服务，全面、准确、实时掌握和评测税务系统"个人—部门—组织"的工作状况，进而持续提升税务部门绩效现代化管理水平。

(二) 智慧税务绩效管理的特征

智慧绩效管理实时挖掘税收服务数据中蕴含的与战略目标相关联的绩效信息，并在"人工+智能分析"下，以直观化、量化的形式反馈给部门和个人。在大数据驱动下，智慧绩效管理的特征可从以下几点做进一步阐述。

1. 绩效数据信息化，目标导向更加清晰、有效

确保组织目标的实现是绩效管理的初衷和效果检验。智慧绩效管理借助大数据将海量的数据信息纳入绩效信息系统之后，除了对信息进行简单的分类处理之外，还利用人机交互的优势对绩效数据进行查漏补缺，降低智能机器出错率，有效提高数据交互智能水平，以量化的落实保障组织目标的实现。同时，运用科学技术手段，可以抽取绩效过程中的数据样本，将这些多种类型的数据信息汇总形成新的一个数据库保存下来，并对此再进行相应的处理分析，给目标管理带来新的价值判断。

2. 绩效平台开放化，信息传递更加畅通、精准

快速、便捷、畅通的信息流通是实施绩效管理的基础和保障。智慧绩效管理信息系统的硬件或软件基础设施，将发票基础管理、纳税服务、风险管理、税法宣传、舆情防控、党务管理、政务管理等系统整合在一起，使其彼此联系、相互促进，通过数据集群的开放及大数据分析技术，挖掘数据流蕴含的绩效信息，在每个节点和时间段给组织和个人提供精准的数据反馈及分析结果，探寻影响税务绩效的关键因素，为制定职工的岗责规范与规章制度提供数据支撑和理论依据。

3. 绩效分析综合化，过程管理更加智能、科学

过程管理是区别于传统目标管理的关键所在，也是绩效管理的优势所在。在数据驱动的智慧绩效管理的背景下，信息系统全方面、无间断、实时收集岗责相关数据，自动、全面评估税务干部职工的业务知识、执法素养、岗位技能情况，根据岗位风险等级与工作特点，构建完善的绩效考核制度与科学合理的绩效分析模型，应用大数据技术进行全方位的记录分析与实时反馈，帮助组织找出各个部门运行的基本特征和规律、存在的问题以及各个环节对整体的影响，从而帮助组织提高绩效管理的准确度和提高决策的效率。

4. 绩效考核可触化，结果更加客观、可信

客观评价、准确画像是绩效管理的生命力和动力源泉。智慧绩效管理可优化税务系统内部的网络数据结构，比如通过电子发票公共服务平台、政务服务"好差评"系统、"12366"纳税服务热线平台等与绩效管理信息系统内嵌与融合，自动完成不同部门、岗位数据信息的语义转换，缩短数据存储与分析的处理时间，并从微观层面形成行为和结果的勾连，形成多维呈现，使得管理者与被管理者就绩效评价的沟通、反馈变得更加有效，消除或减缓因组织冗余或者主观评测造成的绩效评价滞后和偏差，进而提高绩效评估结果的效度与信度。

与传统绩效管理模式相比，智慧绩效管理在绩效信息获取、绩效信息传输、绩效信息应用、绩效信息技术支撑等方面发生了改变与革新，具体内容见表1。

表1 智慧绩效管理与传统绩效管理的特征对标

维度	智慧绩效管理	传统绩效管理
信息获取	全面、系统收集绩效相关数据，数据存储以分布式存储架构为主	人工收集为主，导致收集到的安全绩效数据分散、不完整，数据存储以传统存储架构为主

续表

维度	智慧绩效管理	传统绩效管理
信息传输	将绩效管理信息系统嵌入税收业务系统，实现数据"一户式""一人式""一局式"智能归集，形成有机系统	易受组织架构影响，易形成封闭、不对称的内部信息循环，影响绩效信息的质量
信息共享	海量数据经分析、挖掘与加工，绩效信息呈现开放式、交互式、共享式的特点	各部门对绩效相关信息的解释可能存在差异，需通过人工方式进行转换与汇总
信息技术支撑	互联网、云计算、人工智能等信息技术综合应用，技术平台呈现准确、联动、智慧等特点	人工记录痕迹数据以及内外部督查抽样，再借助传统信息软件统计分析

二 智慧税务绩效管理总体模型的构建

海量的数据处理是管理决策的信息资源，更是实现智慧绩效管理的根本和基础。随着信息技术发展，大数据、计算机科学也在更新换代，智慧绩效管理被赋予新的时代内涵。智慧绩效管理不仅需要具体的学科（公共管理学科、数据开发与运用学科等）理论作为支撑，还需数据采集、数据存储、数据分析、数据挖掘算法、数据可视化等应用技术，以避免在应用时出现事倍功半的效果。基于此，本文从数据采集、数据分析、信息服务3个方面构建智慧绩效管理整体模型，如图1所示。

（一）硬件＋软件，构建数据采集子系统，强化智慧绩效管理分析基础

首先，数据需进行预处理，对数据进行审核、筛选、排序，使其更好地存储于数据库中；其次，根据数据重要程度，选择在线存储或离线存储，把绩效数据存储于数据仓库。在当前信息技术环境下，数据采集方式主要有硬件采集（传感器、监控器、定位器）、软件采集（网络爬虫、端口抓取、日志记录）与人工采集（数据统计、风控抽查、数据上传）[①]。人工采集会自动删

[①] 黄玺、王秉、吴超：《大数据环境下安全情报融合体系构建》，《情报理论与实践》2020年第10期，第39~44页。

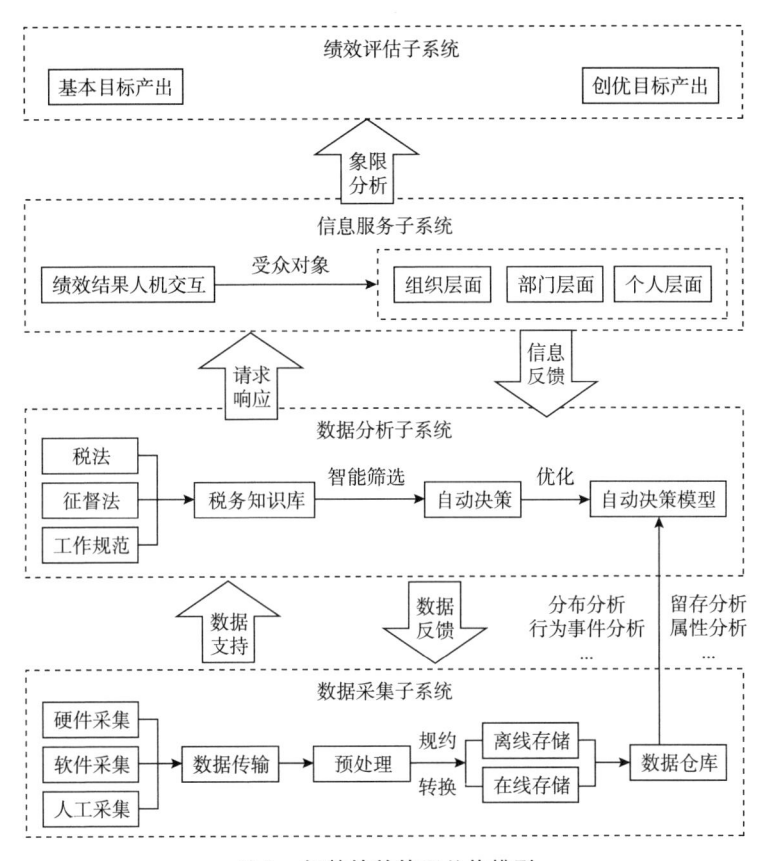

图 1　智慧绩效管理总体模型

除、过滤、筛选或遗漏一些关键信息，影响绩效数据分析结果的准确性与完整性。随着社会信息化程度的提高，硬件与软件采集将逐渐成为未来税务绩效管理数据采集的主流方式，这保障了原始资料来源的真实性、可靠性、原始性和可持续性。

（二）人工＋智能，构建数据分析子系统，强化智慧绩效管理的输出核心

海量数据只有经过数据挖掘算法的训练，并由此构建一套完整的数据处理价值体系，即形成一个从数据管理、数据分析、数据可视化到提炼数据规律、知识、洞察力的自动决策模型，才能基于海量数据形成智慧绩效管理的核心资源库。自动决策模型对绩效数据进行整理、抽取，把绩效数据转换成对税务绩效管理有帮助的信息，得出税务绩效评估结果，并做出管理决策。

与此同时，决策模型将调用现有税务管理知识库和领导评测，不断修正反馈决策结果。智慧绩效管理并不意味着完全取代人工，完全任由智慧信息系统进行决策，在考核判断时，要充分利用人工优势进行修正与反馈。究其原因是，公共管理学科是一门综合交叉学科，具体应用时要结合情景知识（如处境形势判断、工具技术应用、业务理论认知等）和其他领域知识（如计算科学领域、管理科学领域、大数据领域、区块链领域），决策结果偏差需要人员进行纠正，促使决策模型不断学习、训练，以契合于具体的考核应用场景。

（三）实时＋精准，构建信息服务子系统，强化智慧绩效管理的过程

控制过程管理之所以区别于目标管理，就在于信息的即时流转与反馈，以帮助岗责人员即时发现问题、改进问题，遏制风险。智慧绩效管理首先要实现绩效结果实时更新功能，根据战略目标管理需求，随时调取历史绩效数据，并形成相应的奖惩制度。随着人们对绩效认识的科学化、系统化，风险管控的作用范围逐渐扩大，能够根据实时的绩效信息做出反馈或修正，能够实时反映岗责人员在风险管控中的作用，从而有利于大绩效观的形成。一方面，过程演变使得人们需定期接收反馈信息以确定应对行为是否科学有效；另一方面，人机交互模式使得人们更易接受与理解岗责绩效测量结果，并做出相应的应对行为，遏制或减少风险隐患的进一步扩大。

（四）基础＋创优，构建绩效评估子系统，强化智慧绩效管理的持续改进

绩效管理的最终目的是组织战略目标的实现，是直接判断行为产出的效果。行为结果的产出包括基本产出（所设立的不同职位的人，在本职岗位应该达到效果的指标）和创优产出（带动整体工作提升，为全年绩效目标达成做出积极贡献的指标）。通过对行为效果产出两个维度的考核和四个象限的分布（如图2所示），就能得出全部的绩效管理效果排序和改进方向。第一象限分布过多，说明组织制度、文化和激励都需要改进；第二象限分布集中则说明该组织属于稳健型机关；第三象限分布集中是单位文化和绩效产出的最优值；第四象限分布集中则需要加强基本制度的构建和管理。

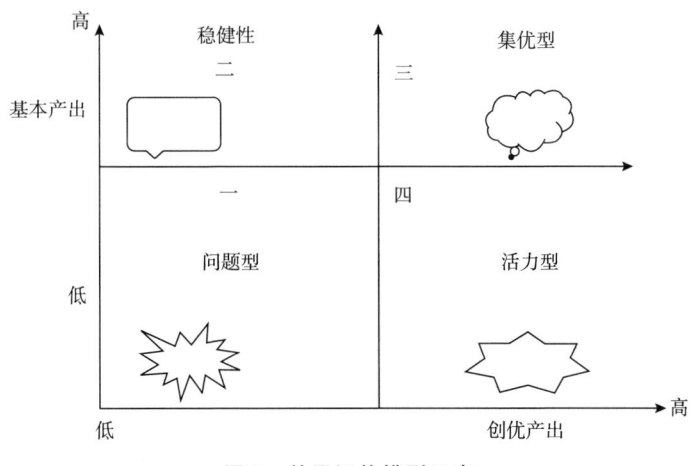

图 2 效果评估模型示意

三 构建税务部门智慧绩效管理的实践与思考

（一）以大数据为驱动构建智慧绩效管理的实践

作为公共管理研究的前沿主题，绩效管理一直受到广泛关注。国家税务总局自 2013 年底在全国税务系统全面推行绩效管理以来，目前已形成了一套以大数据为驱动，以绩效管理信息系统为基础，符合中国税务部门实际、具有示范引领效应的绩效管理模式和体系，实现了从被动考评到主动考评、从经验管理向科学管理的转变。下面结合智慧绩效管理的特征，从准确识别、全面感知、体系融合、自动考评四个层面分别介绍。

1. 融合搭建信息系统，准确识别履职程度

准确识别是在全面收集有效数据的基础上，运用先进的技术手段克服人员经验不足、业务水平不专、疏忽大意等固有缺陷和对事物认知存在的片面性、偏向性，准确了解年初设定目标的履职尽责程度。税务绩效管理在实践中不断完善信息管理系统，信息化建设的普及不仅提高了税务绩效日常考核的可操作性，在促进税务绩效管理不断向便捷化和科学化方向发展的同时，也提高了涉税信息分析应用效率，保证了考评的客观性和公正性。2016 年，金税三期工程全面上线，在全国税务系统首次实现了基础平台、应用软件等方面的大统一，为税收治理现代化插上了金色翅膀；增值税发票管理新系统全面推广,实现了对发票信息的"一网打尽",在信息管税、防范风险、优化服务和辅助决策中发挥了越来越大的作用。[①] 2021年,国家税务总局探索开发一户式2.0系统,将绩效考核指标内嵌到专票电子化所有业务环节。税务操作人员在金三系统上所有的操作,都可以实现数据留痕,即生即汇,根据全国统一的考评标准进行自动化考核,有利于全面客观评价专票电子化、各岗位工作业绩,实现绩效管理系统与相关系统更具融合性的一体运行。

2. 收集征纳评价数据,全面感知履职效果

感知全面是从税收征纳、多维评价等角度对智慧税务基础和前提的阐述和表达。纳税人及时准确获知税收政策和征管要求,税务机关及时了解税源变化和服务需求,政策制定部门及时了解政策落实中的问题以便调整政策和再适应,让绩效信息及时、准确、全面地在政策制定者、执行者、受众对象间流通传递,让信息决策者全面感知不同层面的数据,才能做出客观、准确的评价,是智慧绩效管理的基础和前提。多年来,税务部门指标设计围绕税收现代化六大体系的战略目标,覆盖了税收工作的主要内容,绩效管理资料来源既涉及"12366"纳税服务热线咨询音频、执法全过程记录和办税服务厅办税视频等内部管理,也涉及舆情监测、统计调查、监督问效等外部效益,考核评价覆盖了内部评价、纳税人满意度、地方政府对税务部门评价等多个维度,并将外部审计、巡视、督查等发现问题纳入绩效考评,实现360度的全方位效果评估。

3. 关联融合两套体系,激发个人内生动力

税务绩效管理对于创新行政管理方式、提升政府执行力和公信力意义重大,既保障了日常工作的整体性和互动性,促进了工作目标的落实,又加强了各部门间的沟通、促进了决策的科学化和民主化,还打造了一个奖优惩劣、促人向上的"动力系统",不断激发工作活力,促进广大税务干部人人向上向善,树立了税务部门的良好形象。2021年,国家税务总局积极响应国家关于"完善领导干部考核评价机制"的要求,第一批试点推行个人绩效管理系统,将工作强度、工作态度、完成效果等因素纳入个人成长账户,试图对每个流程和动作进行精细化管理和分析评价,实现组织绩效"一局式"归集,个人

[①] 王军:《绩效管理在推进税收治理现代化中的战略定位与实现路径》,《中国行政管理》2020年第6期。

绩效"一员式"归集，帮助决策者更加全面深入地了解职工，进而增强个体主动性和自我管理水平。

4. 跟随国家创新战略，提升自动化考评力度

持续创新是以宏观视野对税务管理的审视，即税务机关能够进行知识、技术和经验的有效传承，建立有利于发明和创新的体制机制，适应现代科学技术、经济社会发展以及由此带来的目标变化，实现税收征管和税收制度的自动调整、自我完善。党中央、国务院提出要创新行政管理方式和服务方式，加快推进全国一体化政务服务平台建设。税务部门不断推进税收征管服务平台建设，并积极融入全国一体化政务服务平台。税务总局考评省税务局的绩效指标经过多年持续优化升级，量化指标分值权重达到70%以上，各类绩效指标不同程度地都有相应信息系统作为考评资料来源，特别是"组织税费收入""优化税收营商环境""征管努力程度""税务稽查管理"以及税种管理有关指标，均实现量化机考，初步实现工作数据化、数据工作化、考评自动化。

（二）构建税务部门智慧绩效管理的问题与瓶颈

依托政务网络平台和信息化改进，税务绩效考核虽然取得了一定成效，但是，就智慧绩效而言，运用信息化技术开展绩效考核的方式尚处于初期发展阶段，不仅受到既有制度和传统考核方式的制约，而且在实践中也暴露出一些明显的问题，对于进一步加强干部队伍建设、提高政府公共服务效率形成阻碍。

1. 制度建设落后于技术发展

发挥诸如信息化等技术的潜力，需要有具体而良好的制度环境，然而当前运用网络化平台改进税务绩效考核的制度支撑体系并不健全，亟须完善。中共中央办公厅、国务院办公厅《关于进一步深化税收征管改革的意见》以及《党政领导干部考核工作条例》都要求加强部门协作，加强信息化运用，但是关于运用信息化技术进行税收数据传递还缺乏有针对性的规章制度，造成税收数据管理缺少相应的责任机制，进而容易造成管理缺位或重叠，影响数据质量的提高。

2. 履职规约转换陷入瓶颈与僵局

将各种各样的数据通过一定的标准进行分类并加以处理，得到各个领域的信息,从所得到的信息中归纳总结、公式换算,从而将这些信息用于横向比对与考核。在绩效量化考核方面,不容忽视的客观事实就是,部门工作岗位的不同及工作内容的差异,导致在不同部门间以及干部绩效考核指标设置时,存在量化挑战和横向的语义转换挑战。在税务日常工作中,存在大量的线下工作,需要考评部门通过一定的方法将上述工作抽象成可记录、可评估的具体项目和指标,进而运用信息技术对其进行量化,这就可能陷入"能量化尽量量化,不量化无法管理""机器自动量化与人为干预量化"的困境与僵局。

3. 反馈信号的传输未能形成有效的闭环

数据处理背后的资料来源的真实性、全面性,是依靠大数据进行绩效考核的重要评断依据。但在实际运行中,反馈信号的传输大量依靠的是纸质材料或欠规范的电子资料,这些载体固有的信息流动迟缓、存储混乱、无法及时检索和比对等缺陷,致使反馈环节时有缺失,未能形成有效信息闭环,直接影响到绩效信息的有效传递和全面、准确识别。

4. 大量数据资源无法有效盘活

数据不同于我们平时所提到的信息,只有经过处理之后,有价值的数据才被称为信息。[①] 但在具体实践中:一是税务机关内部各个子模块均拥有若干个相对独立的信息管理系统,各自拥有大量数据,但因为相互之间无法有效关联或者关联成本高昂,没有统一规范的共享方式等障碍,现有的大量数据资源无法盘活;二是受限于数据资源规划与管控能力,税务绩效对于所拥有数据的潜在价值挖掘力度不够,数据向信息、知识转化的能力不足。

(三)构建税务部门智慧绩效管理的思考与建议

1. 加强运用大数据进行绩效考核的战略规划布局

大数据是信息化发展的新阶段,对于深入推进税收治理现代化而言尤为重要。由于智慧绩效管理目前还处于概念和理论探索阶段,尚未形成统一的建设标准,因此,各单位应根据自身实际情况,在现有信息化程度基础上对智慧绩效管理进行统筹规划和实施分步走战略,并基于不同组织战略发展阶

[①] 李站强、鲁敏:《大数据时代的智慧税务:趋势、问题及对策》,《现代经济信息》2017年第8期。

段升级绩效管理模式。

一是要树立数字绩效理念。充分发挥党的统筹领导作用,推进运用大数据技术进行干部绩效考核的整体部署、操作实施和协调监督。只有树立数字绩效理念,才能使绩效管理更好地适应"以数治税"新形势,紧抓大数据、区块链等新技术发展机遇,以深化数据共享应用为核心,激发现代科技对税收治理的推进和引领作用,实现新技术向税务生产力的高效转化。

二是做好长期规划布局。首先,加强纳税服务监控设施以及执法过程监测设备,实现精确绩效管理的弱智慧管理阶段;其次,使用人工智能、大数据等技术,实现绩效信息智能响应的强智慧管理阶段;最后,从顶层设计、法律法规、配套制度三个层面来加以完善和固定。

三是构建并运用智慧评估数据模型。首先,对数据进行审核、筛选、排序,使其更好地存储于数据库中;其次,根据数据重要程度,选择在线存储或离线存储,把绩效数据存储于数据仓库;最后,对绩效数据进行整理、抽取,把绩效数据转换成对税务绩效管理有帮助的信息,得出税务绩效评估结果,并据此做出管理决策。

2. 增强运用大数据进行绩效考核的技术支撑

依托税收大数据进一步提升量化机考指标占比乃至全部指标实现机生、机汇、机考,重点是实现工作数据化、数据工作化、考评自动化。[①] 要逐步完善大数据技术运用的支持系统。

一方面,本着"摸着石头过河"的思路,根据干部绩效考核以及其他工作发展所需的要求,以发票电子化改革为突破口,以"内嵌"式自动化考评为主要方式,将绩效考评作为业务流和工作流的最后一个环节内嵌到信息系统中,适度超前建设必要信息基础设施,通过绩效结果数据互联互通,"以数据说话",更加客观地考评出各单位工作推进质效。

另一方面,运用大数据进行绩效考核属于"交叉学科",绩效考核部门中大数据分析的专业人才仍然比较缺乏。因此,需要加快建设既了解税收、税务管理又精通大数据分析技术的复合型人才队伍。绩效考核部门可加大与高校、科研院所、互联网企业等合作力度,鼓励其开设大数据分析与绩效考核

---

① 王军:《绩效管理在推进税收治理现代化中的战略定位与实现路径》,《中国行政管理》2020年第6期。

相结合的课程,帮助绩考人员提升相关职业技能。同时,也要培育其他干部的大数据视野,进一步提升考核评价结果的认同度。

3. 增强绩效信息的个性化服务能力

准确识别是在全面收集有效数据的基础上,运用先进的技术手段克服人员经验不足、业务水平不专、疏忽大意等固有缺陷和对事物认知存在的片面性、偏向性,全面准确了解、强化分析评估和结果运用。

一是引入多样化的考核主体。基于现有考核主体单位,引入第三方专业机构、相关专家学者、普通民众作为考核主体,并将其评价与满意度等数据录入绩效管理考核系统,丰富网上实绩考核系统的数据类型与来源。

二是提升过程管理的透明度。主动将绩效考核的时限周期、考核过程以及考核结果向外界公开,以此将税务部门自上而下的权力监督与社会力量利用政务大数据平台自下而上的监督相结合,从而形成多方联动、共同监督绩效考核的局面。同时,引入不以扣分为目的"一提醒、二回头、三评估"的容错、纠错机制。

三是进一步加强考核结果的运用。在网上实绩考核系统中自动生成考核结果排名,并面向考核主体、客体及时公布。考核主、客体如果有异议可以向上反馈、申诉,增强双向的沟通以及考核透明度,从而提高考核客体的参与积极性。此外,对于网上实绩考核系统中的考核结果要进一步分析比较,特别是纵向的时间比较,以及横向的部门间比较,一方面将这些结果作为干部评先评优、个人奖励、提拔任用的重要依据,以发挥考核结果的持续作用,提高广大干部的工作能力;另一方面,根据组织绩效的效果点状分布模型,根据税收现代化战略目标,做好制度、指标的优化与调整。

大数据在税务部门乃至整个政府中的运用已是大势所趋,但运用大数据进行绩效智慧化考核仍需要不断探索。只有通过不断的制度改革和技术突破,方能使税务绩效管理在制度创新以及以数据记录、储存、计算和开发为核心的技术变革中积累经验,为在全国范围内推进运用大数据进行自动化、智慧化绩效考核提供案例,真正实现税收治理体系和治理能力的现代化。为此,在现有研究的基础上,如何从理论高度阐释大数据与税务绩效管理的契合性,以更好地推进两者的结合;如何完善以大数据技术为工具的新型税务绩效管理信息采集体系、数据智能化分析体系以及信息服务体系,最终建立起科学规范又具有实用价值的税务绩效管理新的体制机制,使干部树立正确的绩效观，从而激发干部的积极性和创造性，提高税务部门的决策和执行能力，这些都需要理论界和实践界的进一步探讨。

参考文献

窦中达：《智慧城市重要层面：智慧税收——从信息化、大数据视角看税收体系建设》，《海峡科技与产业》2013年第12期。

刘珺营：《如何提高税收数据质量》，《中国税务》2016年第2期。

杨东广：《论"互联网+"战略及其在税收治理工作中的应用》，《商》2016年第31期。

课题组成员：曹学胜　李　飞　姚惠宝　王亚洲

关于税收治理融入社会治理体系的探索

——以梅州市税务局在基层税务分局试点探索税村共建为例

国家税务总局梅州市税务局课题组

内容提要

  本文在梳理我国税收治理和税收共治的基础上，以梅州市税务局在基层税务分局打造税村共建为实例，探索构建税务部门与地方基层党政部门协作共管、综合治税新模式，在实践中提炼了税务治理融入社会治理的主要路径和新经验，并提出在全国范围内实现税收治理融入社会治理所存在的问题，最后从党建引领、服务群众、协同治税、乡村振兴等方面提出了税收治理融入社会治理的积极作用。

关键词： 税收治理 社会治理 税村共建 协同共治

  党的十九大报告中提出"打造共建共治共享的社会治理格局"，为新时代社会治理机制创新和体系完善指明了方向。党的十九届四中全会对推进国家治理体系和治理能力现代化做出了战略部署。税收工作作为国家治理体系中的重要一环，在打造共建共治共享的社会治理格局中起着不可替代的作用，2021年广东"两会"期间，"协同治税"首次写入广东省政府工作报告，税收共治成为推进国家治理体系和完善社会治理格局的必然趋势。税务部门作为国家行政机关，充分发挥党建引领作用，深化扩展党建共建作用，持续深化拓展税收共治格局，有效将税收治理融入社会治理，充分发挥税收在国家治理中的基础性、支柱性、保障性作用。

一 税收治理与税收共治概述

（一）税收治理概述

在党的十八届三中全会提出完善和发展中国特色社会主义制度、推进国家治理体系和治理能力现代化总目标后，国家税务总局相应提出到2020年全面建成"六大体系"、基本实现税收现代化的目标。这一目标的提出已经把税收现代化与国家治理现代化结合起来，初步具有税收治理现代化的基本内涵和时代要求，税收在国家经济社会发展中的地位被提到了新高度。在党的十九届四中全会提出坚持和完善中国特色社会主义制度、推进国家治理体系和治理能力现代化总目标后，税务总局立即完善正在推进中的税收现代化体系建设，提出了以"新六大体系"和"六大能力"为标志的税收治理现代化新要求，即坚强有力的党的领导制度体系、成熟完备的税收法治体系、优质便捷的税费服务体系、严密规范的税费征管体系、合作共赢的国际税收体系、高效清廉的队伍组织体系之"新六大体系"和政治引领能力、谋划创新能力、科技驱动能力、制度执行能力、协同共治能力和风险防范能力之"六大能力"，从而形成直接对应国家治理现代化的税收治理现代化体系，其在社会、国家和国际层面的定位与外延也不断拓展深化，这为更好发挥税收在国家治理中的基础性、支柱性、保障性作用指明了方向，也为新时代提升税收治理能力、全面推进税收治理现代化提出了新的更高要求。

（二）税收共治概述

在公民意识觉醒、权利意识勃兴的时代背景下，单向度、单一中心的税收管理已极不适应税收治理现代化目标的实现，亟待树立税收共治理念。2015年，《深化国税、地税征管体制改革方案》就明确指出要"建立健全党政领导、税务主责、部门合作、社会协同、公众参与的税收共治格局"。2021年《关于进一步深化税收征管改革的意见》（以下简称《意见》）提出"持续深化拓展税收共治格局"，税收工作深度融入国家治理，与政治、经济、社会、文化和民生等各领域息息相关。《意见》提出"到2025年，深化税收征管制度改革取得显著成效，基本建成功能强大的智慧税务，形成国内一流的智能化行政应用系统，全方位提高税务执法、服务、监管能力"。持续扩展税收共治格局，充分发挥大数据管税优势，探索将税收治理融入社会治理，全面加快推进智慧税务建设，是深化税收征管体制改革的重要内容。深刻认识《意见》进一步拓展税收共治格局和建设智慧税务的重要作用，充分利用税收大数据，深化税收征管改革，通过完善党委领导、税务部门主导、政府各部门配合、纳税人和缴费人及社会力量参与、法治保障、科技支撑、信息共享的税收共治格局，进一步做实做精部门协作、社会协同，形成全社会崇税、遵税、协税、护税的强大合力，推进智慧税务建设，凝聚更大合力为税收工作提供强大支撑。

二 梅州市创新基层税收治理的实践与思考

为贯彻落实党的十九大"打造共建共治共享的社会治理格局"部署，加强和创新基层社会治理，强化网格化管理和服务，按照国家税务总局提出税收治理"六大体系"和提升税收治理"六大能力"，梅州市税务局在平远县探索建立基层税费征管服务新机制新模式，指导平远县税务局发挥基层党组织核心作用，在仁居税务分局试行开展税村（社区）共建共治共享"两员"工作机制，面向企业和群众需求提供更便利的税费服务，全力推动服务力量向基层下沉、治理重心向基层下移，进一步提升基层税收治理能力。2021年3月，中共中央办公厅、国务院办公厅印发的《意见》提出，"深化税收征管制度改革，着力建设以服务纳税人缴费人为中心、以发票电子化改革为突破口、以税收大数据为驱动力的具有高集成功能、高安全性能、高应用效能的智慧税务，深入推进精确执法、精细服务、精准监管、精诚共治，大幅提高税法遵从度和社会满意度，明显降低征纳成本，充分发挥税收在国家治理中的基础性、支柱性、保障性作用，为推动高质量发展提供有力支撑"。

（一）试点分局基本情况

梅州是山区市，农村分布广，征管范围大，全市共有53个办税服务厅，很多行政村距离基层税务分局较远，日常涉税业务到税务部门办税厅办理，耗费的时间、经济成本较大。平远县仁居税务分局充分考虑了该分局管辖仁居、差干两镇行政村分布分散的现状，这具有现实借鉴意义。仁居镇距平远县城36公里，下辖15个行政村和1个社区居委会，户籍总人口近2.4万人。差干镇距平远县城54公里，下辖7个村，户籍总人口8000多人。两个镇最远行政村距离仁居税务分局均有40分钟以上车程。

仁居税务分局主要税源来自木业、石材、旅游、农产品深加工、水电站等，但受农村地区经济条件所限，社会保险费等费金收入远大于税收收入。该分局前台受理业务主要集中在发票代开业务、社保业务、发票领用业务、电子税务局综合业务。其中，发票代开业务约占总业务量的26%，社保业务约占50%，发票领用业务约占14%。

（二）"税村共建共治"的实践探索

为了构建基层社会治理新格局，持续深化扩展税收共治格局，利于满足农村纳税人缴费人的需求，平远县税务局和当地村党委党建共建，推动税费服务融入村务管理当中，确保村民"足不出村"即可办理常规税费业务。为了推动税村共建的有效开展，平远县税务局主动作为，积极建立各项制度和工作方案，确保试点工作发挥积极作用。

自2020年5月试点工作运行以来，仁居、差干两地部分税费业务实现办理前置，极大便利了农村纳税人、缴费人。为了推进税村共建的有效开展，深入发挥税村共建在纳税服务、税收宣传、税源管理、乡村振兴等方面的作用，平远县税务局从体制、机制、管理等方面积极探索路径。

1. 建立"税村（社区）税收共建共治"工作领导小组

平远县税务局成立税村（社区）共建共治共享工作推进小组（以下简称"推进小组"），下设推进小组办公室（以下简称"办公室"），统筹做好推进工作。推进小组由县局主要负责人任组长，办公室、纳税服务、征收管理、财务管理、信息中心、规费服务中心、社会保险费和非税收入、机关党委等机关各部门及各税务分局为成员单位，共同研究审定税村（社区）共建共治共享工作具体实施方案，职责清晰。

2. 建立"党建+乡村振兴"工作新模式

以党建为引领，基层税务分局党支部和仁居镇、差干镇各村委党支部结成共建单位，拓展、完善基层党组织功能，充分发挥结对双方党组织的自身优势，定期交流党建工作经验，共享党建工作信息，加强基层组织建设。同时依托党群中心深入基层、辐射带动作用，到群众中开展党员志愿服务，了解群众最真实最迫切的意愿和诉求。以政治机关为定位，聚焦乡村振兴发展，发挥税务部门服务社会经济发展的职能作用。一方面，结合平远县农村特色产业、区域行业特点，运用税收大数据分析，精准测绘纳税人画像，为涉农企业"量身定制"税费政策辅导资料，全面落实各项利企惠农税费优惠政策，鼓励企业深耕乡村，助力乡村产业发展。另一方面，提高站位，坚持以人民为中心的思想，切实履行社会职能。

3. 建立税村（社区）共建共治共享"两员"工作机制

为构建切实有效的协同治税格局，结合平远农村村务管理、涉税费需求等各方面实际，在仁居镇16个行政村（社区）和差干镇7个行政村全面建立税村（社区）共建共治共享联络员工作机制。税务机关及村委会各配置1名联络员，其中税务联络员由该村分片税收管理员担任，村委党群服务点联络员（下称"村级联络员"）由该村党群服务中心工作人员担任。

税务联络员和村级联络员联系税务分局与村委开展基层党建、税费服务、税收宣传、税源管理等工作，实现"网格化"服务。村级联络员方面：一是指导、协助纳税人缴费人办理税（费）业务，可现场办结的业务，通过电子税务局等线上渠道直接辅导村民办理；暂时无法现场办结的业务实行预约办税，帮助村民完成业务申请，收集整理移交相关资料并反馈结果。二是联系村委配合税务分局开展税费宣传，包括协调村委派发、张贴宣传资料，协助开展现场活动等。三是收集村民的意见建议和有关税（费）信息，并及时向税务联络员反映。税务联络员方面：一是负责培训村级联络员税（费）业务技能，协调办理预约办税（费）事项。二是处理各村反馈的涉税（费）意见建议和相关信息，做好咨询解答工作。三是深入各村，了解"一村一品"发展情况，为乡村振兴提供更具针对性的税费宣传服务；熟悉乡情，加强税源管理；走访乡贤、创业能手等，提供"点对点"辅导。

4. 建立税村（社区）共建共治共享零星税费"网格化"管理机制

村（社区）零星税源实行"网格化"管理：一方面，村（社区）联络员辅导纳税人利用电子税务局、手机App办理各项涉税事宜，特别是针对自然人代开电子普通发票业务，辅导其通过电子税务局自行申请代开、自行缴款、自行开票；另一方面，村（社区）联络员收集税源信息，及时跟踪税源动态变化情况，帮助税务人员掌握各行业尤其是敏感行业的生产经营及涉税特点，强化村（社区）税源监控。城乡居民"两险"征缴管理服务融入"网格化"

服务：按村（社区）为区域划分基础小网格，各镇为大网格。以各镇政府为主导，镇领导或镇政府成立的工作组组长任网格管理员。基础网格采用"1+1+1"的人员配备模式，即每个网格由1名村干部或村（社区）联络员、1名税务联络员、1名社保部门工作员组成，通过数字化、信息化手段，将参保登记、缴费服务、退费办理等与群众息息相关的社保服务管理融入社会治理综合网格。税务联络员协助村（社区）联络员开展工作，积极引导缴费人通过村（社区）金融服务站移动POS机、支付宝、微信、电子税务局等便捷方式缴纳城乡居民养老保险和医疗保险费用。同时，配合镇人社中心做好"两险"的日常登记、归档与政策宣传，共同做好缴费辅导，解决征缴中的矛盾和问题，协调代收银行解决特殊情况缴费人的具体困难。

5. 建立税村（社区）共建共治共享办税服务新模式

"线上+线下"完善预约办税服务：设置税费预约办理工作联络牌，由村级联络员收集村民办税缴费需求，通过电话或者微信群，通知税务联络员做好预约办税服务。创新"直联办税""移动办税"服务：梳理涉税费事项，积极借助依托党群服务中心设置的乡村金融服务点平台，将过去办税服务厅的预约办税拓展为税务人员"上门服务"，为乡村群众提供发票、税费等"直联办税""移动办税"服务。畅通税村沟通：以"问需求优服务促发展"为目标，税务联络员深入各村（社区）收集税费政策执行难点和纳税人建议，及时跟进掌握政策落实情况，听取涉税诉求。密切税村联系，并将诉求及时反馈给有关部门，跟进处理结果，进一步优化纳税服务，营造和谐良好的征纳关系，助力乡村振兴。

6. 建立税村（社区）共建共治共享税收宣传全覆盖新模式

一是定位专业人员，巩固常态化宣传。结合村（社区）地域特点、产业特色、人文特性，以上门辅导、摆放展板、派发宣传资料、微信传播、视频转播、纳税人学堂等丰富多彩的宣传方式，向企业财会人员和办税相关人员，深入浅出地讲解税费知识，开展常态化的税收宣传。二是下沉到基层，实现宣传全覆盖。让税收管理员由过去的"幕后管理"延伸至"税收一线"，深入田间地头、企业一线了解各行业村（居）民涉税费需求，借助新媒体形式，组织力量下沉基层，把纳税课堂开到田野乡间，特别是在重大税费政策调整时，集中向受影响较明显的村（社区）开展定向宣传，发放量身定制的政策礼包，让新政策第一时间为纳税人、缴费人所掌握、所享受。

7. 建立地方党委工作考核制度

主动争取地方党委支持，平远县委通过发文，制定税村（社区）共建共治共享工作方案，并将推动"税村共建共治共享"工作列入镇党委的日常性工作，加强对这一工作的考核。具体考核内容包括：每半年组织召开村支部会议，督促、指导税村（社区）共建共治共享工作开展，落实联络员工作机制；每季度与税务部门召开联席会议，研办税源管理情况，解决税务部门提请的涉税事项；协调村委派发、张贴税宣资料，安排人员参加税费宣传工作。

8. 建立税务分局与镇党委的联席会议制度

为了共建工作的有利开展，仁居税务分局与仁居镇、差干镇的党委建立了按月召开税村共建的联席会议制度，共同商讨共建工作中税费缴纳服务、税收宣传、纳税人缴费人反馈的问题、税源管理等相关问题以及总结好的经验和做法等相关事宜。

（三）试点工作成效

1. 发挥党政领导的关键作用，引领税收治理

税收治理是需要政府多部门深度参与的社会综治课题。要做强做实税收协同共治实践路径，唯有加强党建引领，才能够破除体制机制束缚，广泛凝聚各方面力量资源。通过建立在党政领导下税收共治的制度规范、合作机制等相关制度确保税收共治有序开展，同时建立相关激励制度，将税收共治工作纳入地方党政机关工作考核范围，并对此进行考评和奖惩，以此促进税收共治格局构建。

2. 有效整合党政资源，助力税收治理融入社会治理

以政治机关为定位，切实贯彻党领导税收的治理理念，有效整合政府部门、党群服务中心的人力、管理、行政、宣传服务等党政资源，把税费服务嵌入党政部门的日常管理，依托党政部门的资源力量，把协助税务部门的日常工作转化为村（社区）党群服务中心、镇政府部门的常规性工作，实现税收共治由"被动"向"主动"转变。为更好地将税务治理融入社会治理，在基层税务分局，以深入开展税村共建为契机，融入当地乡村建设和治理中，协助村委做好社会治安、生态环保、民生保障等工作，宣传党的主张、贯彻党的决定、团结动员群众，切实发挥基层党组织的战斗堡垒作用，充分发挥税务部门服务社会经济发展的职能作用。

3. 优化税费服务，节省征纳双方办税成本

一是节省纳税人、缴费人办税成本。自税村共建试点实施以来，城乡居民医疗保险费和养老保险费缴纳基本可以实现"足不出村"，梅州市税务局基层税务分局办税服务厅上门税费办理业务大幅度下降，节省了纳税人、缴费人的时间和金钱成本。2020年10月至2021年5月，该分局共办理业务1218笔，比上年同期减幅达33.91%。针对农村农产品、小工程比较多，代开发票频繁的特点，通过预约办税、网上办税等方式稳步推广自然人开具电子版发票。该分局办理发票代开业务减幅达27.49%。二是节省了基层分局办税服务厅的办税成本。农村居民实现"足不出村"缴纳税费后，基层税收分局办税服务厅的业务量减少，可大大缩减办税服务厅建设的费用。

4. 优化人力资源，充分发挥税务干部工作能力

一是按照不同分工，有效整合基层分局人力资源。针对基层分局业务量较少，人力资源过剩、忙闲不均等问题，借助税村共建工作，按照不同分工、不同年龄层次，有效整合人力资源，为税村共建工作输送业务熟练的税务人才，为税村共建工作向纵深发展提供强大助力。二是丰富工作经历，提升税务干部综合能力。通过深入开展税村共建工作，加强与当地村委、社区、党群服务中心、镇政府等其他相关部门的联动和工作沟通，税务干部增加了基层与政府部门打交道办实事的工作经历，一定程度上熟悉了政府部门的工作流程和工作思维，更丰富了深入乡村、社区等基层工作经验，扩展了税务干部全方位开展工作的思维方式和工作理念，让税务干部不仅懂得税收业务方面的工作，也知晓了政府部门的工作方式，大力提升了税务干部的综合能力，也有利于实现税务干部从税收岗位走向政府部门岗位。

三 目前税收治理融入社会治理存在的矛盾和问题

（一）政府部门重视不够，对税收部门支持力度不足

在垂直管理体制下，税务部门与地方政府之间的事权、财政、收入都具有相对明确的划分，这有利于推动我国经济发展。但是在垂直管理体制下，税务部门与地方政府之间还存在一些不良影响。一方面，思想上不协调。地方政府在本地税务征收过程中，地方保护思想严重，如给予当地企业、事业

单位相应的优惠政策，灵活变通税收部分，突出政府业绩。而税务部门在税收执法中秉持公正、依法征收，明确不应巧立名目也不应随意减免。双方角度不同，从而产生了矛盾，阻碍了税务部门与地方政府之间的协调关系。另一方面，地方政府在税收治理中的参与度还不够高，在执行过程中流于形式的相对较多。目前，参与税收治理活动的主体主要是税务机关、纳税人。虽然在新一轮的税源管理改革中，各地相继建立第三方（税务机关以外的政府各部门、事业单位、金融机构等涉税部门）信息保障机制，成立协税护税机构，但是机构的组成成员也只是政府相关部门，且参与者多数迫于政府的行政命令，而非自觉投入协税护税中。大部分的协税护税机构也是形同虚设，真正主动为税务机关提供税收信息的为数不多，税收治理尚未突破"二元治理"格局。

（二）各相关部门合作力度不够，缺乏制度保障体系

1. 缺乏税收协同共治的顶层设计

虽然有逐个建立税收协同共治的相关制度或机制，但未形成统筹性、整体性、系统性的制度。比如，针对环保税管理，与市生态环境部门共同出台了深化环保税征管协作工作方案，建立了环保税复核工作机制；针对综合保税区增值税一般纳税人试点推广，与财政、海关等部门共同出台了联席会议制度，建立了联合监管和信息共享机制；针对税收数据共享，与财政局、政务服务数据管理局建立了涉财税源数据共享机制。虽然上述制度都在相对独立领域解决了部分协同治税问题，但是未真正从社会治理层面进行整体性谋划，目前出台的制度之间相对独立，缺乏关联性，未运用系统思维去规范和统筹。

2. 缺乏税收治理融入社会治理的保障制度

目前，税收治理和社会治理还相对独立，分别属于税务部门和政府社会综合部门的两大管理范畴，对税收治理如何融入社会治理尚没有系统性的理论，缺乏相应的融入制度进行保障。

3. 缺乏制度的后续跟踪落实机制

目前，虽然针对某项税收治理事项，与相关机构联合建立了相应的工作制度，但由于制度是建立在部门间相互信任合作基础上的，后续的落实会随着时间的推移而逐渐弱化，实际工作中还缺乏对制度制定后的跟踪问效机制。

4. 部门之间数据共享滞后

以梅州税务部门为例，着力构建涉税数据交换共享新模式，积极参与"数字梅州"政务改革，以市政务服务数据管理局为媒介，推动与更多部门拓展涉税数据共享。但目前存在"数据孤岛"问题，与大多数部门没有建立常态化、制度化数据共享协调机制，仍然通过公文商办、上门请求、协助提供等传统方式交换数据，离真正的互联互通共享还有一段距离。只有加强各方数据集成和融合共享，才能为"智慧税务"建设奠定坚实的数据基础，才能更好地服务市场主体、服务领导决策、服务国家治理现代化。

（三）职责权限划分不明，税收共治效率低下

税务机关属于我国行政机关，对我国的经济发展起着重要的调节作用。在税收共治过程中，对于税务机关和地方政府在岗责权限划分方面，还存在以下问题。

1. 地方政府对税务部门的支持力度仍需加强

在国家垂直管理体制下，税务部门不受地方政府直接管辖，但税务部门的经费大部分仍来源于地方政府，从地方政府角度看，税务部门脱离了地方政府的掌控，弱化了对税务部门的支持力度，但税务部门在行政执法、部门协作治税等方面需要得到地方政府的支持。

2. 税务部门参与地方政府建设力度仍需加大

税务机关的税收征管、行政执法权等相对独立于地方政府。税务机关在开展日常工作时，过多体现的是经济职能，如税收的征收管理、纳税服务、税务执法等。税务机关参与地方政府的社会治理方面仍有待加强，还存在税收共治效率低下等问题。

四 对策建议

（一）坚持和推进党建引领，助力税收共治新格局

税收治理是需要政府多部门深度参与的社会综治课题。要做强做实税收协同共治实践路径，唯有加强党建引领，才能够破除体制机制束缚，广泛凝聚各方面力量资源。近年来，面对艰巨繁重的税收改革发展任务，税务总局

党委始终注重发挥党建引领作用，持续推动党建与业务工作融合互促，确保了税收工作始终沿着正确方向推进。

1. 建立健全新"纵合横通强党建"机制体系，助力税收治理

新税务要展开新作为、树立新形象，关键是党的建设要开创新局面。充分发挥党"总揽全局、协调各方"的优势，搭建起国家、省、市、县、镇各个层面纵合横通"税务党建"架构，自上而下指导建立党建联系点制度，完善与所在地党委、组织部、纪委监委等部门的常态化汇报沟通机制，推动系统党建各方面工作"整体整齐""联系联动"。同时，找准党建共建切入点、合作发展共赢点，推动税务党建通过条块结合，实现精诚共治，"串"起多方执法力量与数据资源。如建立健全公安派驻税务联络机制，实现警税双方制度化、信息化、常态化联合办案；检察机关发现负有税务监管相关职责的行政机关不依法履责的，应依法提出检察建议等。

2. 发挥党政领导的关键作用，引领税收治理

一是在党政领导下建立税收共治的制度规范。完善且可行的制度规范是构建税收共治格局的前提和基础。在国家相关法律的基本制度规范下，各省区市以及设区的市可通过人大及其常委会出台地方政府与税务部门税收共治方面的地方性法规或者条例，作为构建税收共治格局的制度规范，进一步提升并确立税收共治的法律地位。二是在党政领导下完善税收共治的合作机制。部门合作和社会协同是税收共治格局的重要特征，需要加强税收共治中的党政领导，才能有效地组织和协调相关部门和社会单位。通过地方性法规进一步规定政府、住建、自然资源、国土、发改、生态环境等相关部门和企业的法定义务，完善税收共治格局。三是在党政领导下建立税收共治的激励机制。地方政府可设立纳入年度财政预算的税收共治工作专项资金，以充分保障税收共治工作经费。地方党政机关还可将税收共治工作纳入工作考核范围，设置考核原则、考核对象、考核内容、考核程序，实行领导责任制，与干部任免、评先选优和年终考评挂钩，奖优罚劣。

3. 在重大税收改革中突出党建引领

目前，在推进减税降费、个税改革、发票电子化等重大改革时，都确保了改革推进到哪里、党的旗帜就高高飘扬在哪里。实施改革前，将发挥党建引领作用融入改革方案，激励党员干部攻坚克难。在改革推进中，对所有重要事项都召开党委会议认真研究，各个专项组和督导组都成立临时党组织，承担改革任务的单位成立"党员先锋队"。改革完成后，注重选树改革中涌现出的先进典型，并组织巡回报告发挥示范作用。

（二）加强协同治税，形成税收治理强大合力

《意见》中的"共治"有更深层次的内涵，要在税收征管改革中深化合作，包括部门协作、社会协同、司法协助、国际合作等。治理重在协同，良性税收秩序的形成非税务部门能一力承担，离不开社会多元共治。从"以票管税"到"以数治税"，从税收管理向税收治理转型，意味着由以税务部门为主体的单中心和内循环管理方式，向党委政府、税务部门、纳税人缴费人和社会力量相互作用的多元治理和内外循环方式转变。

1. 加强税法宣传，强化税收共治意识

将税法作为国家普法教育和国民教育体系的重要内容，加强对社会大众的税法教育，通过短视频、网络等新媒体和户外、纸媒等传统宣传方式，下沉到村（社区），实现宣传全覆盖，增强全社会的税法意识，强化社会公众协同治税意识和提高能力。

2. 建立评价机制，推进纳税信用体系建设

建立完善税务机关内部纳税人遵从度评价体系，构建信用惩戒大格局，完善部门之间守信激励、失信惩戒联动机制，将税费协同共治中发现的连续多个月未申报、欠税欠费、虚假开票等纳税人相关信息，接入税务、银行、社会信用评价机构，引导纳税人（缴费人）树立良好形象，促进纳税（缴费）遵从。

3. 深入推进建立部门间常态化、制度化协调机制

深化税收大数据应用，促进涉税费信息共享，持续推进与公安、司法、人民银行、海关、自然资源、住建等有关部门的互联互通，发挥税警联络机制作用、银税互动助企发展作用等，强化部门联合监管执法，打造公平公正的税收法治环境。

4. 发挥好行业协会和社会中介组织作用

发挥党建引领作用，建立税务部门与行业协会和社会中介的党建共建机制，积极引进高校、各行业协会和社会中介机构等的精英人士，借助专业人士的特长，综合各方面的资源和知识，让不同行业、不同领域的社会各界，共同参与到税收共治的大格局中，形成强大的税收治理合力，为纳税人缴费

人提供优质高效服务，共同营造良好的税收营商环境，为服务地方经济高质量发展凝聚力量和做出贡献。

（三）坚持"以人民为中心"的税收理念，深化税收征管改革

"以人民为中心"是共产党税收思想的逻辑起点，也是税收实践的落脚点。自党的十八大以来，"以人民为中心"的立场在新时代税收治理实践中得到了发扬光大，并增添了更加丰富的内涵。面对数千万企业纳税人、数亿自然人纳税人、10多亿缴费人的新特点新需求，税务部门持续改进税费服务方式，大幅提高社会满意度和税法遵从度，显著降低征纳成本，持续提升税收治理体系和治理能力现代化水平。一是纳税服务为民。为解决纳税人到办税服务厅办税不便的问题，将办税服务点前移至各农村的党群服务中心，把办税服务送到纳税人的家门口。抓住智慧税务建设契机，充分运用大数据、云计算、人工智能、移动互联网等现代信息技术，把被动服务转化为主动服务，把服务对象由原来的固定管户为主，扩展到固定管户和自然人纳税人、缴费人并重。二是改进办税缴费方式。建设全国统一的电子税务局，积极推行智能型个性化服务，切实减轻办税缴费负担，维护纳税人缴费人合法权益。三是促进税收征管智能化改造。推进法人和自然人税费信息"一户式""一人式"智能归集、税务机关和税务人员信息"一局式""一员式"智能归集。

（四）围绕中心，服务大局，助推乡村振兴发展

在基层税务部门，以党建引领为主导，以税村共建工作机制为基础，以党群服务中心为渠道，以助力乡村振兴为目标，发挥税收大数据优势，提供精准的税收优惠政策，积极为农业农民农村搭建农产品供需产业链，帮助构建提高农民收入的经济组织形式，更好地服务地方农村经济发展。积极发挥税村共建的优势作用：一是精准推送税收优惠政策。充分发挥税收职能，根据生产行业可享受的税收优惠政策明细，围绕政策解读和纳税申报等难点，定期进行"点对点""一对一"辅导，确保税收优惠精准享受，推动涉农产业发展，激发农村创业就业活力。二是利用税收大数据，深化农业产销对接。通过加强农业产业链经济税收分析，为着力打造集生产、加工、物流、销售和服务于一体的农业全产业链，提高农业整体效益助一臂之力，引导新的农村创业主体围绕龙头企业向产业链上、下游领域延伸创业，促进农产品精深

加工，拓展农业多功能性，发展休闲农业、智慧农业、农业文化产业，实现产业的一体化发展。通过税收大数据，帮助农村合作社解决资金不足、产销受阻难题，助力合作社健康快速发展。三是税务帮扶，打通务农致富新门径。发挥"党建＋税务＋农村"作用，选派政治过硬、业务熟练、工作能力强的税务干部驻村帮扶，下沉基层，深入田间地头、围绕涉农企业和群体的个性化需求开展"滴灌式"培训辅导，帮助构建现代农业经营体系，充分运用支持农业合作社等新型农业主体发展的税收优惠政策，大力引导乡村人口合作经营、农业产业化经营，建立合作社同农民、龙头企业等的利益联结机制，促进农业合作社的组织架构，提高农民组织化程度，以实际行动助农增收。

参考文献

郭月梅、厉晓：《从税收管理走向税收治理——基于国家治理视角的思考》，《税务研究》2017年第9期。

王伟域：《深化税收征管改革 服务国家治理现代化》，《中国税务报》2021年5月25日。

杨剑：《基于现代税收制度改革的国家税收治理创新研究》，《经济师》2019年第8期。

课题组组长：罗伟民
成　　　员：徐春辉　彭红平　孔令权　魏富君　张怡琳　肖文嘉
执　笔　人：刁晓艳

市县级税务机关深化税收征管改革的实践及路径探索

——以河南省济源产城融合示范区税务局为例

国家税务总局河南省税务局课题组

内容提要

国税地税征管体制改革后，国家税务总局济源产城融合示范区税务局结合扁平化管理的特殊体制，创新开展了深化税收征管改革的探索和实践，初步实现了精确执法、精细服务、精准监管、精诚共治，但还存在组织机构不健全、信息化支撑有限、涉税数据利用不足等问题。针对这些问题，笔者深入调研，结合市县级税务机关实际，提出分类分级管税、推行自行申报、拓展"信用＋风险"应用等举措，旨在对市县级税务机关进一步深化税收征管改革发挥一定作用。

关键词：税收征管改革　智慧税务　智能化分析　市县级税务机关

2021年3月，中共中央办公厅、国务院办公厅印发了《关于进一步深化税收征管改革的意见》（以下简称《意见》），成为税收工作的"十四五"规划，对深入推进精确执法、精细服务、精准监管、精诚共治（以下简称"四精"），深化税收征管改革做出全面部署。当前，在全面深化改革、推进国家治理体系和治理能力现代化的背景下，市县级税务机关作为税务系统的基础单元，全面、彻底、精准地落实《意见》是一个亟待解决且需持续研究的课题。国税地税征管体制改革后，国家税务总局济源产城融合示范区税务局（以下简称"济源示范区税务局"）结合济源扁平化管理的特殊体制，创新开展深化税收征管改革的探索和实践，取得了显著成效。本文以济源示范区税务局深化税收征管改革的探索实践为例,通过分析征管改革实践与《意见》的差距,提出下一步市县级税务机关深化税收征管改革的路径及展望。

一 深化税收征管改革的济源探索

济源产城融合示范区是国家发改委支持建设的全国首个全域产城融合示范区,级别为正厅级,下辖2个集聚区、5个街道、11个镇,不辖县区。济源示范区税务局级别为正处级,不辖县区局,直接管理至税源管理分局,属于扁平化管理的特殊体制。依照"三定"暂行规定,该局未设纳税服务科、纳税服务中心(税收宣传中心),将二者与办税服务厅职能合并,成立第一税务分局;未设大企业税收服务和管理部门,将其职能合并至税收风险管理部门;未设跨区域稽查局,全区仅设一个稽查局。国税地税征管体制改革后,济源示范区税务局结合扁平化管理的特殊体制,以《国家税务总局关于转变税收征管方式提高税收征管效能的指导意见》(税总发〔2017〕45号)、《全国税收征管操作规范(2.0版)》为蓝本,将总局的顶层设计与基层探索相结合,对税务系统管理体制、运行机制和工作方式进行了全面变革,并在吸收上级最新精神中动态优化,在税收实践中完善提升,打造构建了深化税收征管改革的"济源模式",此模式对县区局及扁平化管理的市级税务机关具有普适性。

(一)以税收风险智控中心为依托建设智慧税务

深度融合"以数治税"理念,加快智慧税务建设,运用云计算、大数据、人工智能等前沿技术,自主研发"一户式"纳税遵从分析助手(以下简称"分析助手"),并将其升级为税收风险智控中心,设置"一局式"分析、"一户式"分析、发票分析、税种分析、行业分析等功能模块,旨在打造税收风险管理的搜索引擎。

1. "一局+一户"归集数据

对"金税三期"系统回流数据、综合治税平台数据、天眼查等涉税数据等进行"一库式"智能归集,通过一系列规则指标和算法模型,寻找数据之间的关联性、逻辑性和差异性,发现存在的异常点和风险点,对涉税疑点进行智能化税收大数据分析。通过"一框式"搜索引擎,可在两分钟内生成税源管理分局"一局式"税收体检报告和纳税人"一户式"税收体检报告。"一局式"税收体检报告是根据纳税人当期申报的涉税事项,对税务机关进行征管基础、数据质量、涉税风险等方面的考量,在不同指标模型的基础上进行统计式分析,对相应问题的纳税人进行划分和排名,为税务机关提供该征期"一局式"征管状况的全景式税收体检报告。"一户式"税收体检报告是从登记管理、纳税申报、经营发展等多维度分析纳税人情况、风险疑点和风险等级,为纳税人提供风险指向清晰的自身税法遵从状况的全景式税收体检报告。文字加数字的"傻瓜式"报告内容更符合大众的阅读习惯,纳税人只需按图索骥、对症下药即可,无需第三方专家人员的解读便可认识自身涉税风险。

2. "人工+智能"构建模型

注重对专家经验的继承,结合多年纳税评估和税务稽查工作经验,从中汲取含金量高的管查技巧,通过建立计算机模型,形成覆盖全税种、各管理事项、重点行业的风险指标和模型套餐。同时注重对人工智能算法等前沿技术的应用,在现有历史数据的基础上,通过清洗和加工形成样本数据,运用机器学习算法对其进行回归、分类、聚类等操作,形成特定业务模型和标签,实现对新生数据的智能化分析。

3. "分类+分级"推送疑点

以税务机关和纳税人为维度,逐局逐户归集纳税人在申报数据、税种比对、报表逻辑、发票监控、综合分析等方面存在的风险疑点,并根据税收体检报告中的风险疑点数量及等级,分类推送至纳税服务部门、税源管理分局、稽查局开展差异化应对,风险管理的识别、派发、反馈、补税等各环节均在网上流转,可追踪、可溯源。该分析助手的开发应用,为税收征管数字化升级和智能化改造提供了强大的信息化支撑,初步实现了执法服务监管的"一体式"集成,基本实现了纳税人"自行判别、自行申报"的"放"与税务机关事后监管的"收"的有机结合。智慧税务为"精确执法""精细服务""精准监管"提供了前提和基础。

(二)以打破固定管户关系为先导推进精确执法

打破自 2005 年以来形成的税收管理员与纳税人的固定管户关系,将"分户到人,各事统管,依经验实施税收征管"的管理方法,改为在智慧税务的环境下，按照征管流程的主要环节，对税收管理员进行分类、对管理事项进行分类的精细化管理模式，实现管理方式由固定管户向分类分级管户转变。

1. 改革税收管理员制度

将管理事项分为纳税服务事项、基础管理事项、风险管理事项、风险应对事项和法制事务事项等，与之相对应将税收管理员身份分解为纳税服务员、税收风险分析员、税收执法主办官和内控监督员。将应由纳税人自主申报、报告等履行义务事项，彻底还责于纳税人；纳税服务事项和基础管理事项由纳税服务部门和税源管理分局基础事项应对组的首席纳税服务员负责；风险管理事项由税收风险管理局、各业务部门和税源管理分局业务审核监督组的税收风险分析员、内控监督员负责；风险应对事项由税源管理分局、稽查局中等风险应对组和高等风险应对组的税收执法主办官负责；法制审核事项由示范区局法制科和税源管理分局业务审核监督组负责。税收管理员制度改革为打破固定管户提供了前提条件。

2. 创新机构内设分组

各税源管理分局不设科（股），实行分组制。依据不同管理职能和涉税事项，在纳税服务部门、税源管理分局、税收风险管理局、稽查局分别设置4~8个工作组。纳税服务部门下设电子档案采集归档组、信用评价组、纳税人权益保护组等；税源管理分局下设业务审核监督组、基础事项应对组、中等风险应对组等；税收风险管理局下设数据模型组、分析识别组、监控评价组等；稽查局下设案源管理股、检查股、电子调账取证分析股等。科学的机构内设分组为分类管理提供了组织保障。

3. 设立税收执法主办官

将法检两院"员额制"引入税务执法领域，在税源管理分局和稽查局的税收执法工作组，选拔1名税收执法主办官，带领1~2名协办人员，团队化开展风险应对工作。在办案过程中，税收执法主办官对具体个案承担主要责任，协办人员承担次要责任，既实现了团队化应对，又厘清了执法责任，调动了执法人员的积极性。

4. 设立税收风险分析员

在各业务科室、税收风险管理局设立税收风险分析员，各业务科室税收风险分析员开展分行业、分税种风险分析识别，将分析结果推送至税收风险管理局统筹，税收风险管理局税收风险分析员针对各业务科室分析结果，利用分析助手进行全面智能扫描,锁定纳税人的全部风险信息,再结合天眼查、企查查、八爪鱼等数据,进行综合性人工分析,最后形成风险分析报告,据此形成风险应对任务,通过风险管理系统将低、中、高任务统筹推送至纳税服务部门、税源管理分局、稽查局。同时,税收风险管理局设立的每个税收风险分析员包片指导一个税源管理分局,对该分局承担的风险应对工作进行辅导,实现对风险分析成果的增值利用。

(三) 以首席纳税服务员制度为抓手推动精细服务

1. 设置首席纳税服务员

除纳税服务部门承接纳税服务事项外,在税源管理分局基础事项应对组为纳税人设置首席纳税服务员。即将金税三期系统中固化的针对每个纳税人的税收管理员定位为首席纳税服务员,负责税法宣传、优惠政策推送、纳税人个性化服务、实名办税信息采集、纳税人基础信息档案建立等事项,为低风险纳税人推送税收体检报告,对纳税人轻微违法行为进行提示提醒,并为纳税人自查自纠提供精细纳税辅导,做到"线下服务无死角、线上服务不打烊、定制服务广覆盖",初步实现从无差别服务向精细化、智能化、个性化服务转变。

2. 建立首席纳税服务员与服务对象执法回避制度

首席纳税服务员在服务对象出现税收违法行为时,不得对该对象实施执法行为,由其他税收执法主办官与协办人员团队化实施风险应对。执法人员在进行风险应对时,首席纳税服务员不得为纳税人通风报信,不得当中间人说情请托,如有此类现象,执法人员将有关情况记录在案,报有关部门按照规定对该首席纳税服务员采取惩戒措施。

3. 推行纳税人缴费人需求管理制度

制定《纳税人缴费人服务需求管理制度》,通过领导干部"进大厅现场办公""跟随群众跑一次"活动和走访调研等举措,了解纳税人缴费人在办税过程中存在的痛点、难点、堵点,分类建立需求台账,明确责任单位、责任领导、完成时限等,逐项落实、逐项销号,精细化开展纳税人缴费人需求管理,及时响应纳税人缴费人需求。

4. 开展立体化政策辅导

在线下,立足全局一个办税服务厅的实际,在市民之家办税服务厅开设

"税收超市",即集政务公开、政策超市、信息查阅、依申请公开政府信息等功能于一体的 24 小时自助政务公开区,将政务公开服务下沉到第一线,实现服务纳税人缴费人"零距离"。在线上,通过公众号、"12366"短信平台、微信群和钉钉直播课堂,为纳税人缴费人开展各类政策宣传辅导,使纳税人缴费人足不出户即能享受政策直达直享服务。同时,通过税收大数据智能化分析,精准识别出纳税人应享未享的税收优惠政策,由首席纳税服务员主动为其精准辅导。

(四) 以税法遵从度与纳税信用相关联为关键推动精准监管

1. 实行纳税人动态信用等级分类

建立健全纳税信用评价制度,连续 2 年举办"税法遵从度与纳税信用相关联合作"签约活动,为签约纳税人推送"税收体检报告",将纳税人自查自纠与纳税信用相关联,对纳税人信用等级实施动态管理,实现纳税信用"用起来""推出去",并为非强制性执法打下基础。对 5 连 A 纳税人颁奖表彰;对 A 级、B 级信用纳税人提供"容缺办""提速办""优先办""批量办""联合办"等个性化服务和包容性监管,让守信纳税人在企业注销、出口退税、纳税申报等方面享受更多优惠和便利,并充分运用"信用+风险"深化"银税互动",促进 A 级、B 级纳税信用转化为贷款信用,缓解守信人的融资压力,让"诚信兴商"可观可感、落到实处。

2. 实行纳税人智能化风险监控

通过分析助手智能化税收大数据分析为纳税人进行"风险号脉""免费体检",诊断纳税人"病兆",生成税收体检报告,通过电子税务局或首席纳税服务员"线上+线下""点对点"推送至纳税人进行提示提醒服务,随后由纳税人在首席纳税服务员指导下进行自查自纠,对不配合自查自纠的纳税人,在调整其信用等级的同时,按风险等级对其实施纳税评估或税务稽查,实现了非强制性执法与强制性执法的有序过渡,体现了"执法+服务=遵从"的现代治税理念。

3. 实行税收风险管理四种形态

根据低、中、高风险等级,对纳税人实施"纳税辅导和提示提醒为常态,评估约谈和调查核实为大多数,税务稽查为少数,移送公安机关为极少数"四种形态,促进形成以"信用+风险"为基础的新型监管机制。

（五）以税收大数据仓库为基础推进精诚共治

1. 内部数据"一库式"集成

立足实际，向内深挖，在整合原国、地税核心征管数据以及合并后新并库版数据库的基础上，充分运用大数据思维，以业务管理数据化为基础，通过数据共享和应用，促进业务间的紧密衔接，实现多方参考、互为印证的智能化风险分析模式，累计集成数据152GB。

2. 互联网数据"一网式"抓取

开阔思维，兼容并包，统一购买数据抓取、分析科技软件的会员服务，借助天眼查、企查查、八爪鱼等数据收集、分析工具，以及公共资源交易、司法拍卖、淘宝网等数据补充和印证纳税人已申报数据，甄别数据真实性。

3. 综合治税"一并式"推进

深化跨系统、跨领域税收合作，积极助推政府完善综合治税平台建设，共享国土、工商、公安、社保等部门涉税数据。以综合治税平台和金税三期系统数据为基础，定期将各方涉税数据进行清洗、过滤、加工，瞄准重点行业、重点税种、重点项目的税收风险易发环节，有序开展智能化税收大数据分析。与公、检、法等司法部门建立联席会议制度、数据共享制度、执行协助制度，司法保障体系基本形成。

二 征管改革成效

（一）税收征管模式显著优化

1. 在征管模式上

风险管理导向全面树立，大风险理念深入人心，通过重构征管流程，税收征管模式发生质的转变。税源管理分局分别成立专业化的纳税服务团队和执法应对团队，重新调整确定税源管理和税收风险管理职责，税源管理模式由传统的保姆式管理向税收风险导向型管理转变，税源管理内容由事务性日常工作向精确执法和精细服务转变。

2. 在征管力量上

优化征管力量配置，加大人力资源向风险管理、税费分析、大数据应用等领域倾斜力度，税收风险管理局、税源管理分局、稽查局从事风险应对人员占比72.2%。

3. 在任务统筹上

通过分析助手"一户式"归集、智能化分析，对风险任务进行"一次性"统筹推送，防止多头多次进户，避免纳税人多次被打扰，减少纳税人负担，提高行政效率，初步建成"无风险不打扰、有违法要追究、全过程强智控"的税务执法新体系。

（二）税务执法风险有效降低

1. 纳税人和税务人员权责清晰、各履其责

依法界定征纳双方权利义务关系，还权还责于纳税人，纳税人依法自主履行申报纳税、优惠备案、涉税资料报送及保存等法定义务，依法对其履行纳税义务的行为负责，取消税务人员事前审核、巡查义务，防止纳税人与税务人员权责混淆。

2. 税收管理员身份分解、职责分离

通过打破固定管户关系，分解税收管理员身份，税务人员对纳税人不再统管，而是依据管理事项进行分类管理和团队化管理，纳税人和税收管理员之间不是依附关系和利益共同体，且在执法中实施首席纳税服务员与服务对象回避制度，切实做到了职责分离、依法回避，减少了执法风险和廉政风险。

3. 税收内控机制科学规范、运行高效

首先严格执行约谈、实地核查和纳税评估环节"双人执法"；其次所有执法事项必须在系统中操作，进行全流程痕迹化管理，实现权力运行可查询、可追溯；最后建立严格的内部监控评价机制，通过督察内审、税政、纪检等"一体化"监督体系，对已完成的风险应对任务随机抽取进行核查，形成全链条制约、多节点监督的执法监控体系。

（三）征纳共赢局面逐步形成

1. 税法遵从度有效提升

通过运用税收风险管理四种形态、应用"信用+风险"监管，实施内外部联合惩戒，一定程度上减少了纳税人不缴少缴税款、偷逃抗骗等违法行为，有效维护了税收秩序，切实提高了纳税人税法遵从度。

2. 纳税人获得感显著提高

通过人工智能对税收大数据的深层挖掘、多维分析和动态关联，形成智能推荐，实现了纳税人自动识别主管税务部门、自动关联相关信息。同时，通过对税收大数据系统化整合和智能化分析，建立纳税人电子管理档案，生成税收体检报告分类应对，增强了税收风险管理的精确度，提高了税务执法效率，纳税人获得感也显著提高。

3. 风险促收能力切实增强

通过完善税种风险指标模型和行为事项模型建设，形成交叉无缝隙的各税种联动风险管理模式，实现风险管理全覆盖，促进了税费收入的可持续增长。2019年至今，经分析助手分析的纳税人达2000户次，排查疑点数据5800余条，自查补缴入库税费收入30245万元，风险识别命中率高达90%。2019年、2020年，济源示范区税务局风险管理对税费收入的贡献率分别达13.9%、14.6%，为推动地方经济高质量发展提供了坚实财力保障。

三 市县级税务机关深化税收征管改革的路径展望

当前，《意见》为"十四五"时期高质量推进新发展阶段税收现代化确立了总体规划，这将为市县级税务机关深化税收征管改革提供基本遵循。济源示范区税务局前期虽然对深化税收征管改革进行了积极探索，取得了明显成效，但对照《意见》还存在一定差距，主要表现在：一是组织机构不健全。由于济源示范区税务局"三定"规定未下发，因此该局内设机构不健全，相较于其他市级税务机关缺少督察内审科、考核考评科、教育科、老干部科、系统党建工作科、纳税服务中心、大企业税收服务和管理分局、产业集聚区分局等，这在一定程度上限制了税收征管改革的深入推进。二是信息化支撑有限。金税三期系统中的流程、文书设计等已经不能满足当前的税收征管改革需要，新税收业务流程缺乏信息化有效支撑；目前使用的电子公文、数字人事、绩效管理等行政管理系统和税收业务系统各自独立、互不连通，与总局提出的税务人员履责信息"一员式"集成、税务系统信息"一揽式"集成还有差距。三是涉税数据利用不足。受人力资源、技术手段、经费及系统权限设置等因素制约，涉税数据的挖掘利用不够深入，如数据库中增值税发票票面信息要素不全，发票分析过多关注防虚打骗，支持深度关联分析不够，与总局提出的经济交易信息"一票式"集成还有差距。对照以上差距，市县级税务机关深化税收征管改革要重点在以下几个方面取得突破。

(一) 打破固定管户，实施分类分级管税

1. 改革税收管理员制度

改革属地固定管户模式，将税收管理员身份分解为纳税服务员、税收风险分析员、税收风险应对员和内控监督员，推动征管方式由全能管户、一人统管向分类管事、团队协作转变。分解税收管理员过度集中的管理权限，工作重心由事前审核向事中事后监管转变，纳税服务事项和基础管理事项由纳税服务部门和税源管理部门负责，风险管理事项和法制事务事项按照工作分工实行分类分级管理。

2. 创新机构内设分组

依据不同管理职能和涉税事项，在纳税服务、基层税源管理、税收风险管理、稽查等部门分别设置若干工作组。纳税服务部门下设电子档案采集组、信用评价组、电子税务局维护组、纳税人权益保护组等；基层税源管理部门下设业务审核监督组、基础事项应对组、中等风险应对组等；税收风险管理部门下设数据模型组、分析识别组、监控评价组等；市级稽查局、跨区域稽查局设立技术部门或称电子调账取证分析股等。同时适当上移全局性、复杂性税费服务和管理职责，避免人情干扰和地方保护主义，以取得下级政府的理解支持。

3. 推行首席纳税服务员、税收执法主办官、税收风险分析员制度

除纳税服务部门承接纳税服务事项外，在税源管理分局基础事项应对组为纳税人设置首席纳税服务员，负责税法宣传、优惠政策推送、纳税人个性化服务、实名办税信息采集、纳税人基础信息档案建立、风险提醒等事项；根据事项岗责需求，按照"按能配岗、岗能匹配"的原则，选拔德才兼备的税务人员担任税收执法主办官，带领协办人员，团队化开展风险应对、事项管理工作；在税收风险管理、基层税源管理和各业务部门分别设立税收风险分析员，负责整体性、综合性风险分析识别和各自管理税费种及相关业务的风险分析识别。

（二）推行自行申报，提升税法遵从度

1. 明确征纳权责

依法界定税务机关和纳税人各自的权利和义务，纳税人按照税法规定自行申报纳税，并对申报内容的合法性和真实性承担法律责任；纳税人自行申报后，税务机关开展事中、事后监管，发现问题、控管风险。

2. 减少事前审批

进一步取消和下放税务行政许可事项，清理《全国税收征管操作规范（2.0版）》和金税三期系统中虽没有法律依据但事实存在的事前审核审批事项，为厘清征纳关系、还权还责于纳税人，并为税务人员无顾虑地实施对纳税人的后续风险管理创造条件。

3. 强化后续管理

加大对税收大数据的智能化分析力度，并据此开展分类分级应对，对低、中、高等级风险实施从柔性到刚性的精确执法，促进纳税人税法遵从度提升。

（三）培育数字生态，强化以数治税

1. 强化数据驱动赋能

以税收大数据为驱动力，以数据采集、管理和应用为主线，建设综合性智能化数据应用平台，对税收大数据进行"一库式"归集、分析、利用，并注重安全性能和应用效能，形成高效安全的数字化管理环境。

2. 加强数据增值应用

推动政府在各部门推行首席数据官制度，强化数据资源的共享利用。完善指标模型设置，深度挖掘涉税数据"金矿"，注重大数据关联性分析，如丰富增值税发票票面内容，对发票进行经济信息"一票式"集成分析等，不断强化税收大数据在经济运行研判领域的深层次应用。

3. 探索多元掌上办税

借鉴信用卡还款到期提醒和"12123"App一键处理车辆违章等方式，优化催报催缴、违法违章处理手段，在有效减轻税务机关工作压力的同时，大幅减少对纳税人不必要的打扰。

（四）强化共享共治，拓展"信用+风险"应用

1. 加强信用法律法规顶层设计

强化社会信用法规的制定，提升联合激励与惩戒措施的法律层级，细化明确各部门在信用标准、数据共享、联合激励和惩戒等方面的法定责任和义务。

2. 实现信用信息共用共享

建立健全社会信用平台，依据身份证和社会统一信用代码，对信用数据的采集统一口径、扩大范围、提高质量，实现信用信息高质量归集整合、互联互通、共用共享。在行政管理、公共服务、招标采购、公共资源交易等工作中，设立信用信息查询环节，将纳税人的信用状况作为管理决策的重要参考。

3. 强化部门联合惩戒

加大部门间联合执法和管理力度，定期向相关部门推送严重失信企业名单，其他部门配合采取惩戒措施，严厉惩处纳税人恶意走逃、恶意欠税、拒不申报、发票虚开虚抵等行为，对其法定代表人在各项代表的选举、评定，乘坐高铁、飞机等交通工具方面加以限制，充分发挥纳税信用在社会信用体系中的基础性作用，强化税收大数据在社会管理领域的深层次应用。

参考文献

董晓岩：《纳税申报中征纳双方权利义务的错位与规范》，《经济与管理》2010年第3期。

李浩梅：《基于资源基础观的税务组织行政成本控制浅析》，《特区经济》2013年第8期。

彭晶晶：《H省地税局税收征管改革问题研究》，郑州大学硕士学位论文，2018。

石超：《税收征管模式改革研究》，西南政法大学硕士学位论文，2018。

夏文俊：《基于浙江实践的新税务机构征管模式优化研究》，西北大学硕士学位论文，2018。

课题组组长：姬洪波

成　　　员：李　振　牛　涛　曹国营　张　喆　贾鹏飞

执　笔　人：张　喆

数字驱动下智慧征管机制建设实证研究

——以武汉市税务局征管实践为例

国家税务总局武汉市税务局课题组

内容提要

以数据为代表的生产要素在现代经济社会中的作用日趋增强,它是破解当前税收征管中一系列问题的有效途径。基于数权基础上的管数制正向我们走来,原有的征管架构、职能定位、管理流程和人员配备等也将发生根本性的改变。本文从基层征管实践出发,运用数字思维、数字逻辑和数字方式着力重构智慧征管的新机制。

关键词: 税收征管　数字经济　智慧税务

随着信息时代跨入新的发展期,大数据、5G移动互联网、云计算、人工智能和区块链等新技术不断涌现,以电子商务和互联网金融等为代表的数字经济新业态不断涌现,"互联网+服务"和信息化政务等政府部门开展民生服务的新思维不断涌现,原有的税收征管机制已不适应这种新的变化,需要进行修改、完善和重构。

一　数字驱动智慧征管机制建设理论分析

(一) 数字驱动智慧征管机制建设的内涵要义

数字驱动智慧征管机制建设不同于税收信息化,也不同于税收数字化,其核心是税收数据化。信息化是运用信息技术手段和工具,对原有物质形态和业务流程进行描述的过程。数字化是运用数字技术,对各种信息进行运算、加工、存储、传送、传播和还原的过程,是网络虚拟世界与真实世界联结的桥梁和交流方式。税收层面的数字驱动,即按照数字治理理论的要求,对涉税信息进行数据化处理加工,以此驱动信息重整、职能重构和流程重组,实现高标准、深度化的大数据智能管税目标。

数字驱动智慧征管机制建设以现代数字治理理论为指导,该理论主张信息技术和信息系统在公共部门改革中的重要作用,从而构建公共部门扁平化的管理机制,促进权力运行的共享,逐步实现还权于社会、还权于民的善治过程。其代表人物英国学者帕却克·邓利维(Patrick Dunleavy)强调:信息技术以及信息处理是各种变化的核心,这一变化与以前任何时候的变化相比,它的波及面更广并且在更广泛的层面上发挥着作用[1]。帕却克·邓利维主张在公共部门管理系统引入信息技术和信息系统,从而促进公共管理学科对公共政策的感知由边缘化向中心化发展[2]。他主张不断引用逐渐出现的大数据、云计算等先进的数据处理技术,加强数字时代的协同公共服务发展,并不断丰富公共部门公共管理系统的"工具箱"[3]。因此,从广义上讲,数字驱动不是信息通讯技术(ICT)在公共事务领域的简单应用,而是一种与政治权力和社会权力的组织与利用方式相关联的社会—政治组织及其活动的形式,它包括对经济和社会资源的综合治理,涉及如何影响政府、立法机关以及公共管理过程的一系列活动[4]。它是数字治理理论在政府治理和税收治理方式上的统一。税收征管中最重要的问题是数据,也是税务部门重要的资产。数字技术在税收征管领域,已经从一种技术方式转变为一种驱动模式,即对涉税信息进行数据化处理加工以达到高效、便捷、自动化和精准化,推动税收征管方式创新、服务变革和系统重构。

国家税务总局提出"大数据时代,谁能掌握好数据,谁能利用好数据,谁就能提高洞察力,占领制高点"的数据治税思维,标志着数字驱动税收征

---

[1] 竺乾威:《从新公共管理到整体性治理》,《中国行政管理》2008年第10期。
[2] Patrick Dunleavy. *Digital Era Governance: IT Corporations, the State, and E-Government.* Oxford: Oxford University Press, 2006: 227-229, 234, 237. 237.
[3] Patrick Dunleavy, Helen Margetts. *The Second Wave of Digital Era Governance* [C]. APSA 2010 AnnualMeeting Paper, Washington, America, 2010: 1.
[4] 徐晓林、周立新:《数字治理在城市政府善治中的体系构建》,《管理世界》2004年第11期;徐晓林、刘勇:《数字治理对城市政府善治的影响研究》,《公共管理学报》2006年第1期。

管新机制建设的目标基本确定。新冠肺炎疫情后，面对日趋复杂的企业经营活动，面对恢复经济发展的迫切需求，税务部门正从"以税收风险为导向""实施对纳税人的分类分级差别化管理"，转变为围绕数字治理，以数字驱动为主线，以税收风险为导向，以大数据应用为抓手，优化资源配置，打造更加高效、更加专业化的新征管机制。

（二）数字驱动智慧征管机制建设的作用机理

1. 数字驱动使征管信息系统更加全面完善

税收征管问题，从根本上讲就是要解决征纳双方税收信息不对称问题。在大数据背景下，海量涉税数据呈指数型爆炸增长，如何在大量、无序、多样、低价值密度数据的"金山银库"中定位、查找、提炼有价值的信息，并将其运用到税收治理各个环节成为关键。对数据的标准化、规范化采集，是进行数据分析加工的前置基础。对从税务机关、纳税人、经济交易直接关联方、经济交易间接关联方（如交易平台）和社会媒体群众等多方采集获取数据，可有效拓展税收征管宽度和深度，为数据比对、风险查找和应对提供更为科学的依据。

2. 数字驱动使税收征管流程更加简便流畅

将采集、汇总、存储、管理、分析和运用的信息流动过程深度嵌合在登记、申报、征收和评估稽查的业务流程中去，既是数字驱动信息流程再造的核心要义，也是数字驱动下信息流程的高度共享化、透明化和集中化，这将有利于对隐蔽税源、分散税源和跨区税源的挖掘和整合。建立在信息流程之上的业务设置和权责机构设置也将更加倾向扁平化、集约化，动态、实时和标准的信息流程也能使税务机关避免繁杂的信息审核、数据清理和多重管理，进一步提升以数控税能力，提高税收治理效率。

3. 数字驱动使税收风险防控更加精准有力

基于建立在信息流程各环节的信息采集获取到的实时动态数据，依靠对共享度足够高、关联性足够强的涉税数据的比对分析，构建完善的税收征管风险防控体系，可将事后征管转化为以事前预警、事中监控为主的智能监控征管，通过系统化的模型预测和数据监测，对纳税人可能存在的不规范的涉税行为进行事前辅导、事中实时提醒和预警，及时快速反应和即时监测整改情况以达成风险控制的最佳效果。

4. 数字驱动使税收分析决策更加科学高效

大数据的核心价值在于预测,将粗放型、浅显化的数据统计转化为精准度高、前瞻性强的预测型数据加工,强化数据预测结果应用,可以有效地为税收治理和税收服务指明方向,在税负测算、法规完善、领导决策、政策执行和纳税信用评价方面提供强有力的参考。同时,将零散的碎片化存储数据加工为集成有序的数据链,以达成高度开放的涉税信息共享,也使宏观层面的战略分析和研判更加先进,进一步助力共享经济背景下的国家治理体系和治理能力现代化,进一步提高税收征管效能和涉税公共服务的品质。

(三) 数字驱动智慧征管机制建设的技术途径

1. 网络爬虫技术与数据仓库

构建数据标准规范、有效整合、总量庞大、可比性高和可分析性强的数据仓库是数字税收的基础,因此首先要获取大量、真实和可比的涉税数据。网络爬虫技术通过设置条件规则自动跟踪、捕捉和抓取万维网上的涉税数据,助力税务机关从互联网获取更多来自企业自行公开、政府机关公示、公众媒体舆论披露和交易情况展示等的相关信息,收集到数据仓库中,以通过信息整合和对比为纳税人涉税经济行为"贴标画像",多维、立体和丰富的涉税数据也进一步保障了数据的可靠性、可比性和可分析性。

2. 区块链技术与"以数控税"

区块链以其不可篡改、公开透明、易于追溯和分布式数据存储等特征保证了"诚实可靠",可用于实现更安全高效的数据管理。从税务管理角度来看,区块链技术在推进"以数控税"电子交易记录体系构建、破解信息不对称难题、挖掘隐藏税源、掌握纳税人经营动态和跨部门跨区域信息高度共享等方面都极具探索价值。就"以数控税"而言,基于区块链智能合约,建立健全以涵盖合同要素、物流和资金流等详细交易信息的"电子交易凭证"为记账缴税原始基础凭证的数字管控体系,交易全流程将被完整记录、无法篡改。一方面解决了现行"以票控税"存在的虚开虚抵漏开等管理难题,极大降低了相关风险管控成本;另一方面电子凭证完美适应了互联网时代电子化、数字化的经济新业态,将隐形税源纳入征管监控,极大提升了征管质效。

3. 人工智能技术与"智慧征管"

人工智能通过对人的思维、意识的模拟达成使机器胜任人类工作岗位的目的，在税务领域，应用人工智能技术可将征纳双方从冗余、低效和繁杂的重复性劳动中脱离出来，将人力资源更多地投入关键环节。在涉税咨询、纳税辅导中应用人工智能自动化引导和回复，可为纳税人定制一对一的特色个性服务；在税收风险管理中应用机器学习将在模型构建、模型运转分析、风险识别、自动化判断和应对方面极大地提升效率，避免重复和无效应对；在现代化征管模式中应用人机交互可使人工智能不断通过深度学习提升技能知识水平以适应税务实务复杂性，将税务人员的工作重点转移到疑难税收问题的管理、判断和决策，与人工智能信息共享上来，以人机协作实现自动化、多层次和高效率的智慧征管。

二 数字驱动下智慧征管新机制建设的武汉实践

社会经济快速发展，市场主体经营活动日趋复杂，以数字经济为代表的新经济和新业态不断涌现，给税收征管带来新的挑战。武汉市税务局面对数字时代的转变，努力探索税收征管机制创新，提升了税收征管效能，为纳税人提供了更优的服务品质。

（一）建立数据管理机制

以推进国地税征管体制改革为契机，设立了税收风险管理局，突出了数据管理的重要性。在税收数据由省局集中存储、以省局分析为主的基础上，发挥好市局主动性，建立起纵向省市联动、横向部门协作的数据管理机制。税收风险管理局负责数据管理的组织、协调工作，以及数据共享交换、质量控制、分析应用和平台管理等具体工作。各职能部门根据各自管理要求，在提升风险管理质效、辅助决策质效、纳税服务质效和征收管理质效等各个方面开展专业化的数据分析运用。

（二）推动内外数据集成

对外不断增强涉税数据共享能力，对接政务数据平台。2013年起，武汉市税务局积极参与市政府牵头建立的财源信息共享平台，实现与原工商局、房管、建委等19个部门之间的信息共享；2017年，武汉市政府将原平台升级为"云端武汉"政务信息共享平台，交换信息范围拓展到66个部门；房管局商品房预售许可信息、开发项目建盘情况，科技局高新技术企业资格取消情况和发改委企业投资项目备案核准情况等税收管理中需要的重要数据实现了定期获取。

对内实施数据集成，完善基础平台支撑。运用省局整合金税三期核心征管、增值税发票管理新系统等内部业务系统数据建立的数据仓库，严格数据采集标准，深化数据质量管理，开展分层次的数据挖掘分析，有效提升了数据获取和应用能力。

（三）提升纳税服务智能化

打造电子税务局为主、自主终端为辅、办税服务厅兜底的线上线下一体化办税平台。在电子税务局中实现已有数据自动填写、关联数据自动校验、相同数据简并处理，推出新户套餐、跨区域涉税事项套餐、发票套餐等线上套餐服务，打通数据流和业务流，为纳税人提供"一件事一次办"。在线下办税服务厅，对窗口资源和办税时长进行实时监控调度，推出"办税地图"、"全市通办"和"一张身份证办成事"，统筹全市办税资源，简化办税资料，减少办税时间。通过对税收大数据和第三方数据的应用，精准定位享受税收优惠的纳税人，主动以短信、微信等方式给予温馨提示。运用涉税数据分析，推动"银税互动"更有效、更有力，联合17家金融机构对A级和B级纳税人推出"信用云税贷"服务，全力帮扶中小微企业纾解融资困难。

（四）改革税收征管模式

围绕数据信息开展纳税人分级分类，在区局内打破属地划分，实行重点税源"集中"管理、中小税源"行业＋属地"管理、个体税收"社会化"管理、特定事项"归口化"管理。打破"固定管户"模式，实行事项化、团队化管理，从"人盯户"转为"事找人"，岗位职责和业务事项由系统工作流驱动。逐步对办税服务前后台业务进行整合实现一体化运行，办税服务厅承接部分从税源管理部门前移的依申请需调查的管理事项，简化事项办理流转环节，缩短办理时限。

（五）突出风险管理导向

转变机构职能，形成纳税服务、税源管理和风险管理"三大"序列，从职责和人力资源配置上向风险管理转型。坚持以风险管理为导向、以大数据为支撑，建立数据与业务双轮驱动、高中低三级风险分级管控的风险防控体系。运用纳税人画像、关系云图等技术手段开展风险分析，发起风险应对任务。先后开发了"预警快""打击狠""分析准""票链通""票控全"系列软件，健全自动预警、对象筛选、快速处理和结果反馈的发票管理流程。对于低风险纳税人，通过电子税务局、微信端"互联网+风险管理"平台，推送涉税疑点，实现在线互动，无接触式排查税收风险。

（六）强化社会协同共治

利用与外部门的数据共享互通，提升部门间相关业务流程的后台融合度。开业环节实现与多部门的事项对接，"一窗受理，并联办理，同窗出件"，只用数据跑路，不需纳税人跑路，开业领票在0.5天即可完成。加强数据质量管理，定期开展跨部门数据比对分析，及时清理修改错误数据信息，夯实数据基础。房地产交易中推行"网上预核""一窗受理""业务联办"，实现新建商品房全程网上办、中心城区的商品房同城通办、企业间存量房非住宅转移网上办。坚持在税收工作决策中"用数据说话、用数据决策、用数据管理"，提升税务部门对经济社会统计监测和决策分析水平。

三 数字驱动创新征管机制的对策和建议

税收征管现代化是推动税收治理体系和治理能力现代化的关键目标和重要任务。涉税数据是重要的资产和生产要素。实现税收征管现代化就必须建立大数据治税思维，围绕数据管理权限（以下简称"数权"）从数据资源、数据流向和数据逻辑出发重构税收管理模式，充分发挥数据在转变税务职能、创新征管机制和驱动业务流程再造中的作用，大力推动"六化"建设，不断完善税收治理体系，提升税收治理能力。

（一）组织机构扁平化

在税收数字化时代，传统的税收征管组织结构面临严重冲击，数据驱动的扁平化管理是税收治理工作发展的大趋势，即要以数据流转为主线优化机构职能配置，压缩中间管理层次，扩大管理幅度，提高管理效率，使组织结构形态由锥形结构变为扁平结构，重组岗位职能体系，提高信息处理效率，构建新型的税收征管组织机构。打造"数据大脑"，将从以行政区划为特征的机构设置逐渐转变为以数据生产要素密度为基准的机构设置，从而达到人和数权相匹配的工作状态。强化以数据资源和数据处理能力为中心的税务机构职能，建立以数据平台、分析平台和决策中心为核心的数权管理机制，形成打造以"数权"分配为目标的税收"数据大脑"。

1. 扁平管理部门

扁平化管理的基层税务机关身兼多职，直接面对纳税人，其是数据采集的末梢，需要具有极高敏锐度和反应力。因此要加强基层机构人力资源配备，简化中间层级，切实赋岗赋权。同时，做到考核评价更科学、依事以数定责，严管善待一线干部。

2. 畅通信息传递

传统的税务组织机构是典型的金字塔结构，数据上传的途径必须通过各个层级汇总上传，上级指示也是层层向下传达贯彻。这种方式浪费时间，同时数据在传递的过程中还会发生偏差甚至丢失。新的组织架构使得上级税务部门依托现代信息网络技术，发挥信息系统在管理深度和广度上的作用，让上级直接远程掌握下级税务部门税务管理情况，而且可直接深入一线税务部门加强控管。让管理要求信息直达基层，让基层数据直达顶层。同时，通过流程控管和数据范围管理，实现工作并行，数据横向流转互通，信息传递渠道畅通，信息准确直达，沟通实时有效。

3. 突出技术引领

强化以区块链、人工智能等为代表的新技术应用，发挥深度学习作用，重视涉税数据间逻辑的归纳，优化税收资源配置效率，实现工作标准化处理，从而建立以人工智能与税务干部人工相互补充、相互融合的税收智能化管理模式，推动税收管理更加高效。

（二）职能职责专业化

数字税务的高效性、直达性对现有岗责分工提出了更精细化的需求。需要优化现有组织机构，围绕"数权"打造各司其职的专业化岗责体系，推动税收业务数字化进程。围绕数据流做好职责分工。信息管理序列部门负责整合数据资源，做好大数据资源的获取、加工、分析职能。各税收政策管理部门根据业务数据，对税种管理情况及风险进行研判，做好政策辅导工作。各部门内设数据管理岗统筹本部门数据管理，实现"数权"部门内外的合理分配。立足岗位强化信息技能。对信息管理序列部门，提升对大数据的整合、分析能力，培养业务精通、具备数据处理能力的复合型人才。对税收政策管理部门，着重提升对数据的获取和应用能力。对一线应对部门，要学深学透常用税收软件的使用，精通税企两端数字化产品操作，能够精准采集涉税数据。

（三）管理手段信息化

用数字化的管理手段覆盖税企两端的全部环节是数字化税务的发展路径。

1. 税收业务全覆盖

以电子发票应用重构核心征管系统，实现全税费种业务流程信息化办理、痕迹可追溯。

2. 数据分析可穿透

将数据应用分析作为税务干部的日常重要工作。根据数权分配在数据仓库或总局云平台上灵活使用数据分析挖掘工具，可视化生成报表。让机器说话，不再让基层重复上报报表。

3. 涉企数据共享化

充分发挥政务数据共享联动作用，积极获取企业涉税生产经营数据，化解税企双方信息不对称的矛盾，打破税企双方数据壁垒。

4. 便民纳税一链全

税收业务由于其真实性、高发性成为区块链等新技术应用的天然场景，利用区块链技术的不可篡改性，探索创新合适的区块链税收应用场景，积极推进正在实施的"区块链+不动产"税收治理（民生服务）项目，建立以税务、国土、房管等部门为节点的联盟链，积极推动电子证照上链，让老百姓最重视的"房本本"链上"护身符"。

（四）税收业务集成化

加强信息系统建设的集中管理，建立系统数据集成化管理机制，形成价值数据的合力。

1. 集成系统数据

最大范围集成涉税数据，以金税四期建设重建系统数据管理规则，建立全新总局云数据平台，统筹各司局业务需求，集中管理各税费种系统数据，建立内部数据全贯通的集成应用。

2. 构建业务模型

研究并建立以数据仓库或总局云数据平台为基础的纳税人税收行为模型，描绘纳税人画像，打造以此为基础的一体化税收监控平台。建立以各税种数据、申报数据为基础，以第三方数据为映照的多维度数据应用体系。

3. 整合内外信息资源

用好政务数据平台，实现税务数据与其他职能部门数据的互联互通。建立涉税业务数据的交叉验证智能筛查平台，检验数据质量，发现涉税风险。加强采集纳税人端涉税数据，多方利用第三方数据，整合非结构化数据，形成高度统一集中的纳税人信息资源目录。

4. 归口风险管理

对不同系统、不同渠道发现的涉税风险，进行归集整理，进行赋权打分，综合形成纳税人风险等级排序。以数据集成、一次下户和各税统查对纳税人进行风险提醒。

（五）管理平台一体化

建立总局统筹顶层设计、省和省会城市根据总局技术标准进行特色补充机制，形成统一管理下性能强大、应用灵活的税收信息系统应用平台体系。

1. 强化信息系统建设的顶层设计

国家税务总局的金税四期架构设计，是以税收征管现代化为目标，建立以数据加工处理为核心而不是数据采集为核心的税收征管信息系统，改变传统的流程管理，实现数据治税、智慧管理，将税务登记、纳税申报、发票管理、纳税评估、信用评价、税务稽查、违章处理、税银系统和外部信息交换等征管流程模块视为获取信息的触角和采集数据的前端，其数据流未来进入金税四期的数据处理中心统一进行数据加工。

2. 建立统一的数据应用框架

大数据应用是提升税收征管效能、构建现代化智慧征管体系的关键要素。由总局、省局两个层级主导大数据应用，其优势在于税收征管的"事权"依托"数权"形成主导权向上集中态势。同时在加强顶层设计的同时，要完善对市以下基层税务机关大数据应用的支持。在总局统一建立的大数据管理平台中应该建立产品应用市场。各级税务机关既可使用总局统一配发的大数据应用工具，也可以通过委托、外包合作方式，通过应用该工具建立适应本地征管实际需要的特色数据分析应用。这样在大数据应用领域就能形成从"众智创造"到"税收善治、税收共治"升华，有力促进税收征管现代化。

3. 构建大数据下的智慧税收体系

加强调查研究、统筹安排、超前谋划，探索在税收管理的关键领域应用人工智能技术，逐步建立与之相适应，能够动态调整集智能、智通、智捷、智控、智效、智数、智敏于一体的智慧税收体系。统筹人工智能的信息化建设工作，完善的网络和数据流支持，推动硬件环境集中部署，软件系统分布式应用。建立智能化大数据管理平台，建设满足信息冗余要求的智能化大数据管理体系，应用迭代学习模式不断优化数据识别机制；建立智能化税收决策支持平台，融合大数据挖掘和协同处理技术，建立覆盖行业税源管理、规模纳税人管理、税收来源追溯、税收宏观经济分析等多维度、多领域、较为完整的智能化税收经济分析管理体系；建立智能化税收风险管理平台，建立大数据驱动知识学习、跨媒体协同处理、人机协同增强智能、群体集成智能、自主智能等系统，及时感知、预测、预警税收风险动态管理中出现的重大态势，主动实施税收风险应对；建立智能化信息安全平台，将人工智能作为具有自主意识的独立个体纳入信息安全管理体系，以人工智能对抗人工智能带来的安全威胁，织密安全保护网。

（六）税收治理协同化

大数据时代，作为信息化走在前列的政务部门，税务部门应当主动作为，打破"信息孤岛"，以税收协同助力经济社会良性发展。

1. 建立政府部门信息协同共享机制

积极参与政务共享平台建设，推进政府部门之间的信息互联互通。完善相关技术方案和管理制度，以开放的大格局进行数据资源共享。用好区块链等新技术，以建设联盟公链为契机推动部门间数据聚合。

2. 建立数字经济平台数据协同机制

数字经济下，利用互联网平台销售商品和提供服务已经成为经济发展新业态。电子商务（个人与个人之间的电子商务）、共享经济、互联网金融等数字经济新模式普遍以平台为载体、以互联网为通道、以数据为资产，利用平台进行经济活动。在平台上发生的应税行为既难以获取交易信息，也难以被监管。加强平台监管，既要强化立法将平台数据收集者的涉税数据作为法定义务，也要强化平台协同，将平台涉税数据和税收征管系统进行有效对接，从而实现加强对新经济新业态的各项措施监管的有效落地。

3. 建立区域经济发展信息协同机制

数字化使得空间距离的影响急剧缩小，区域经济一体化发展成为做大做强的主流方法。区域经济一体化发展的目标是实现区域间产业发展、市场交易、公共服务、环境治理以及社会管理的一体化。在区域经济一体化发展过程中，由于财政税收分配体制的制约因素，区域协同常常不能顺利进行。要围绕建立现代财税制度，从破解一体化发展困局出发，建立跨地域的财源建设一体化、税收政策一体化、服务标准一体化、执法标准一体化、税收平台和情报交换一体化、域内税务人员交流常态化的体制和机制，促进区域经济一体化发展。

参考文献

鲍静、贾开：《数字治理体系和治理能力现代化研究：原则、框架与要素》，《政治学研究》2019年第3期。

李平：《国际视角下的税收治理数字化探析》，《税务研究》2020年第4期。

李悦、陈秋竹：《"数据管税"背景下纳税人信息匿名化的法律标准探讨》，《税务与经济》2020年第4期。

刘建徽、周志波：《经济数字化与全球税收治理：背景、困境与对策》，《宏观经济研究》2020年第6期。

邵凌云、张紫璇：《数字经济对税收治理的挑战与应对》，《税务研究》2020年第9期。

杨庆：《数字经济对税收治理转型的影响与对策——基于政治经济学和治理理论分析视角》，《税务研究》2020年第10期。

赵晖、朱紫祎：《我国学术界关于国家治理体系和治理能力现代化研究述评》,《学习论坛》2017 年第 1 期。

赵涛:《数字化背景下税收征管国际发展趋势研究》,《中央财经大学学报》2020 年第 1 期。

郑跃平: Hindy L. Schachter.《电子政务到数字治理的转型:政治、行政与全球化——评 Digital Governance: New Technologies for Improving Public Service and Participation》,《公共行政评论》2014 年第 1 期。

课题组组长:郭亚光
成　　员:刘　华　陈莉霞　徐高燕　张建军　辛　浩　陈　帆
　　　　　卢子清　邹　颖　郑　鹏　周碧涵　吴雨桐
执　笔　人:辛　浩

推进智慧税务管理的路径研究

国家税务总局山东省税务局课题组

内容提要

推进智慧税务建设已成为当今税收征管改革的基本目标之一，各级税务部门应把握智慧税务建设规律和要求，积极探索实践，为以税收大数据为驱动的"八大集成"落地创造条件。本文简要探讨了智慧税务建设的主要路径，即在实现一线税务工作全业务全流程信息化管理的基础上，记录、整理业务流程运转所产生的全部信息数据，建立完善的税收大数据库，深度挖掘利用数据资源，强化数据赋能，实施以智慧感知、智慧思考、智慧预警、智慧统筹为主体的智慧管理，形成智慧税务管理新生态，推进税收治理体系和治理能力现代化进程。

关键词： 大数据　数据赋能　智慧税务　现代化

现代信息技术和管理理论的快速发展，特别是大数据、人工智能、移动互联网等技术工具的普及，为税务部门实施制度机制和管理模式创新、推进智慧税务建设提供了良好环境和有力支撑，智慧税务建设成为当今税收征管改革的基本目标。各级税务部门应把握智慧税务建设的规律，紧密围绕推动税收治理体系和治理能力现代化的总体思路，坚持问题导向和目标导向，落实中央和国家税务总局智慧税务建设相关部署，在实现税务工作全业务全流程信息化管理的基础上，积极研究探索对税务工作实行智慧管理，以数据赋能推进管理模式智慧化变革升级，推动税务管理实现从信息化到数字化再到智慧化的发展跨越，为以税收大数据为驱动的"八大集成"落地创造条件，以智慧税务建设支撑、推动税收治理体系和治理能力现代化进程。

一 推进智慧税务建设的必要性分析

积极探索机制创新，推进智慧税务建设，是落实中央和总局决策部署、推进税收治理体系和治理能力现代化的客观需要，是解决工作堵点、痛点和难点的现实需求，也是加强税收执法服务和监管、提升税务管理效能的内在要求。

（一）落实中央和总局决策部署的客观需要

国税地税征管体制改革以来，国家税务总局一直把推进智慧税务建设作为推动改革发展的有力引擎。中共中央办公厅、国务院办公厅印发的《关于进一步深化税收征管改革的意见》明确提出，要运用现代信息技术建设智慧税务，实现税收征管从信息化到数字化再到智慧化的发展。税务部门要把握税收征管发展趋势，深度应用现代信息技术，着力建设具有高集成功能、高安全性能、高应用效能的智慧税务，全面推进税收征管数字化升级和智能化改造，有力推进税收治理体系和治理能力现代化进程。

（二）解决工作堵点、痛点和难点的现实需求

在传统工作模式下，由于权责一致、边界清晰、协调配合、运转高效的岗责体系和运行管理机制尚未完全形成，监督制约难以实现对全部工作、全部岗位的覆盖，税务部门各条块间普遍存在横向协同能力弱的问题，也存在上下级间任务传导流程化不高的问题，致使部门之间沟通成本高，工作职责和制度规范难以全面、刚性执行到位，"拖延症""中梗阻"、推诿扯皮多有存在。税务部门党建工作与日常工作"两条线""两张皮"的问题也不同程度存在，党建统领作用有待进一步强化，党建业务融合有待进一步深化。国地税征管体制改革后，现有信息化系统尚未实现对税收监管体系责任清单与岗责流程的全部固化，税收服务与管理缺乏机制性衔接，事中事后监管存在脱节现象，上下级之间尚未建立起规范高效的信息传递渠道，同级间也缺乏联动协同工作机制。税费种间存在管理壁垒，管理资源数据要素集成度不高，税收执法规范度尚待提升。工作任务派发机制不健全，多头派发、重复派发、无序派发、线下派发时有发生，在基层税源

管理单位"最后一公里"尤为突出。这些问题的解决,用简单的信息化方法已经难以完全奏效,需要立足新的形势,以智慧化的机制和手段加以彻底解决。

(三)适应时代挑战,强化税收执法服务和监管的内在要求

随着社会信息化发展、大数据时代来临,社会经济活动的体量剧增,复杂性、隐秘性日益加剧,纳税人缴费人的服务需求、社会各界对税务工作的期望日趋个性化、复杂化、精细化,虽然近年来基层税收征管、纳税服务和税务执法水平持续提升,但与推进国家治理体系和治理能力现代化的要求相比、与纳税人缴费人的期待相比仍有一定差距。新发展阶段、新发展理念、新发展格局对税务工作提出了新的要求,税务部门必须要在税务执法规范性、税费服务便捷性、税务监管精准性上取得突破进展,实现从经验式执法向科学精确执法转变,从无差别服务向精细化、智能化、个性化服务转变,建成以"双随机、一公开"监管和"互联网+监管"为基本手段、以重点监管为补充、以"信用+风险"监管为基础的税务监管新体系,实现从"以票管税"向"以数治税"分类精准监管转变。要实现上述目标,只有充分利用大数据、人工智能、移动互联网等现代信息技术工具和先进成熟的管理理论,建设功能强大的智慧税务,强化对执法、服务、监管的全业务、全过程智慧化管理,才可能解决一系列实际问题、实现总体目标,全方位提升执法、服务、监管能力。

二 智慧税务建设的路径探析

智慧税务建设的基本逻辑,就是首先对税务工作,包括党建、税收业务、行政保障等在内的全部业务、全部流程,通过实施系统集成和流程再造,实现信息化支撑、闭环式线上运行、数字化管理,将业务流程及业务运转所产生的信息转化为可以分析利用的数据资源,以深度挖掘、分析、利用数据资源为主线,着力提升数据赋能能力,实施以智慧感知、智慧思考、智慧预警、智慧统筹为主体的智慧管理,打造税务工作全业务、全流程智慧管理新生态。智慧税务建设的主要路径,应遵循上述逻辑框架逐步推进。

（一）依托信息化手段，实现税务工作全业务信息化管理

按照"线上部署推进、线上办理反馈、线上监督管理成为常态，线下运行成为例外"的思路，将党务、业务、政务等几乎所有税收工作实现信息化支撑，实现对各类事项、数据和软件的系统集成。

1. 系统集成全业务事项

将党务、业务、政务工作全面进行任务分解、流程设计并实行线上运转，实现对全业务的一体化集成管理。

2. 系统集成全业务数据

集成业务数据是全业务管理的关键要素，是智慧税务建设的重要基础。将各项业务纳入线上运行、智慧管理，积累汇聚业务数据，整合系统内外数据，建立起集内外部数据于一体的"全域涉税信息数据库"，基本实现数据"应有尽有"，为大数据分析、智慧管理提供支持。在税收业务方面，实现税费政策数据库、纳税人数据库、第三方涉税数据库的"三库融合"。政策数据库实现从传统税费政策文本向具体条款数据化分解的转换；纳税人数据库整合上级返还数据；第三方涉税数据库基于地方综合治税机制，依托地方政府大数据平台畅通数据获取渠道，常态化实时获取各部门的各类涉税信息，用于智慧分析。

3. 系统集成全业务软件

采用功能、界面、单点登录等集成手段，将税务部门日常应用的税务党建云平台、金税三期、电子税务局、数字人事、综合办公信息等软件系统实行集成智慧管理，实现一个界面直接登录各系统、进入全部软件办理业务。

（二）流程再造，构建以流程为中心的全流程管理体系

遵循现代业务流程管理（BPM）理念，从"岗责固体、端点联通、任务驱动"三个方面，对原有业务流程进行重新塑造，优化调整岗责体系，用流程固化业务运转路径，将以职能为中心的传统业务运转形态转变为以流程为中心的新型工作模式。

1. 再造党务、业务、政务一体化流程架构

岗责是全流程管理的起点。可在不打破实体组织架构的基础上，对岗责进行优化调整，依规设岗，定责到人，明确每名税务干部所处的岗位、职责、

权限，分事行权、分岗设权、分级授权，建立起隶属明晰、层次清晰、权限分明的岗责体系。在此基础上，把岗责固化到流程，以"一个组织体系、多套岗责融合、一人多个岗位"的方式，对党建、管理服务、行政保障岗责体系实行一体化设置。在税收监管体系框架内，在解决各职能部门内部岗责配置问题的基础上，构建税收监管"征管评查督责"联动机制，将联动管理事项固化到相关岗位流程中，破除部门间职责壁垒，实现"征、管、评、查、督、责"各部门间的协同联动配合，解决联动管理各岗位、各环节间职责不清、协同不力问题。

2. 建立多层级实体化运转流程体系

遵循流程管理中"端到端"理念，以岗责为端点，通过智慧管理的流程化强制衔接功能，将端点与端点之间用流程相连，实现任务在各流转环节间的线上无缝衔接、顺畅高效运转。一方面运用"零起点"思维，全面梳理建立流程。本着成本最低、效益最高的原则，对全部业务流程进行重新审视，明确每项业务流程的流转节点、流转岗位、流转表单、流转要求、流转附件等要件，清理不必要的环节，实现各业务流程扁平、精简、高效。另一方面通过智慧管理推动流程刚性运转。各岗位人员必须严格按权限、按要求、按流程操作处理，否则无法向下推送或办结工作，保证部门和岗位之间的无缝隙衔接，既促进部门和岗位间相互协作配合，也强化相互之间的制约监督。

3. 实现全业务流程化线上运转

以任务方式将流程中的各个环节串联起来，驱动流程运转，一方面，"手动＋自动"发起任务，在根据工作需要可随时手动发起工作任务流程的同时，根据党建、管理服务、行政保障等规章制度，责任部门对按期开展的工作进行"清单式"梳理，形成细化到年、季、月的具体任务清单，设置到智慧管理当中，一俟达到设定的任务触发条件，即自动向责任人派送任务。另一方面，打造任务刚性落实管控闭环。对任务实施"发起、关注、提醒、办理、督办、评价"全流程管理，任务到期前自动提醒，逾期自动督办，形成"任务部署—落实执行—监督问效"工作闭环，由传统的"人找事"变为"事找人"。同时，可实时监控流程运转的每个环节，查看任务办理状态，实现每项任务可视化、可跟踪、可监督、可评价，倒逼任务落实。

（三）数据赋能，依托数据挖掘、人工智能等技术实施智慧管理

在信息化全覆盖和大数据积累的基础上，一体化内嵌"智慧税务大脑"，以大数据库为基础，以分析指标为抓手，深度挖掘分析数据，实现对各项业务事前、事中、事后全过程的数据赋能，模拟人类大脑功能，赋能"感知、思考、预警、统筹"四大智慧能力，输出数据、图表、报告和指令，用数据决策、用数据管理、用数据服务，使管理更"聪明"、税务更"智慧"。

1. 智慧感知，实时记录、归集、推送业务数据信息

集成记录归集党建、管理服务、行政保障等全业务数据，对原始数据进行关联化、标签化、主题化预处理，实现多维数据的实体化存储，通过对预设的关键体征指标进行全方位运算，实时感知税务全领域人、财、物、事"健康"情况。根据各岗位职责和需求，"一站式"分析聚合主要税收数据，智能推送至每名税务人员，帮助税务人员精准高效聚焦重要讯息和重点工作，把"大脑"感知的讯息传递到每个"神经末梢"。

2. 智慧思考，全方位分析形成辅助决策建议信息

抓住数据与事项的内在规律和逻辑联系，对集成的全业务数据进行全方位分析，自动实施定制式、主题式智能"思考"分析，全局性统览党建、管理服务、行政保障等工作，自动形成辅助管理决策建议，满足不同对象应用需要。如面向党委政府和税务部门领导干部，通过全面分析地区税收、税费管理、政策效应等数据，透过税收看经济，为领导决策提供支持；面向一线税务人员，按税源管理单位和税户归集分析税收收入、风险预警、各税费种等信息，为"一局式""一户式"管理提供智慧辅助；面向纳税人缴费人，自动匹配纳税人缴费人特点，集合并推送其适用的税费政策服务，并将"一户一策"、税收专家顾问制度嵌入智慧管理，提供个性化服务。

3. 智慧预警，精准识别、推送风险预警并驱动处置

以风险管理为导向，把指标作为精准监管、精细服务的"导航仪"，设计应用智慧预警、智慧联动、智慧驱动等指标，智慧分析识别税收管理风险，向纳税人、税务人员智能推送提醒预警和管理任务。设置应用"智慧预警"指标，精准发现识别风险，打破单一税费种管理界限，将各个分离的税费种信息集成到相互关联的数据库中比对分析，对单户企业所有税费以及税收风险进行全面分析和集成展现，为纳税人精准"画像"，精准发现

和差异化应对风险。设置应用"智慧联动"指标,加强税费种间联动管理,抓住各税费种管理中的关联关系,设置税费种联动管理指标,对税费政策数据库、纳税人数据库、第三方数据库中的税费种数据进行关联分析,将原来分离的税种信息给予有效集成,建立起关联税费种"综合分析—联动管理—系统应对"的链条,推动从单税费种分类管理向全税费种综合联动管理转变。如可在货物和劳务税与财产行为税、非税收入联动管理方面,设置增值税与资源税计税依据比对、从租计征房产税计税依据与增值税发票不动产租金收入比对等指标,从发票、申报、实缴税额等多个维度进行联动管理。设置"体检"指标,对税务工作自动"体检",根据智慧分析识别出税收管理风险,自动运行"智慧驱动"流程,驱动"事后被动管控风险"向"事前主动防范风险"转变。如可在纳税人于前台办理业务后,自动识别需加强后续监管的事项,自动向后台的税源管理部门推送任务,智慧驱动前后台的衔接运转。

4. 智慧统筹,科学均衡各单位、各人员的工作任务

从税务机关和税务干部两个方面,系统归集任务,掌握单位和干部的实际工作负荷,合理统筹部署工作。一方面,按单位统筹,应用智慧管理掌控全局工作任务情况,提供负载分析和预警,辅助全局提高工作的集成调度,便于领导统筹任务均衡部署,扎口统筹任务派送,减轻基层负担。另一方面,按干部统筹,自动获取各个应用系统中的待办工作,以每名干部为中心进行自动归集,形成任务清单,实施"一站式"提醒,自动跟踪任务进程,实现跨软件系统待办任务集成,便于税务干部统筹安排办理工作。

三 智慧税务建设的预期效应分析

推进智慧税务建设,预期将对税务工作高质效运转产生有力支撑,促进党务、政务、业务等税务管理各领域的规范运行、模式转型、能力提升。

(一)支撑党建统领的实化细化

通过智慧税务建设,将党建工作和税收业务在组织架构、领导责任、岗位流程、监督管理、平台支撑五个方面一体化全流程推进,设置党建统领下落实重点工作必须遵循的总流程和关键运行节点子流程,全部业务流程的运转均处在党建全过程统领下,确保始终沿着正确的政治方向前进。

(二) 约束权力的规范运行

通过将制度规则无缝隙嵌入智慧管理,在流程中对每项业务、每个岗责以及需遵循的全部规则进行设定,把制度要求转化为规范操作流程,促进制度刚性落地。对党建、税收监管、行政管理各项工作实施流程管理、过程控制,对错办事项及时干预、强制阻断。如针对预警并核实的税收执法风险信息,从防控内部风险的角度设置有关指标,对风险事项实施事前防范、事中控制和事后纠正;对重大支出类预算审批业务,嵌入"规定金额以上资金支出如无局长办公会纪要、无党委会议纪要,则流程审批自动阻断"等内控措施,有效防控财务风险。

(三) 促成工作理念和工作模式的实质性转变

实施智慧税务建设,推动干部主动适应税收现代化要求和制度创新、科技发展形势,摒弃落后的工作理念和方式方法,可以强化干部的系统观念,形成流程管理、在线办公、移动办公等先进工作模式,促成任务落实难、部门协同效率低、推诿扯皮多等难题的解决。同时,明晰各级税务机关税收监管职责,将岗位职责和业务运转流程固化,拉紧"征管评查督责"工作链条,市局集中处理全局性、复杂性服务监管事项,清单化指引基层工作,指标化定义征管岗责,推进机关实体化进程;应用智慧管理的推送任务模板、随机部署等功能,将日常服务监管职能向县局、分局(所)下沉,促进基层税源管理单位从固定管户转变为事项管理,提升税源管理专业化水平。

(四) 促进治理能力的有效提升

一是降低工作成本。实施智慧税务建设,总体业务实现系统谋划推进、各环节做到紧密衔接联动,用科技替代人工,有效降低工作成本。二是提高工作效率。实施智慧税务建设,通过对各项工作的流程管理,实现所有任务在各岗位、各环节间的紧密衔接和协同办理,逾期前自动预警提醒、逾期自动督办,使工作有部署、有落实、有监督,推动干部"限时办结、主动办好"。三是提升管理质效。依托"智慧税务大脑"数据赋能功能,全面归集加工数据、精准定位应对风险、满足多用途分析需求,提升预警性、趋势性分析能力，最大限度实现纳税人风险"藏无可藏"，助力税务部门服务管理更精准、服务大局更到位。运行"征管评查督责"联动管理机制，扫描数据后，自动触发后续监管协同任务，破解"放管服"改革后续税收监管难题，增强工作的系统性，提升整体质效。

四 持续推进智慧税务建设走深走实的建议

智慧税务建设不是简单应用信息技术实现工作流程的数字化，而是涉及工作理念、制度流程、资源配置、技术支撑等方方面面的深刻变革，其中数据、指标、流程、场景、人员是智慧税务建设的关键因素，应作为智慧税务建设的重点和目标加以理解和把握。

（一）数据资源是智慧税务建设的基础，应不断夯实、充实

习近平总书记指出"谁掌握了数据，谁就掌握了主动权"。具体到税务部门，税收大数据是税务部门最核心的基础性、战略性资源，建设智慧税务首先应抓好税收大数据，依托信息化手段，归集、清理、管理好内外部涉税数据，建好数据准确、覆盖全面的数据库，方能为智慧赋能、推进智慧税务建设奠定坚实基础，使智慧管理成为"有米之炊"。

（二）指标体系是智慧税务建设的有力抓手，应持续优化、完善

如果说数据是数据赋能的弹药，那么指标就是数据赋能的武器。通过建立科学、完善的分析指标模型体系，对归集的数据进行精准分析挖掘，提升数据赋能意识和能力，实现"以数管政策""以数控风险""以数优服务""以数评绩效"，推进由"以票管税"向"以数治税"转变、由"数据采集者"向"数据治理者"转变、由"靠经验决策"向"用数据说话"转变，方能支撑税务工作走向智慧。

（三）信息化流程是智慧税务建设的实体依托，应不断再造、改进

实施智慧税务建设，应紧紧把握税收现代化的内涵和目标，牢固树立系统观念和流程管理的思想，紧密契合减轻纳税人缴费人负担、减轻基层税务

机关负担等需求,按照整体最优的目标实施流程再造,并在此基础上,将制度流程嵌入信息化载体中,对所有事项实施全流程管理,方能为智慧税务的建设和运转形成实体依托。

（四）工作场景是智慧税务建设的应用呈现,应不断丰富、实化

智慧税务的落地承载于一个个具体的应用场景。智慧管理在实际运转中具体化为众多的智慧工作场景,对日常工作的覆盖面越大,智慧管理的程度也就越高。可围绕构建智慧党建、智慧服务、智慧监管、智慧内控、智慧行政、智慧绩效等智慧工作场景,持续丰富应用场景设置和功能挖掘,推动智慧管理成果充分转化为实际管理质效。

（五）人员是智慧税务建设运转的支撑,应注重提升全体人员的理解、参与和应用度

智慧税务在工作理念和工作模式上,相较以前都产生了深刻的变革,而智慧管理的运行涉及每一位税务人员,也需要每位税务人员的切身投入。税务机关应加强对新理念、新技术、新模式的普及,推动全员进一步解放思想、更新思维,引导大家破除过时守旧的传统观念,主动学习理解和接受新的技术理论,适应新的工作模式方法。同时,应根据机关实体化的部署要求,优化岗责体系和人力配置,为智慧税务建设提供有力保障。

参考文献

李平:《运用大数据推动税收监管创新的思考》,《国际税收》2020年第12期。

李万甫、刘同洲:《深化税收数据增值能力研究》,《税务研究》2021年第1期。

刘新华:《流程型组织:21世纪的组织管理新模式》,中国财富出版社,2013。

王坤、徐静莉:《马克思主义哲学中的系统论思想》,《山西高等学校社会科学学报》1997年第3期。

课题组组长：徐夫田 祝洪溪
副 组 长：徐夫田 祝洪溪
成 员：齐艳红 张宝安 王心慧 董旸 姜琳 缑延军
张 震 徐俊嵘 胡月玫 冉照坤 陈 浩 靖树春
王英杰

智慧税务服务篇

关于构建"互联网+智慧税务"平台提升服务质效的探讨

——以国家税务总局北京经济技术开发区税务局为例

国家税务总局北京经济技术开发区税务局课题组

内容提要

目前税务系统正处在落实《关于进一步深化税收征管改革的意见》的关键阶段，征管体制改革面临诸多困难和挑战。本文立足征管体制改革发展现状，从区局实际工作出发，对"互联网+智慧税务"的发展提出了一些设想。

关键词： 互联网+智慧税务　以数治税　纳税服务

2021年3月，中共中央办公厅、国务院办公厅印发了《关于进一步深化税收征管改革的意见》（以下简称《意见》）。《意见》提出，我国深化税制改革的主要目标是到2025年，深化税收征管制度改革取得显著成效，基本建成功能强大的智慧税务，形成国内一流的智能化行政应用系统，全方位提高税务执法、服务、监管能力。"智慧税务"的提出为税收现代化进程指明了方向。而北京税务部门更是要以"首都标准"着力推进"智慧税务"建设，力争走在全国税务机关前列，以"首善标杆"为首都经济发展贡献税务力量。

一　"互联网+智慧税务"的发展背景

2015年，《国家税务总局关于印发〈"互联网+税务"行动计划〉的通知》（税总发〔2015〕113号）中首次提出了"智慧税务"的概念。按照计划要求，目前我国已经初步建成"全天候、全方位、全覆盖、全流程、全联通的智慧税务生态系统"。纳税人缴费人传统的实体办税理念已经逐步发生改变，"非接触式"办税、"云端"辅导成为现阶段的办税常态。而新的发展阶段要以金税三期和电子税务局为基础，应用大数据、云计算、人工智能、5G、区块链等先进技术，构建税务执法、服务、监管与大数据智能化应用深度融合、高效联动、全面升级的税务体系。

北京经济技术开发区（以下简称"开发区"）是北京建设国际科技创新中心主平台"三城一区"的重要组成部分。作为三大科学城科技成果转化的主阵地，做优高精尖产业、打造具有全球影响力的创新型产业集群是其天然的职责使命。2020年，开发区生产总值突破2000亿元大关，已形成高端汽车、产业互联网2个世界千亿级先进制造业产业集群。2021年是"十四五"的开局之年，开发区作为"两区"建设的重要组成部分，迫切需要建设和发展数字经济，以创新驱动实现数字化转型，以首善标准搭建智能化服务体系，探索形成"北京样板"。

二 目前"互联网+智慧税务"存在的问题

随着征管体制改革的进程推进，目前税务机关已经实现征管信息化的雏形，相对于传统的征管方式有了很大进步，但是税收信息化更多地体现在信息传播方式的转变上，对于基层的日常管理来说，虽然理念和方法近年来有所转变，但是税务干部的信息化水平不足，很多情况下还是延续20多年来的老传统，对于大数据的应用还远远不够，不论是执法方式、服务方式还是监管模式和税收现代化的要求以及纳税人的期待都存在一定差距。具体来说有以下几个问题。

（一）信息系统集成化有待提高

基层税务机关日常业务办理和后续监管面临的业务系统繁多，目前有金税三期、电子抵账、增值税发票辅助、大数据管理平台、抵扣凭证审核、金税运维平台、自然人税收管控等30多个系统。这些系统汇集了海量的纳税人、缴费人信息数据，为进一步分析、使用数据提供了丰富的资料来源，但与此同时也产生了新的问题。一是各业务系统在数据的收集处理上有不同的侧重点，数据库接口不同，部分数据的统计来源和统计口径不一致，同一指标经不同系统查询，结果可能存在差异。二是不同系统之间关联度不够高，同一业务的办理需要在不同平台之间来回切换。三是不同系统开放权限不同，导致税务机关内部业务处理流程不够透明。四是系统数据包含复杂的逻辑运算，目前系统承载水平有限，大量数据运行会导致系统卡顿，信息的时效性和使用率有所降低。

（二）管理模式有待进一步改变

互联网、大数据、物联网等网络技术的发展促使众多产业走上了改革的"快车道"，越来越多的传统企业正在打破行业界限，进行重构和再生，以寻求新的发展机遇，我们正以前所未有的速度进入"数字化"时代。纳税人的经营方式更加灵活多样，跨地区跨行业的多元化经营屡见不鲜，涉税信息爆发式增长呈现复杂多样性。虽然税务部门一直在顺应时代潮流进行征管模式的探索和改变，但是管理方式的转变远远赶不上社会经济的发展速度，存在一定的滞后性。在信息化时代，计算机更多的是完成工作程序的载体，而不是加强管理的手段，有时甚至依赖人工进行大量信息的录入以及手工进行催报催缴，税务机关亟须建立一种新的管理模式，切实提升管理质效，以满足时代发展的需要和纳税人的殷切期待。

（三）数据共享有待进一步加强

征管文明的进步一定是给予纳税人最大的自由度，但纳税遵从意识的培养是一个长期的过程，税收治理不能寄希望于纳税人的自主行为。大数据时代"以票控税"的优势明显下降，如何通过"以数治税"实现纳税人"自由度"和税收监管的完美契合，既以最严格的标准防范逃避纳税，又避免影响企业正常生产经营是值得探讨的课题。"以数治税"首先要解决的是"数"的问题，这个"数"不仅是"数字"，还包括其他有价值的"信息"，因此外部信息的获取和利用极为关键。目前税务机关和其他部门之间的信息交换一般是通过发函的方式，时间久流程多，不同系统存在信息壁垒。基层税务人员多是通过直接向纳税人了解情况、收集资料并进行核实的方式开展管理，日常管理效率大打折扣。

三 构建"互联网+智慧税务"平台的必要性

(一) 集约数据管理,提高数据使用效率

对现有平台的信息通过使用率、有效率等指标进行筛选,根据筛选结果进行智能化归集,通过建立一个集关键信息于一体的信息中枢,解决平台承载量不足、不同系统关联度不高的问题,提高税务机关工作效率。

实现纳税数据的动态展示,将大量、繁杂、无序、同质的信息数据进行信息化的分类、排序、整合、勾稽,运用互联网技术,将信息数据转化为税务语言,展示为可视化的税务指标,便于基层税务干部开展有效的后续管理和精准的纳税服务。

通过建立健全数据共享机制,加强同不同部门的信息共享和情报交换,利用网络爬虫等技术实时获取企业经营信息,实现内外部数据的全方位、多层次整合,形成政府、社会和纳税人的三方联动,促进税收协同治理。

(二) 创新管理模式,提高征管质效

加强税务机关内部的沟通联系,对常见业务的职责分工、办理流程、办理时限等进行重新梳理,建立协同高效的后台监控调度中心,将同一业务的办理进度进行全流程展示和监控,打破系统开放权限不同导致的税务机关内部信息不对称,推动业务的流程再造。

支持不同部门根据自身业务特点进行个性化定制,以需求为导向,选取重点关注的指标进行监控和分析,化繁为简。同时以干部为中心,实行税务人员信息"一员式"智能归集,自动汇集各系统待办任务,符合条件的任务智能处理,使平台设置更加贴近工作需要,提高工作效率。

利用人工智能等互联网技术,对纳税人缴费人的行为进行智能分析,强化税收管理的预判性。举例来说,假设有10条涉税信息需要推送给纳税人,第一层次是信息的全覆盖,将10条信息在税务平台进行统一推送,不论纳税人是否需要都会接收到这10条信息。第二层次是信息的精准性,首先在系统内进行筛选,选择可能需要了解这些涉税信息的企业进行推送。更精确一点是将10条信息进行分解,分别对应不同的纳税人,实现信息和纳税人的"一

一对应"。第三层次是信息的个性化，根据纳税人的涉税需求，为不同的纳税人定制不同的涉税信息进行推送。而第四层次是信息的智能化，通过大数据分析预测企业可能需要了解哪方面的信息，在纳税人提出需求之前，信息推送已经到达了纳税人端。而"智慧税务"的目标是要实现第四层次——信息的智能化。通过机器学习等技术，模拟纳税人的缴税行为，可以对纳税人进行"扫描画像"，预判其可能存在的需求或可能发生的风险，从而加强税收征管的主动性。

（三）提高服务质效，助力"两区"建设

开发区作为北京市自贸试验区"三个片区、七个组团"之一，自2020年9月挂牌以来，围绕"4+2+1"产业体系（"4"新一代信息技术、高端汽车和新能源智能汽车、生物技术和大健康以及机器人和智能制造等四大主导产业；"2"指高端服务业和科技文化融合产业；"1"指数字经济产业），持续推进"两区"建设，加快推动各项目标顺利落地。从产业体系来看，开发区发展布局呈现"高、精、尖"的特点，对与之对应的纳税服务也提出了更高的要求。智慧税务以"精确执法、精细服务、精准监管、精诚共治"为建设方向，既是对现有纳税服务问题的有效解决，同时又具有一定的前瞻性和先进性，将税收现代化治理与区域经济发展特点相结合，使得纳税服务更加满足纳税人需求和经济发展需要。

四 构建"互联网+智慧税务"平台的工作设想

（一）建设大数据统一处理平台

以现有平台为基础，通过整合资源建设大数据统一处理平台，实现法人税费信息"一户式"、自然人税费信息"一人式"智能归集。平台需要具备以下几个特点。一是承载量大，可以采用分布式网络存储系统，将数据分散存储在多台存储服务器上，通过分担存储负荷保证数据的稳定性、完整性，提高存储效率。二是计算能力强，可以采用分布式计算技术，共享稀有资源平衡负荷，从而大大提高计算能力，支持海量数据的即时分析汇总。三是兼容性强，考虑到新旧系统以及内外部系统的数据接口不同，新的平台必须具

有良好的兼容性，以满足数据集成的需求。四是数据量大，建立数据共享机制或通过网络爬虫技术常态化获取其他政务部门、银行、电商平台等第三方公开非涉密涉税数据，搭建涉税信息的"集中地"。五是安全性高，加强相关基础设施、硬件设备、软件技术的支持与建设，全面堵塞信息漏洞，守住信息安全防线。

（二）建立后台监控调度中心

在大数据统一处理平台的基础上建立后台监控调度中心，对业务办理的全流程进行统一监控。分析各项业务在时间节点、流程衔接、审批权限上的逻辑关系，嵌入自动计算规则和逻辑监控规则，智能化生成税务干部待办任务清单并发送任务指令，同时对可以自动办结的业务进行自动办结，对需要税务干部处理的待办任务进行及时预警，实现工作内容的"一员式"智能处理。例如，根据不同业务需求，可以采用RPA即机器人流程自动化技术，通过配置自动化软件（"机器人"）来模拟人类与软件系统的交互动作，并根据具体的规则来执行业务流程，实现业务流程的自动审批以及税务文书的自动出具，推动平台的智能判断和智能操作，将税务干部从简单、重复的劳动中解放出来，最大限度减轻后台工作人员的工作压力。

（三）智能绘制纳税人"画像"

在海量数据平台的基础上，对纳税人信息进行系统归集和处理。基于数据联动，对纳税人行为进行热点分析和趋势研判，掌握纳税人的行为偏好，绘制纳税人"画像"。以开发区为例，调取纳税人往期申报情况，对纳税人申报日期进行聚类分析，判断纳税人偏向于征期前期、中期申报还是征期末期申报。通过掌握纳税人的申报偏好对纳税人的当期申报情况进行预判，以确定是否需要催报催缴提醒以及什么时间进行催报催缴提醒，从而改变现阶段手工催报催缴、人工电话通知的现状，实现"无必需不打扰"，最大限度节约征纳双方资源。通过分析纳税人的搜索记录，可以识别纳税人关注哪些办税热点，遇到了哪些办税难点，根据分析结果实现涉税问题的自动、精准推送（见图1）。

（四）建立区块链电子发票

以发票电子化为突破口，研究制定应用区块链技术开具电子发票。区块

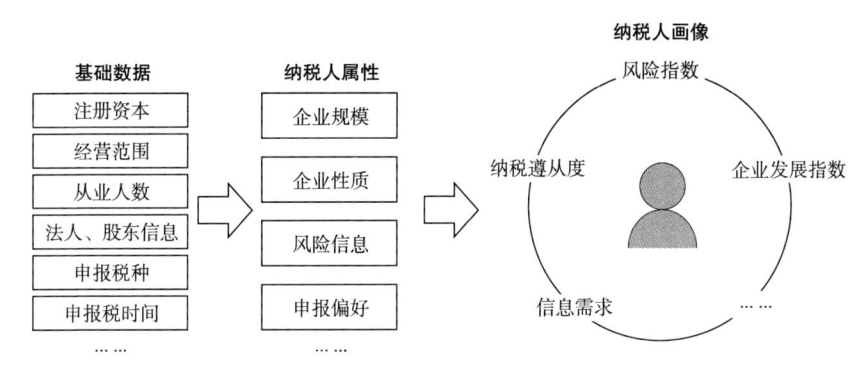

图 1 纳税人画像示意

链技术具有去中心化、不可篡改、可追溯性、隐私保护等方面的优点，结合区块链的优势，探索区块链电子发票在发票管理、不动产登记、未开票收入等方面的应用。如，针对"虚开增值税专用发票"问题，可以通过区块链技术，对交易行为的发票流与现金流等所有相关信息进行统一归集，建立完整的信息链，对交易活动的全过程进行监控分析，实现增值税发票的闭环管理。以纳税人需求为导向，将区块链电子发票与发票分级分类管理相结合，对符合条件的企业实行增值税发票快捷申领，为上链企业提供批量查验发票、智能一键申报等功能，切实提高纳税人的办税体验。

（五）建立"信用＋风险"监管体系

第一步将纳税人"画像"纳入信用评级，将现阶段的通过固定指标进行纳税人信用评级升级为通过固定指标与纳税人行为分析相结合，对纳税人信用评级实行动态管理。第二步将信用评级与风险管理有机结合，建立"信用＋风险"的监管分析体系。由单一的事后监管变为事前、事中主动防范，事后加强管控。在体系建立上，首先可以基于"人为想定"的规则和逻辑建立数据分析模型，然后通过人工智能手段，如机器学习等，实现数据分析模型的自我进化，从辅助决策变为自主决策，从而加强风险监管的主动性和密集性。

（六）构建智慧税务调度平台

指挥调度平台设置党建引领、组织收入、征收管理、纳税服务、税收风险、行政管理、智慧赋能等 7 个板块。发挥绩效考核指挥棒作用，对绩效指标进行数字转化，将各模块与绩效指标叠加，实时展示各项工作完成情况。通过电子地图叠加企业涉税指标，建立全景式、立体式的办税鸟瞰图，对涉税数据进行可视化展示，实时掌握开发区税源动态，做出快速反应。

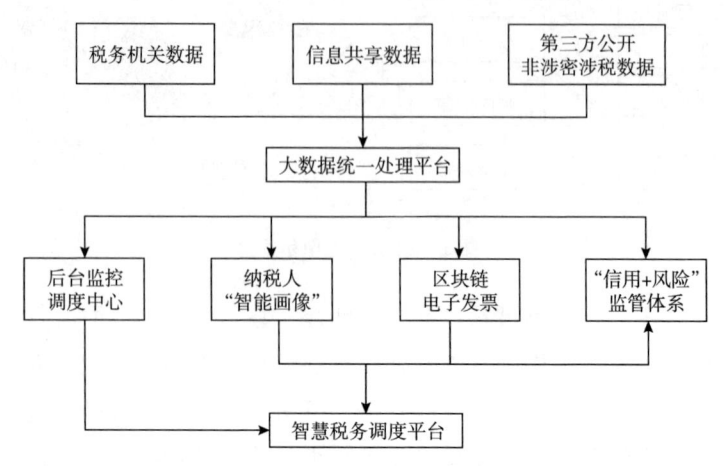

图 2 构建"互联网+智慧税务"平台流程示意

"智慧税务"的未来发展方向将是"云办税+办税微厅"的结合。首先，以云端办税为主，通过"在线导办"、后台智能审批等，纳税人足不出户即可完成大部分业务办理。其次，打破现有实体综合办税服务厅的集中性，在办税需求集中的地方建立办税网点，纳税人可以通过最短路程、最短时间在网点进行业务办理，从而提高办税的便捷性。以开发区为例，目前开发区在企业园区建设了 11 个亦企服务港，这些服务港分布在企业比较集中的不同园区。我们可以充分利用现有资源优势，以亦企服务港为基点建立"办税微厅"，结合企业需求进行自助办税设备以及远程办公设备的相关投放，将服务触角延伸到企业门口，帮助企业实现智能办税"小事不出门，大事不出港"。

参考文献

吴萍：《基于"智慧税务"的税收优良营商环境构建》，《北方经贸》2021 年第 1 期。

杨磊：《强化数据要素驱动 推进智慧税务建设的思考》，《税务研究》2020 年第 11 期。

赵东海：《大数据时代构建智慧税务探研》，《税收征纳》2020年第4期。

课题组组长：姜学东
成　　　员：安　娣　高　峥　陈羽佳　高　萌　郭乐康　高　珊
执　笔　人：高　萌

探索税费服务体系的智慧化构建

国家税务总局山西省税务局课题组

内容提要

  智慧税务是新发展阶段税收治理现代化的全新途径和先导力量。智慧纳税服务是智慧税务建设的重要组成部分。山西税费服务体系智慧化构建正处于"爬坡"阶段，在发展规划、改革创新、数据驱动、科技应用和人才团队等方面与先进地区存在一定差距。围绕"山西税务跨越式发展"的战略布局，聚焦理念更新、资源整合、技术升级、流程再造和体验优先，探索构建以"三台一网四中心"为基础的智慧一流、客户优先、以数治税、技术创新的智慧税费服务体系。

关键词： 智慧税务 税费服务体系 客户优先 数据驱动

  中共中央办公厅、国务院办公厅印发的《关于进一步深化税收征管改革的意见》（以下简称《意见》），作为高质量推进新发展阶段税收现代化的总体规划，既总结汲取了近年来税收征管改革的实践经验，又借鉴引入了大数据、云计算、人工智能、移动互联网等时代要素，为智慧税务提供了建设依据。本文拟从税费服务的角度，围绕"山西税务跨越式发展"的战略布局，探索构建智慧税费服务体系。

一 税费服务体系的智慧化现实

  近年来，山西税务始终坚持以纳税人缴费人为中心的服务理念，健全服务制度，升级服务平台，创新服务模式，拓展服务手段，涵盖税法宣传、纳税咨询、办税服务、权益保护、信用管理和社会协作全过程的税费服务体系初步构建，但是对标全国先进地区，山西税务在智慧税费服务体系的建设上还处于"爬坡"阶段，特别是在税费服务精细化、智能化、个性化上仍有一定差距。

（一）发展规划亟待明晰

《意见》明确提出了"基本建成'线下服务无死角、线上服务不打烊、定制服务广覆盖'的税费服务新体系，实现从无差别服务向精细化、智能化、个性化服务转变"的目标。要实现这一系统性目标，必须改变当前服务规定散见于各项政策规定的现状，树立"大服务"理念，摒弃"一提服务就是窗口一线的事情，一提服务就是纳服部门的职责"的片面思维，进行系统性的顶层设计，从服务职能的法定边界、组织架构的扁平管理、人力资源的优化激励，到线上渠道的品牌打造、线下场所的科学布局、互动平台的优选搭建，再到精细化、智能化、个性化的服务措施，做出明晰的发展规划和目标定位。

（二）改革创新亟待提速

《意见》明确提出要实现税收改革创新从渐进式到体系性集成的突破。但是目前制约税费服务发展的壁垒依然存在，服务的理念、方式和手段相对落后，办税缴费和政策服务的难点、堵点和痛点还未全面根治，一些先进成熟的创新举措复制借鉴效果不大。比如"掌上办"开发步伐较慢，应用场景较少，交互体验不佳；征纳互动平台初步搭建；自助终端功能单一，一体化程度不太高；数据共享、系统共通等方面需要进一步完善和拓展。必须认清现实短板差距，加快改革创新步伐，不折不扣地完成税收改革的目标和任务。

（三）数据驱动亟待成形

现阶段受技术条件、管理职能等限制，相关部门大多只关注数据的基本利用，数据驱动机制不健全，数据的潜在价值尚需深度挖掘和再利用。内部数据共享不够充分，外部数据尚未搭建制度化、常态化的交换平台，导致税收大数据的基础非常薄弱。面对纳税人缴费人多样化、精细化、个性化的服务需求，税务部门守着税收大数据的"金山银库"，却缺少数据分析工具和应用平台，不能发挥出"以数治税"的威慑力。需要进一步提升信息管理能力和安全防护能力，防范管理职能混乱、隐私信息泄露、应急决策失误等问题。

（四）科技应用亟待先行

智慧化是综合运用大数据、云计算、人工智能等新兴技术，对现有办税软硬件进行升级改造，以打造便捷快速的服务体系。随着电子税务局的发展，办税缴费渠道不断向移动电脑终端转移，服务需求更加趋向便捷、高效和智能化。同时，随着经济的多元化发展，市场主体的经营形式愈加复杂，而当前税务部门税费服务体系建设还不完善，数字化、电子化服务范围过窄，互联网服务产品标准化、智能化程度不高，税费政策服务的及时性、针对性、智能性有待提高等问题较为突出。

（五）人才团队亟待优化

大数据智能应用时代，构建智慧税费服务体系，必须要有与其规范化、集成化、数据化、智能化特征相符的人才团队来保障。但从目前实际来看，税务部门技术力量分散且薄弱，缺乏与建设和运行智慧税费服务生态体系相匹配的复合型人才，对智慧化相关技术及设备的内涵、功能和实践应用了解甚少，无法前瞻性地把握税收征管改革的方向和节奏。

二　智慧税费服务体系的构建路径

重新审视现阶段税费服务体系，聚焦理念更新、资源整合、技术升级、流程再造和体验优先，全面深化改革创新和融合，着力构建"以纳税人缴费人需求为导向，以大数据集成应用为驱动，以现代信息技术赋能为支撑，以精细化、智能化、个性化的服务体验为核心，以纳税人缴费人非常满意为目标"的智慧税费服务体系。

（一）架构设计

1. 业务执行架构

建立"三台一网四中心"联动业务处理模式，实现"人员集中共中央办公厅公、业务集约处理、数据集成应用"。其中，前台即"一网"，致力于构建线上线下融合、系统内外协同的立体智慧办税服务网，提升办税缴费便利度和政策落实精准度；中台即大数据中心（决策指挥中心、数据中台）和技术创新中心（业务中台），前者致力于大数据集成、分析和应用，后者致力于业务改革创新、系统软件产品开发和应用；后台即"12366"服务中心和远程服务中心（小呼中心）、系统保障（运维）中心，致力于深化远程问办帮办服务，推进各类平台和系统的集中统一"大运维"保障。

2. 组织管理架构

结合征管方式转变，探索组织职能和管理层级改革，改变同质化设置征管（服务）机构、平均分配征管（服务）资源的原有架构，以业务职能专业化为主合理设置机构，以专业化服务（管理）团队配备人员，逐步建立与智慧服务相匹配的组织体系。建议建立"纳服（纳服中心）负责提炼需求和优化服务、征科（信息中心）负责对接系统和技术创新、数风负责数据分析和共享应用"的部门协同模式。

3. 人力资源架构

注重向上汇聚人才攻坚改革任务和创新项目，向下培养人才提升服务素质和能力。其中，省级层面组建大数据、技术创新、系统保障（运维）和"12366"等四个团队；市级层面设置大数据、技术创新与系统保障（运维）团队助理，组建远程服务（"12366"小呼）团队；县级层面组建办税服务团队、税源服务团队。

（二）职能设计

构建"一网四中心"。"一网"指"以掌上办税和电子税务局网上办税为主、自助办税和社会化办税为辅、智慧办税服务厅兜底、税企直连定制服务协同"的立体"智慧办税服务网"。主要负责办税缴费服务和税费政策辅导。

"四中心"指支撑和保障"智慧办税服务网"智能高效运行和升级迭代的四个平台。

1. 大数据中心（决策指挥中心）

属于整个"智慧税费服务体系"的大脑中枢，主要负责数据的自动采集、加工整理、分析及处理，流转类事项集中处理、涉税咨询、后台问题数据处理、需求问题分析等。还可实时监控各办税服务厅业务受理情况，即时分析上门办理高频业务事项。需要以数据模型和自动处理系统来支持平台各项功能的正常运转。

2. 技术创新中心

主要负责紧盯大数据、云计算、人工智能、移动互联网等现代信息技术的发展方向，开展基于"智慧办税服务网"的各类技术创新、流程再造、系统升级、产品迭代，持续优化纳税人缴费人的实际体验。

3. "12366"服务中心和远程服务中心

主要负责通过音视频、电子送达等方式，远程实时为纳税人缴费人提供政策业务热点、疑点、难点解答，系统实务操作辅导和各类复杂疑难问题处理等智能或人工服务支撑。

4. 系统保障（运维）中心

主要负责各业务平台、系统及相关软件的"大运维"保障。围绕上述"三中心"的发展目标要求，统筹做好各类创新要素的对接和落地，以及软硬件、网络、安全等维护和保障。

（三）运行模式

在新的智慧税费服务体系中，"大数据中心（决策指挥中心）"为大脑中枢，自动采集数据和需求、智能化分析、自动分类处理，即按照纳税人缴费人服务需求和税费风险预警分类分级自动与"智慧办税服务网"和"12366服务中心"或"远程服务中心"对接、推送和反馈处理；"智慧办税服务网"和"12366服务中心"或"远程服务中心"通过"非接触式"或在现场直接服务纳税人缴费人；"技术创新中心"提供尖端化、全程化、持续化的技术创新产品；"系统保障（运维）中心"提供整个体系的全程运维保障。对简单程序化的业务，系统在线自动办理并反馈结果；对需要征纳互动解决的复杂业务和疑难问题，纳税人缴费人自主求助或系统自动推送相应的服务中心，提供音视频远程辅导、人机结合办理；对无法通过线上自动办理和远程辅导办理的业务，系统自动推送后台，提供人工现场或上门跟踪服务等兜底处理并反馈结果；对属于需要预警提醒的风险数据以及个性化定制服务，可通过各类"征纳互动平台"自动推送纳税人缴费人，统筹实施风险应对、效果分析、结果反馈。

三 智慧税费服务体系的构建策略

（一）坚持超前规划，构建"智慧一流"的税费服务新体系

依据《意见》的制度安排和目标要求，结合山西税务实际，开展前瞻性思考、全局性谋划和战略性布局，超前规划"十四五"时期税费服务体系"路线图"。按照省局党委"两提三高四大"目标和"四破四立"要求①，既要聚焦短期目标，选定摆脱困境的"突破点"，也要着眼中期目标，选准提质进位的"增长极"，更要注重长期目标，选好提效跨越的"精品牌"。围绕短期目标，在优化营商环境提升社会满意度上出新措，要敢破敢立，复制借鉴先进地区做法，计划出两年的改革创新举措。明确中期目标，在构建税费服务新体系上下功夫，要先行先试，谋划出三年的具体改革任务，初步建成智慧税费服务体系。规划长期目标，在打造"智慧一流、四精融合"上见成效，要创优创品，规划出五年智慧税费服务体系优化升级方案，着力推进税务执法、服务、监管与智慧应用的融合联动，打造智慧税务山西品牌。

（二）坚持需求导向，拓展"客户优先"的税费服务新生态

坚定服务人民的政治站位，树立"税企共同体"理念，始终站在纳税人缴费人的角度去思考问题，准确把握和满足纳税人缴费人合法合理需求。从"纳税人缴费人优先"出发来构建体系，健全需求收集、分析、响应、反馈机制。从"便捷办税缴费"切入来构建体系，建立政策、措施和产品体验制度。从"大服务格局"目标来构建体系，明确各部门服务职责，防止协同上内卷内耗，促进办税缴费服务的高效实施。借鉴"商业数字管理实践"来构建体系，积极引入人工智能等高级、深度分析工具，嵌入纳税人缴费人原生系统，分析其办税行为习惯，事前识别其体验和需求，按其偏好提供精准的"无缝式"服务。②

---

① 齐志宏：《推动新阶段税收现代化高质量跨越式发展》，《中国税务报》2021年7月21日。
② 余菁、谢宗炜、张丹、刘茵莹：《美国实行"全面提升客户体验"的税收征管改革》，《中国税务报》2021年8月11日。

（三）坚持数据驱动，搭建"以数治税"的税费服务新优势

在构建理念上，坚持数字化驱动这一唯一出路。以大局意识和系统观念，强化统一筹划和协调推进，遇到问题首选"互联网+"、大数据层面的解决方案，真正形成"数字驱动"思维。在构建方法上，坚持数字化转型这一根本方向。推进信息数据化、数据模型化，加强数据资源开发利用和智能分析，打造规模大、类型多、价值高、颗粒度细的税收大数据，高效发挥数据要素驱动作用，推进税费服务制度创新和业务变革。在构建模式上，坚持数字化平台这一核心应用。全面融入数字政府改革，打造税收大数据云平台，建立统一的信息数据技术标准，完善自动抓取信息功能的数据模型，形成一套完整有序、堆放可用的数据库，健全税费信息共享协调机制，主动对接政务服务一体化平台，推进内外部涉税数据汇聚联通、线上线下有机贯通，深化多领域、多场景的税费大数据共享和深层次应用。

（四）坚持智慧赋能，探索"技术创新"的税费服务新实践

强化科技创新思维，理顺智慧赋能思路，助力税费服务机制的创新和赋能。要坚持智慧规划的顶层设计。重点围绕"业务数字化、管理全留痕、监控无感化、服务不打扰"，充分运用现代信息技术，对内盘活数据资产、再造业务流程、升级服务模式，开展重点工作智慧赋能核心技术攻关，探索先进技术与税务场景的创新融合；对外加强互联互通、数据共享、业务协同，充分整合挖掘信息资源，打造高水平大数据应用成果和核心产品，推动构建智慧税费服务生态体系。要落细智慧应用的基层实践。充分调动和发挥基层单位的经济区位优势、工作比较优势，既承接上级试点任务，又推出本地特色措施，积极响应纳税人缴费人对新兴信息技术解决方案和在线服务的需求，以贯彻落实《意见》的一项项鲜活实践、一个个生动样板、一次次有效突破，助推税收征管改革发展。

（五）坚持精致服务，提升"非常满意"的税费服务新体验

聚焦"纳税人缴费人最佳体验"的战略发展目标，加强与大数据智能化应用深度融合、高效联动，引进智慧识别和导税系统、双屏智能辅导系统、税费信息定制推送、数据监控展示等先进的智慧终端及软件，全面升级网上

掌上电子税务局，示范创建智慧办税服务厅和智慧便民微厅，持续优化迭代"智慧办税服务网"。聚焦征纳互动平台税收宣传主渠道，推行"智能咨询＋专家团队人工咨询＋中介机构免费在线"咨询方式，集成"12366"、征纳互动及本地热线"归口多元、出口集中"的云咨询平台，完善税费政策库和实操案例库。聚焦"要素申报、智能预填、征纳互动、精准推送、远程办税、集成服务"的办税缴费服务，从方式上向"数据预填、要素申报、业务联办"转变，从渠道上向"智能化、数字化、场景化"转变，从协同上向"银税互动、税邮合作、税政一体"转变，布局自助办税点、远程快递网和政务服务站，升级打造"10分钟办税圈"。[1] 聚焦"政策细分、需求定制、精准匹配、全面覆盖"的税费政策服务，为纳税人缴费人提供"智能画像、精准帮扶"的新服务"配方"，深化"不来即享"惠企利民举措，不断做强税基、涵养税源，理顺税源管理部门的"网格化"服务职责，实行"团队管事＋分类服务＋专业匹配＋专岗应对"管理服务机制，做到"无事不扰、有求必应"，整体推进"电子化办税、全过程服务、大数据管控、智能化提升"的智慧办税服务生态建设。

课题组组长：高向东　李　菲
成　　　员：田卫东　贾浩龙　郝天顺　陈国强　尚裕鑫
执　笔　人：薛　渊　崔庆童

---

[1] 李伟：《以数字化转型推动税收征管变革》，《中国税务报》2021年7月20日。

智慧税务稽查篇

强化大数据构建推动"智慧稽查"建设的实践与思考

——以"常州市智慧税务稽查信息管理系统"为例

国家税务总局常州市税务局课题组

内容提要

2021年3月，中共中央办公厅、国务院办公厅印发《关于进一步深化税收征管改革的意见》，对深入推进"十四五"时期税务领域"放管服"改革、完善税务监管体系提出新要求，明确指出要充分发挥数据生产要素的创新引擎作用，着力建设具有高集成功能、高安全性能、高应用效能的智慧税务。本文从强化市级智慧税务稽查建设为着力点，紧扣"四精"工作目标，积极探索智慧稽查"信息化、智能化、一体化"管理模式的具体思路和实践应用，持续推动以导向化数据应用深化"精确执法"，以全流程统筹管理落实"精细服务"、以多维度智能分析强化"精准监管"、以跨部门共享互联促进"精诚共治"，力求通过常州市智慧税务稽查的成功经验，为全省乃至全国打造协调高效、信息共享和安全稳定的稽查管理新格局提供前进方向和参考成效。

关键词： 智慧税务　智慧稽查　税收征管改革

一　常州智慧稽查管理系统的建设背景

（一）以财税体制改革为契机，建强智慧税务体系

随着中国财税体制的深化变革，智慧税务在我国呈现不断实践、发展的

动态过程，从以金税一期、二期为代表的信息化阶段，到当前以大数据的深度应用为代表的数据化阶段，再到未来一段时期以全自动为代表的智能化阶段，智慧税务的发展恰好对应了财税体制运行在不同时期的迫切需求。税收征管体制改革以后，稽查大数据的统一规范和深度挖掘成为大势所趋。作为常州智慧税务建设的重要环节，常州市税务局稽查局以智慧稽查管理系统为载体，有效实现了稽查全流程业务的集中统筹、自动流转和智能分析，同时与纳税服务、税源管理、信息技术及公安、银行、海关等多领域扩展数据共享，进一步建强全市智慧税务生态体系，成功满足了现代财税体制针对稽查的各类结构和功能需求。

（二）以高质量发展为目标，提升稽查执法质效

近年来，税收违法犯罪活动呈现多样化、隐蔽性和高技术性等特点，全国虚开案件爆发形势越发严峻，然而当前稽查人力资源缩减、年轻梯队承继乏力等问题仍较为突出，从 2015 年到 2019 年，稽查机构数量由 5272 个减至 1138 个，单个机构的检查户数上升约 1.7 倍，加之部分业务自动化管理程度不足，执法风险陡然上升。对于稽查部门来说，只有做到科学管控流程、全面掌握信息和精准分析数据，才能准确解析偷逃税手段，进一步疏解工作压力。在这种背景下，常州市税务局稽查局以高质量发展目标为导向，连续出台《发票协查分类分级管理办法》等 52 个保障制度和规范，通过建立智慧稽查管理系统，推动内控机制完善、资源合理配置和工作流程优化，大幅提升执法质效。

（三）以先进经验为基石，实现"三化"管理加速

2015 年 9 月，国家税务总局印发《"互联网+税务"行动计划》，为全国智慧税务建设启动鸣响了发令枪，全国多个省份立足自身实际，探索建立智慧型稽查管理体系，其中，江苏省苏州市提出"智"+"慧"双边信息化建设理念，"智"是以大数据和先进技术应用为基础，提高稽查个体查案能力，"慧"是利用专业分工和团队作业提高稽查整体组织水平，实现跨越现有市县层级的专业化稽查。广东省深圳市开展情报分析管理系统开发和集成项目建设，建立虚开增值税发票、骗取出口退税等五个智能研判系统，实现违法企业发现、疑点线索分析、手法感知预警和违法态势研判。通过学习、考察先

进省市的优秀经验，常州市稽查局创新提出"信息化、智能化、一体化"的智慧稽查建设思路，以税务端、企业端、互联网和第三方部门数据为支撑，实现稽查管理信息化；以大数据、云计算、区块链等技术为抓手，推动稽查管理智能化；以强化业务统筹、团队分工、案件分类分级管理等为依托，强化稽查管理一体化，在全省首次实现了流程管控、智能分析、数据共享、实时反馈等功能的高度融合和实践应用。

二 常州智慧稽查管理系统的功能特点

（一）总体架构

常州智慧稽查管理系统沿用金税三期总体架构设计要求，采用基于WEB的三层（数据模型层、图形界面层、业务控制层）分布式体系结构，保证系统的可扩展性和可维护性，同时遵循金税三期工程的技术规范，保证系统的互联性和开放性（见图1）。

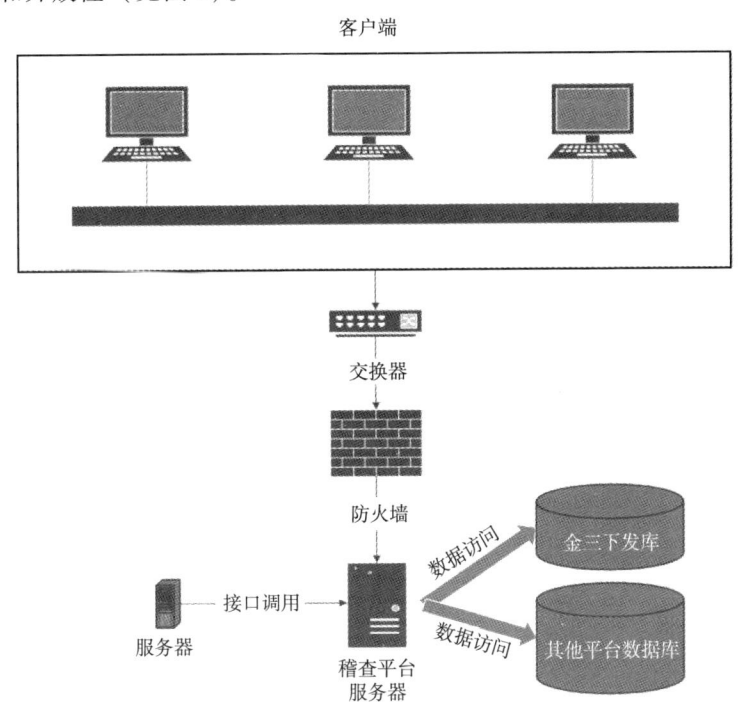

图1 常州智慧稽查管理系统网络架构示意

（二）主体功能

常州智慧稽查管理系统有效融合选案、检查、审理、执行和行政等多环节业务需求，建立形成"1+5+N"功能框架体系（见图2）。

```
                           常州智慧稽查管理系统
   ┌──────┬──────┬──────┬──────┬──────┐           N项通联
   五大业务模块                                    
┌─────────┬─────────┬─────────┬─────────┬─────────┐  ┌──────────┐
│ 综合业务 │ 案源管理 │ 案件检查 │ 案件审理 │ 案件执行 │→│ 金三系统 │
├─────────┼─────────┼─────────┼─────────┼─────────┤  ├──────────┤
│ 绩效管理 │ 金三案源 │ 查账系统 │ 线上审议 │ 欠税管理 │→│市局智慧  │
│         │         │         │         │         │  │税务平台  │
├─────────┼─────────┼─────────┼─────────┼─────────┤  ├──────────┤
│项目化管理│ 本地案源 │ 资金分析 │ 线下审议 │ 预缴管理 │→│总局远程视频│
│         │         │         │         │         │  │指挥系统  │
├─────────┼─────────┼─────────┼─────────┼─────────┤  ├──────────┤
│ 智能秘书 │ 协查案源 │ 预案编制 │ 档案管理 │ 资产调查 │→│税控系统  │
│         │         │         │         │         │  │  2.0     │
├─────────┼─────────┼─────────┼─────────┼─────────┤  ├──────────┤
│ 报表统计 │企业名录库│ 查中听案 │ 一案双查 │ 强制执行 │→│数据情报  │
│         │         │         │         │         │  │管理平台  │
├─────────┼─────────┼─────────┼─────────┼─────────┤  ├──────────┤
│  ……     │   ……    │   ……    │   ……    │   ……    │  │   ……     │
└─────────┴─────────┴─────────┴─────────┴─────────┘  └──────────┘
```

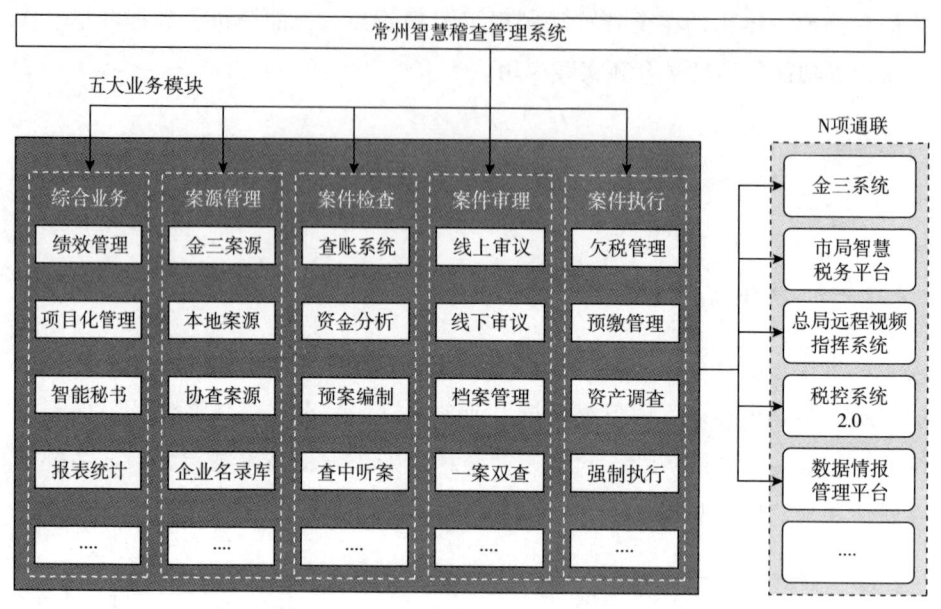

图2 "1+5+N"功能体系

1. 一个系统中枢

以智慧稽查管理系统为统领，规范稽查业务全流程，实现稽查案件全程跟踪和数据增值应用。

2. 五大业务模块

（1）综合业务。集成项目化管理、重大税收执法事项集体审议、对外提供税务数据自动生成、内（外）部协作、智能秘书、通知发布和信息文章管理等。

（2）案源管理。集成金三案源管理、本地案源管理、协查案源管理、企业名录库管理等，形成案源基础仓库，构建案源分配模型，实现案源科学合理分配；搭建自选案源筛选模型，准确锁定风险对象。

（3）案件检查（调查）。集成查账系统、资金分析系统、调查核实、预案编制及查中听案管理等，实现数据准备、案头分析、账户检查等一站式管理。

（4）案件审理。集成线上线下审理、黑名单管理、电子档案管理和一案双查等。

（5）案件执行。集成欠税管理、预缴管理、资产调查、催报催缴、税收保全、强制执行等。

3. N 项通联

采用下发库通联和系统无缝通联等方式连接金税三期系统、总局云平台、市局智慧税务平台、总局远程视频指挥系统、税控系统2.0、数据情报管理平台等 N 个数据系统（可扩展），实现多渠道数据整合、共享和应用。

（三）主要特点

常州智慧稽查管理系统立足全省"1+5"新税收征管体系，展现出"大平台管理、大仓库集成、大分析驱动和大格局核心"的"四大"特征。

1. 构筑业务"大平台"、落实全面统筹管理

将目前线上线下的稽查业务全部纳入智慧稽查平台，配置预防式内控系统，实时预警、及时阻断各类实体性、程序性风险，实现全流程业务标准化、规范化管理，稽查人员只需通过图形化前台端口，便可便捷操作各环节工作流程，提升工作效率。

2. 集成数据"大仓库"、拓宽协同共治网络

高效搜集、筛选、捕捉互联网数据，对内提高整合分析税务端信息数据的能力，对外深化提升与公安、银行、海关、市场监管等跨部门间数据的获取、传输和处理水平，助力稽查部门及时、全面、精准绘制纳税人"画像"，形成共治共管效应。

3. 深化稽查"大分析"、建立新型监管体系

针对当前稽查技术手段相对落后、信息化运用能力不够等问题，利用移动互联、云计算和人工智能等技术，发展数据仓库、数据分析和数据挖掘手段，在进一步深化查账软件应用的基础上，逐步取代人工对逻辑型涉税问题的检查，同时尝试区块链技术应用，先行解决文书送达电子化等问题，全面提高稽查打击虚开骗税业的信息化、智能化水平。

4. 促成智行"大格局"、形成高效执法保障

将智慧稽查系统建设与全市"四室一包"建设、信息化战法研发等工作全量统筹、同步推进。强化与公安、银行等部门的联战联训，推动信息化战术升级。联动运用国家税务总局开发的资金查控平台、稽查指挥管理应用系统等，提高稽查研判分析、远程指挥、现场执法和协同办案能力。

三 常州智慧稽查管理系统的应用成效

常州智慧稽查管理系统历时三年调研、论证、需求确认和技术研发，至2021年7月完成开发，发票协查分类分级管理模块已成功运行一年，初步实现了稽查业务管理的"六大转变"。

（一）由多频化操作向集约化管理转变

——工作要素一次生产，永久使用。大幅减少重复劳动，精简冗余环节，目前各环节操作时间平均缩减近五成。

——案件项目化管理。设置项目管理员专岗，全面负责方案制订、案源下发、组织实施、跟踪反馈、成果分析、报告报表等案件查处全过程，通过金三系统下发库自动读取配套业务数据，运行以来累计对25个项目实施项目实体化管理，大要案查处质效显著提升。

（二）由人工化流转向自动化处理转变

——在线电子化审理（见图3）。通过电子资料线上传递、共享，实现在线复审和在线集体审议，减少纸质资料传递时间。

——档案电子化管理。搭建智能档案仓库，推动档案无纸化、审批简易化和多人查阅共享。

——报表台账、绩效成果自动生成。直观展示工作情况，形成各单位案件分配、查处进度、查补金额和专项工作等综合指标，为管理决策、绩效评价提供清晰信息。

——对外税务数据的自动生成。根据外部机构申请内容生成对应数据清单，实现数据自动导出，运行以来累计对外提供数据5次累计2.97万条，大幅减少人工接待时间。

（三）由低效化收集向智能化分析转变

——"沙盘"全景智能分析（见图4）。以年度、地区、单位等为主线，实时统计分析各地区行业发展趋势和部门工作进度、成效及涉案地区税收违

图 3 在线审理申请展示

法特征。

——案源智能分析。根据案件性质、行业特点、重要程度等对案源进行过滤,针对检查团队的专业特点和能力高低,智能化决定检查方式。

——工作底稿智能化生成。通过科学建模、要素确认和逻辑分析,生成分析性、结论性工作底稿及稽查报告。

——协查分类分级管理。借助先期开发应用的协查案源管理模块,在全省率先施行协查分类分级管理,结合协查案件涉案税额、违法性质、纳税人状态等要素,对下游案源进行分类分级处理,将单案效率提升六成以上,打造出发票协查"常州样本"。

(四) 由单一化应用向协同化共治转变

——拓宽第三方信息获取渠道。加强与人民银行、公安、法院、海关和市场监管等部门的协作共治,推动纳税人银行资金交易流向、诉讼案件、车辆交易等第三方信息查询的电子化、便捷化,其中常州税警联合信息化作战经验被总局"双打"专栏推荐,并被推广到全省学习。

——成果增值应用。强化与主管税务部门的查管互动,深化稽查案件分析,为上级决策和本级执法提供有价值的税收经济类素材。

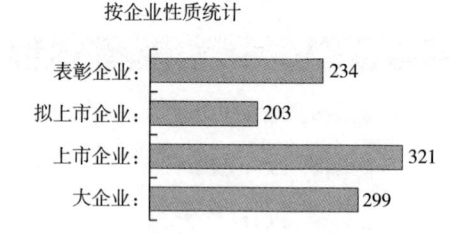

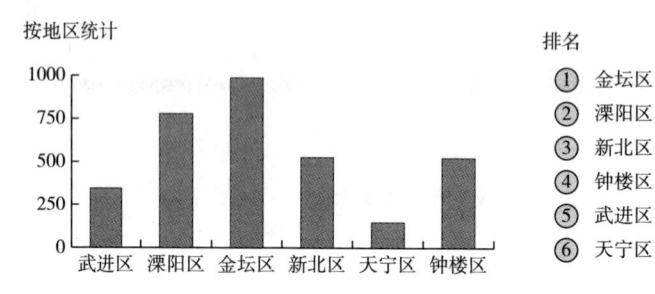

按行业统计

制造业	36%	241
金融业	20%	402
房地产业	16%	234
建筑业	10%	195
批发和零售	9%	67
教育	9%	91

总数 1224

按企业性质统计

表彰企业：	234
拟上市企业：	203
上市企业：	321
大企业：	299

按地区统计（武进区、溧阳区、金坛区、新北区、天宁区、钟楼区）

排名

①	金坛区	980
②	溧阳区	760
③	新北区	609
④	钟楼区	508
⑤	武进区	280
⑥	天宁区	230

图4 智能化沙盘分析统计示意

（五）由被动化应付向主动化应对转变

实现操作窗口在线通知和交流，由后台统一管理并提供查询统计。根据工作进度设置不同强度的系统预警，提高事前事中监督力度，及时规避执法风险。

（六）由形式化记录向痕迹化追踪转变

实时监控稽查业务处理过程，记载、存储所有稽查案件情况，加大部门之间流转和配合力度。建立稽查质效考核管理机制，就检查团队对数据分析结果使用情况进行全程跟踪。

四 强化数据要素驱动深化"智慧稽查"建设的建议

"互联网+"时代，智慧稽查的发展关键在于数据这个核心要素，要紧紧围绕强化数据应用来加速智慧稽查建设。

（一）强化以数治税理念

税务部门需切实将以数治税理念贯穿到深化税收征管改革的全过程中，

突出数据的关键作用,通过"建平台+严监控+善共治+强内控",与工作需求相结合,与各阶段规划相结合,以数据要素驱动信息技术、业务流程、制度规范、岗责体系等融合升级,探索出一条"用数据支撑、用数据服务、用数据管理、用数据说话、用数据协同、用数据决策"的发展新路。

(二) 完善数据立法

2021年6月10日,我国首部数据安全管理基本制度《中华人民共和国数据安全法》正式出台,为我国政府数据的科学开发利用、规范和管理全社会数据应用行为等提供了更加安全的法制环境,但目前与信息管税相关的立法应用尚处于初级阶段,税费数据处理、应用和流通的法律规定较少甚至缺失,无法全面满足财政金融风险管理及提升税收征管质效的要求。数据产权规则的明晰既是数字经济发展过程的核心问题,也是数据流通和数据保护问题的基础,因此加强数据产权法制体系建设意义重大。

(三) 建强税收数据管理与应用体系

综合利用全省各级智慧稽查建设成果,形成涵盖全省乃至全国各行业、区域涉税信息的数据地图,尤其是对稽查部门打虚打骗工作最为重要的发票数据库,进一步优化提升内网和外网承载能力,最大限度开放各部门数据共享权限,实现对重点领域的风险防控。加大税收数据资产管理力度,建议由总局或省局牵头,编制资产目录,同时督促各地市加强数据保护,针对共享过程中突出存在的新技术引入、数据流动性大、用户终端防护不足等问题,制定有效的安全措施。

(四) 深化稽查信息化人才培育

准确把握当前稽查行业高质量发展的重大机遇期,针对近年来面临的执法范围扩大、执法要求提高和信息化人才紧缺之间的突出矛盾,形成"定向吸收+综合提升+集约管理"的信息化人才培育模式,以三年制(到2023年底)为例,力争在一年内强基固本,通过吸收引进、以老带新和基础培训等,实现信息化人才占比大幅提升;两年内优选精育,立足省、市两级信息化人才库,打造稽查信息化团队,通过强化岗职配置和大要案实践,实现大数据引领下稽查执法队伍综合素养的巩固提升;三年内完善成形,成功塑造一支观念开放、信仰坚定、文武双全的稽查信息化人才队伍。

参考文献

窦晓飞：《大数据背景下税收管理创新研究》，《中国管理信息化》2019年第22期。

孙懿：《大数据时代对税务工作的挑战与对策》，《学术交流》2015年第6期。

谭珩：《推动税收征管变革的纲领性文件——〈关于进一步深化税收征管改革的意见〉评析》，《税务研究》2021年第6期。

王元卓：《智慧税务建设进入新阶段》，《中国税务报》2021年5月19日。

向景、姚维保、庞磊：《智慧税务评价体系构建与实证研究》，《广东财经大学学报》2017年第3期。

徐苏童：《智慧税务稽查——"达摩克利斯"之剑》，《中国税务》2019年第6期。

课题组组长：姜立军
成　　　员：鞠洪亮　朱永华　薛信和
执　笔　人：杨　飓

"风险+信用"背景下的智慧稽查选案模型研究

国家税务总局甘肃省税务局课题组

内容提要

在大数据与创新驱动的大背景之下,税务稽查依托"税务稽查指挥管理应用系统"建设,逐步实现"智慧稽查",为税收治理贡献稽查力量。稽查选案(案源管理)作为首要环节,选案准确与否决定着整个稽查的质效和对涉税违法行为的打击震慑力度。本文以进一步深化税收征管体制改革中的精确执法、精准监管为价值引领,以大数据作为生产要素,围绕稽查选案的精准实施展开论述。重点阐述了建立以风控数据为基础,结合纳税信用的稽查选案模式的必要性,从选案数据来源,提出"风险+信用"稽查选案数据框架及模型的建立,以期为稽查选案模式提供有益的探索,实现税务稽查治理能力的提升。

关键词: 税务稽查选案　风险管理　纳税信用　智慧稽查

一　引言

2021年3月《关于进一步深化税收征管改革的意见》提出:"深入推进精确执法、精细服务、精准监管、精诚共治。""基本建成以'双随机、一公开'监管和'互联网+监管'为基本手段、以重点监管为补充、以'信用+风险'监管为基础的税务监管新体系,实现从'以票管税'向'以数治税'分类精准监管转变。""到2023年,基本建成'无风险不打扰、有违法要追究、全过程强智控'的税务执法新体系,实现从经验式执法向科学精确执法转变。"这些内容对税务稽查提出了新的要求和理念的转变。如何能够将"四精"作为提升稽查治理能力的抓手,需要稽查部门积极实践与创新。

税务稽查选案环节作为起始点,承担着靶向作用。选案选得准不准,决定着后续稽查检查和打击力度能否有效发挥。2018年县级稽查局撤销,成立跨区域稽查局,稽查人员数量有所减少。在此背景下,稽查部门提高效能的有效形式就是在大风控的背景之下,依托大数据,运用有效的数据分析技术,从选案环节入手,提高选案的精准度。

二 建立以"风险+信用"为基础的稽查选案模式的必要性

(一)征管体制改革带来全新实践契机

随着税收征管改革的纵深推进,税收数据、征管力量实现全面整合。特别是"金税四期"的开发运用,进一步提升了税务部门"以数治税"能力。根据征管体制改革转变方向和推动税收现代化的要求,国家对稽查部门也提出了运用大数据开展集中分析与选案、提升执法精准度和公平性的要求。

(二)金税系统提供强大的数据基础

金税工程建设以大数据应用管理为指导,连通了从总局到基层局的数据信息,打造了适应新时代税收征管体制的四级广域网。通过该系统,各级税务机关具体的业务环节记载纳税人的大量涉税数据,这些数据极大增强了税务部门的"制数权",数字驱动、数字赋能得以充分实现。

(三)风险数据信息提供科学的选案依据

实施税收风险管理的根本目的是最优化税收资源配置。风控部门要对风险结果进行判断与整合,将其按照由高到低的顺序进行排序。对于具有高风险等级、指向性明显的风控数据将会作为推送案源移交至稽查部门。推送案源可以作为稽查部门的预处理案源,在选案过程中,需要进一步结合其他信息综合研判,这样的过程将提升稽查选案的效率。

(四)数据治理及"智慧稽查"带来的变革

数据治理是数字时代经济和社会治理的基础性问题,有专家提出分三个层面：一是用数据来实现治理，数据是治理工具；二是对数据进行治理，数据是被治理对象；三是数字时代的数据治理，数据是社会基本元素，涉及数字文明中的数据治理价值选择和标准判断等。税务稽查实现治理功能，就是第一个层面的应用。近年来，稽查部门信息化应用水平不断提升，随着"智慧稽查"的推进，通过覆盖稽查全域业务的"大平台"，选取有效的信息技术手段，提高选案准确率，从而提升稽查治理效力。

三 "风险+信用"稽查选案数据框架及模型

近年来，甘肃省税务局稽查局加强与风控部门的合作，共同探索开展高风险对象的选案。从省级集中选案实践来看，运用风险数据分析识别判断集中选取的稽查案源，针对性都相对较强，涉税疑点指向明显，具有很强的操作性，对稽查部门定向打击虚开增值税发票等涉税违法犯罪行为十分有利，同时极大地提高了税务稽查自选案源的精准性，是稽查和风控互促共进非常有益的探索。在已有实践基础上，按照建立以"信用+风险"监管为基础的税务监管新体系要求，研究将风险分析、税收信用与稽查选案有效结合的模式，可以说是一种有效提高稽查选案精准性的治理手段。

（一）数据框架

在大数据时代发挥数据自身的价值才能解决问题，高质量的稽查选案数据信息是一个不可或缺的重要因素。想让"沉睡"的数据活跃起来，首先就要建立起标准化管理的大数据集合，保证数据的准确、完整、及时；其次针对不同应用场域建立有效的选案指标库，提高涉税数据分析能力，提取真正有价值的选案线索。通过建立稽查选案数据平台，提取整合各系统数据后进行分类分析，精准锁定打击目标。支撑稽查部门选案的数据系统包括：风险管理系统、征管系统、决策支持系统、各业务部门应用系统及第三方涉税信息等各类系统。

（二）"风险+信用"导向下的智慧稽查选案模型

根据上述稽查选案数据框架，构建"风险+信用"导向下的智慧稽查选案模型（见图1）。

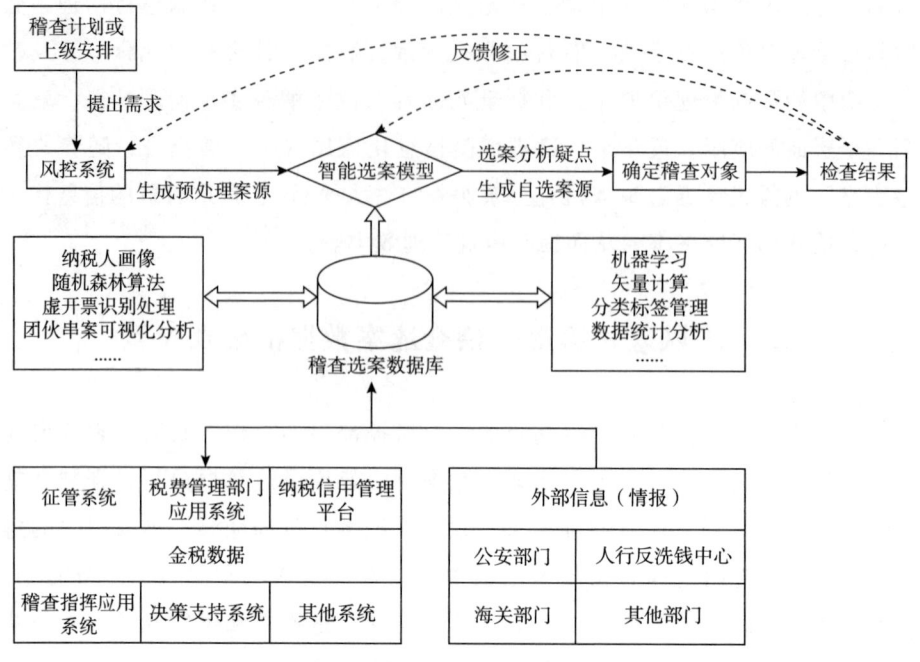

图1 "风险+信用"导向下的智慧稽查选案模型

在此模型下，稽查局根据工作计划及安排，向风控部门提出具体选案需求。风控部门通过大数据风控管理平台扫描、识别，将高风险纳税人推送稽查局形成预处理案源。这些预处理案源，将会缩小稽查部门选案范围，使得选案更有针对性，聚焦这部分基础数据，集中精力做好"小文章"。

"小文章"如何做？这里要借助大数据理念，建立一个实现资源共享、内外相联、监控能力强的综合选案数据平台。

一是要建立税务系统内部各业务部门信息共享通道，归集各业务系统数据，形成预处理案源"纳税人画像"。包括纳税人基本信息、申报、财务、发票、减税降费数据、异常名录等信息。

二是依据税收保障等办法，加强与相关部门的信息沟通和交流，完善与公安、海关等部门的信息共享机制，加快信息实时共享的速度，积极拓宽互联网的数据信息采集渠道。

三是结合《纳税信用管理办法（试行）》，一方面，将D级纳税人纳入税务稽查异常名录库，提高监督检查频次；另一方面，将符合重大税收违法失信主体信息公布标准的案件，纳入税收违法"黑名单"管理，推送相关部门实施联合惩戒。通过对失信纳税人的反向约束行为，提高失信违法成本，提高纳税遵从度。

四是根据年度稽查工作要点，建立分类、分项目的选案数据模型，是重中之重。选案模型要充分利用数据挖掘技术、数据分析工具，打造高效的指标运算平台，实现数据的有效挖掘和分析。通过疑点分析，生成自选案源开展重点稽查，实现精准打击。在此基础上，要切实加强动态维护，及时补充更新数据，拓宽案源库的广度和深度。

五是依据最终稽查检查结果，对选案模型及风控指标进行反馈、修正，形成闭环管理模式。选案模型的疑点分析是检查人员检查的重点方向，这也是加强选案分析、提高稽查效率的意义所在。检查结果可以反向检验选案疑点是否准确、是否起到了靶向作用。通过结果对疑点或风险点的印证，对风险指标或选案模型进行调整或修正，不断优化选案模型，确保稽查选案的高质量管理。

四 "风控+信用"背景下的智慧稽查选案实施要素

（一）以精确执法、精准监管作为稽查治理的价值引领

近年来，以公共价值为基础的政府绩效治理研究正在兴起。依据 Moore 的研究，如果公共部门以很小的公共支出或者公共权力的牺牲而实现了价值创造目标，那么就是有效率的。稽查选案作为首要环节，某种意义上可以说其"精准度"代表着稽查质效的"有效度"。通过分析海量数据来发现其背后的风险疑点，结合信用管理，才能真正做到对于诚信纳税人"无风险不打扰"，失信纳税人加大监管力度。稽查部门作为执法部门，将精确执法、精准监管作为发挥稽查治理效能的价值引领是稽查工作的应有之义。

（二）以协作理念来组建稽查选案分析团队

为了实施有效的稽查选案，首要解决的是专业化分析团队建设的问题。稽查部门要引入"外脑"，与信息中心、风控部门、征科部门及税种管理部门人员组建团队。团队成员除掌握税务、会计等专业知识外，还需要具备较强的数据分析、指标设计能力。要做到运用团队制、项目制建立相对稳定的专

业团队。

（三）以智能化手段推进稽查"以数治税"能力

通过大数据、云平台等技术的应用，可以从海量数据中锁定涉税违法行为在数据层面留下的痕迹，实现精准打击。目前大数据选案的分析技术有：虚开纳税人画像技术、虚开票识别处理、矢量计算、分类标签管理及团伙串案可视化分析等。

（四）以高质量和高安全性保障选案数据可信与安全

高质量数据是信息化选案的基石。一方面，要加强信息源的质量管理，统一数据口径，规范数据采集标准和规程，提高数据的充分性和准确性；另一方面，要加强数据管理，保障选案数据平台的数据安全。

参考文献

吉林省税务学会编《善治理念下的税收治理问题研究》，中国税务出版社，2016。

包国宪、〔美〕道格拉斯·摩根：《政府绩效管理学——以公共价值为基础的政府绩效治理理论与方法》，高等教育出版社，2015。

何新宇、王一涵：《刍议税务稽查选案效率》，《财政监督》2017年第3期。

魏修建、姜博、吴刚：《企业纳税信用行为选择与政府税收治理杠杆》，《西安交通大学学报》（社会科学版）2017年第6期。

余静、吕伟：《税收风险管理理论模型与实践应用》，立信会计出版社，2018。

张美中：《纳税信用理论研究》，《中央财经大学学报》2003年第11期。

课题组组长：李　欣
成　　　员：蒋丽华　侯　静
执　笔　人：蒋丽华

图书在版编目（CIP）数据

大数据背景下智慧税务建设研究 / 李为人，付广军主编．--北京：社会科学文献出版社，2022.11
（中国社会科学院大学文库）
ISBN 978 - 7 - 5228 - 0915 - 1

Ⅰ.①大… Ⅱ.①李… ②付… Ⅲ.①智能技术 - 应用 - 税收管理 - 研究 - 中国 Ⅳ.①F812.423 - 39

中国版本图书馆 CIP 数据核字（2022）第 197243 号

·中国社会科学院大学文库·
大数据背景下智慧税务建设研究

主　　编 / 李为人　付广军

出　版　人 / 王利民
责任编辑 / 陈　颖
责任印制 / 王京美

出　　版 / 社会科学文献出版社·皮书出版分社（010）59367127
地址：北京市北三环中路甲29号院华龙大厦　邮编：100029
网址：www.ssap.com.cn
发　　行 / 社会科学文献出版社（010）59367028
印　　装 / 三河市龙林印务有限公司

规　　格 / 开　本：787mm × 1092mm　1/16
印　张：19.75　字　数：317千字
版　　次 / 2022年11月第1版　2022年11月第1次印刷
书　　号 / ISBN 978 - 7 - 5228 - 0915 - 1
定　　价 / 128.00元

读者服务电话：4008918866

版权所有 翻印必究